台湾における〈日本〉認識

宗主国位相の発現・転回・再検証

三尾裕子 編

風響社

新序

三尾裕子

本書は、二〇〇六年に刊行された『アジア・アフリカ言語文化研究』七一号に掲載された特集「台湾における日本認識」を単行本として出版したものである。

「特集「台湾における日本認識」序」にもあるように、特集号のもとになったワークショップは二〇〇四年に行われているから、単行本として出版するまでに、なんと一六年の歳月が経過してしまった。このワークショップの後、私たちの研究は、科学研究費補助金を取得して現地調査を行うことが可能になり、また、何回かのシンポジウムも開催することができた。その成果の一部は、『戦後台湾における〈日本〉』『台湾における〈植民地〉経験』として出版され、本書を含め三冊で一つのシリーズを形成するかっこうとなった。

台湾社会の動きに目を転じれば、二〇〇八年に、民進党から中国国民党への政権交代、また、二〇一六年の中国国民党から民進党への政権交代が行われたため、台湾と中国との政治的、経済的関係は激変した。また、人々の台湾や中国に対する認識もワークショップが開催されたころとは異なるものになっている。このため、たとえば本書に所収のいくつかの論文や、また他の二冊の書籍に所収の論文に見える台湾の人々の政治意識、エスニシティの在り方などは、現在の政治状況に基づいて見たときには、少々違和感を覚える向きもあるものと思われる。この三部作は、歴史認識を扱うものでありながらも、実際には歴史認識とは、それを語ったとき、まさにその時という「現在」を物語ったものであると言えるだろう。そして、その当時の歴史認識は、時を経るに従って、歴史化されていくのである。

本書では、そうした当時という「現在」の歴史認識を記録にとどめるためにも、大幅な内容面の改稿などはおこなわず、字句等の最小限の修正を行うにとどめた。政権交代後の人々の歴史認識の変化の有無、そして変化があったとしてその場合の原因等については、新たな研究が必要であり、その成果は、別の著作において、明らかにしていきたいと考える。

特集「台湾における日本認識」序

三尾裕子

ここ二〇年くらいの間のアカデミックな世界における潮流として、植民地支配という権力を背景に調査研究を行ってきた人類学者自身が、そのような権力性に対してほとんど無自覚であったことへの批判や反省が進みつつある。人類学者は、目の前にいる人々が植民地支配を受けることによって抱える日々の現実の諸問題に関心をよせるのではなく、彼らの伝統文化を掬いあげることや、人間に関する理論の構築に専心してきたと批判された。また、他者を表象する権利を勝手に独り占めしてきたとも言われている。しかし、最近では、そうしたことへの反省にたち、植民地化の過程の中で、被支配者自身がどのような文化創造を行ってきたのかについて関心が払われるようになってきた。この場合、多くの被植民者たちは、必ずしも支配に果敢に抵抗したわけでもなく、また唯々諾々と従ったわけでもないが、植民地支配者側の強制する政策を巧みに読み替えたり、換骨奪胎したりしながら、自らの生活戦略の中に支配者文化を取り込んできたことなどが明らかにされている。更に、このような植民地支配のもとで生まれた新しい文化の異種混交性、独立後の新興国民国家において引き続き影を落とす植民地的な構造や思考、あるいは新たに生じているマジョリティの民族によるマイノリティ支配といった文脈の異なる植民地的な状況、などなど、「植民地主義」研究が課題とする事象は枚挙に暇がない。

さて、このような脈絡にそって、台湾という地域を取り上げてみた場合、どのような状況が見られるのだろうか？　歴史学や人類学では、戦後、多方面にわたる「台湾研究」の成果が積み上げられていることは既に周知のとおりである。しかし、従来の「台湾研究」には、おおよそ次の三点の困難がみられたと考えられる。それらは、①台湾政治の民主化以前の政治的イデオロギーが影響して、台湾そのものを対象とする研究が自由に出来なかったこと、②研究者自身が中国や台湾に関わる政治的イデオロギーを内在化させ、台湾を正面から研究しようとしてこなかったこと、③これらの学問領域では、中国を含めた国際情勢の影響を受けたため、主に台湾及び香港を対象に中国研究がおこなわれたこと、である。

たとえば人類学においては、台湾の社会や文化をミクロな視点から観察・記述・分析してきたものの、従来の研究はおおむね、次のような傾向をもっていた。一．欧米の人類学を吸収して発展してきた台湾の人類学研究においては、親族理論などの理論構築及びその検証のために台湾をフィールドに選定した。二．中国本土が政治的な理由で研究できなかったため、中国社会の代替物として、上記の理論研究が行われた。即ち、台湾研究である以前に、中国研究の枠組みの中で事例研究が行われた。三．伝統的な文化や社会の再構成が重視された。四．社会変化を考察する際には、政治・経済的な要因を視野に入れるとしても、そこに存在する権力性の問題にはなるべく関与しない立場がとられた。

しかし、政治的民主化以降、特に一九九〇年代からはようやく、台湾を固有の研究フィールドとみなして学術的な研究を行う機運が盛り上がってきた。かつては、語ることがタブーとされていた、中国とは異なる台湾の歴史経験について、これを中国史の中の一辺境の現象として矮小化するのではなく、ひとつの独立した研究の対象として取り上げる傾向が強まっている。人類学的な研究においても、台湾を中国の一地方文化として位置付けるのではなく、その政治的経済的な独自の脈絡の中で分析していこうとする志向性が強まっている。本特集で取り上げる台湾における日本認識についての研究も、こうした時代の流れの中で可能になった研究領域である。

筆者は一九八〇年代の後半に台湾の人類学的な研究を開始しフィールドに入って一年以上を過ごしたが、当時生活のここかしこに「日本」の痕跡を見つけることが出来た。それは、ある一定の年代以上の人々が日本語を使える、ということだけではなく、味噌汁やおでん、今川焼、団子などの食生活、畳や日本式家屋などの住生活など様々な場面に見出された。また現地の人々が様々な目に見えない日本的なもの――たとえば「日本精神」であるとか、時間観念など――を語ることにも表れていた。しかし、当時の台湾では、フィールドのそこここにある「日本」が人々の生活や世界観、社会編制などとどのように関わりがあるのか、といった視点で研究を行うことは、筆者自身全くと言っていいほど考えなかったし、また学界全体でもそのような研究は殆どなされなかった。その原因は既に上記に述べたとおりである。

歴史学においても、日本の植民地統治についての研究は、当時は政治的なタブーがあるため、正面から取り上げられることは少なかった。数少ない研究も、植民地統治が全否定されることはもちろんとして、被支配者であった台湾の人々は植民地支配に抵抗するか、無批判に追従するかのどちらかに色分けされるのが普通であった。人類学では、日本人が旧植民地であった台湾で行う調査研究の中で、現地の人々との関係性のあり方や、植民地統治という過去及び植民地統治を前提とした過去の研究をどのように総括し、現在の自らの研究を位置付けていくのか、といった問題も殆ど意識されることはなかった。

ところが、台湾の民主化が進むとともに、日々の生活の中に埋め込まれていた「日本」を語ることも次第に可能になってきたと思われる。また植民地支配についても、政治的なイデオロギーに比較的拘束されない議論が可能になって来ていると言える。筆者が一九九〇年代になってから入ったフィールドでは、人々が過去の日本植民地期及び戦後の国民党政治について、自由にしかもいろいろな意味でかなり過激に議論しあうようになったことに驚きを覚えた。

とはいえ、この分野に関する台湾研究を概観してみると、相変わらず従来の硬直化した研究傾向が保持されている。歴史学における日本植民統治期に対するアプローチでは、従来の抵抗と協力という二項対立的な解釈が主流をなしており、人々の実践に即した「植民地認識のグレーゾーン」〔尹　二〇〇二〕へのアプローチが欠けている。また、マクロな政治的な流れについての研究や、知識人による言論活動、抗日運動などについてはある程度研究が進んでいるものの、いわゆる一般庶民が日本統治時代をいかに生きてきたのかということに注目した研究は多いとはいえない。今日の人類学では、「植民地経験」〔栗本・井野瀬　一九九九〕への認識を意識しない研究実践は不可能であるにもかかわらず、台湾研究の領域では、一部の原住民研究（例えば山路〔二〇〇二、二〇〇四〕、中村〔二〇〇三〕など）を除き、これを正面にすえて捉えようとする試みに欠けている。特に漢人研究における欠落は早急に埋められなければならないだろう。また、日本時代に調査を行ってきた日本人の学者や知識人が、被統治者の社会や文化に対してどのように向き合ってきたのかも解明されるべきであろう。

そこで、本特集では、様々な植民地研究で得られている成果を批判的に用い、歴史学、人類学の学問分野を横断しつつ、台湾の人々及び日本人の歴史認識により迫るかたちで、台湾において「日本」がどのように認識されてきたのかを考察する。具体的には、それぞれの論文の中で、次のようなことが取り上げられている。①植民地化の過程及びポストコロニアル状況の中で、被支配者自身が「日本」とどう向き合い、どのような文化創造を行ったのかということ、②光復以後において、「日本」がいかなる意味を紡ぎだしているのかということ、③日本の植民地統治についても、イデオロギーから一旦離れて、実証的に過去を検証すること、④植民地支配という権力を背景に調査研究を行ってきた人類学的研究について自覚的に再検証すること。

本特集は、二〇〇四年三月二七日及び二八日に東京外国語大学アジア・アフリカ言語文化研究所において行われた国際ワークショップ「台湾における日本認識」（中国語タイトル「在臺灣發現日本」）での発表論文に基いているが、更に遡ると、出発点は二〇〇三年六月一四日に開催された日本台湾学会第五回学術大会（関西大学）の分科会「抵抗でも協力でもなく：日本植民地統治期に対する歴史認識」である。当分科会では、筆者が座長を務め、上水流、西村、松金、五十嵐が発表を行った。国際ワークショップ「台湾における日本認識」では、上記四人の発表者及び座長が「日本認識」という点に的を絞った論考を発表するとともに、台湾中央研究院民族学研究所から林美容教授（当時）、黄智慧教授を招聘し、台湾人の視点から「日本」が台湾においてどのように認識されているかについて、発表をお願いした。このことによって、日本と台湾の学者が、日本による植民地統治あるいは現地社会における「日本」を如何に捉えるかについて、双方の立場から意見を交換することができた。更に、コメンテータとして、沼崎一郎教授（東北大学）、丸山宏教授（筑波大学）、堀江俊一教授（中京女子大学〈当時の大学名〉）、原英子教授（岩手県立大学盛岡短期大学部）（以上四名には日本台湾学会でもコメンテータをお願いした）、末成道男教授（東洋大学〈当時〉）、植野弘子教授（茨城大学〈当時〉）、中西裕二教授（福岡大学〈当時〉）に御参加頂いた。ワークショップでは、全ての発表者が日本語と中国語の原稿を用意し、発表やコメント、討論でも両言語が入り乱れる形となった。幸い、上記のコメンテータ及びフロアの多数の参加者から、様々な貴重なコメントを頂戴し、熱い議論が戦わされ、特に最後の総合討論は大幅な時間超過となった。

台湾から参加された両教授の発表及び日本在住の台湾籍研究者の発言からは、もちろん学術的な論考が示されたが、それだけではなく、彼ら彼女ら自身、「日本」を参照点として台湾の来し方及び現在、未来を見つめておられることがうかがわれた。そして、日本側の研究者は、自分たちのとりあげた日本植民地研究が、単なる日本の学問サークルにおける自慰行為に終わってはならない、との思いを強くした。植民地主義が、人類学や歴史学の分野で盛んに議論される今日、日本の両分野の学問にとって、台湾というフィールドは、自らの学的営為を反省的に捉えなおす試みが可能な場所であり、現地社会への研究の還元あるいは現地からのフィードバックが可能な貴重な場であるといえるだろう

（中西裕二教授コメント）。このため、ワークショップ終了後、それぞれの発表者は、当日頂いたコメントを参考にしながら、加筆修正を行った上で、中国語文で台湾の学術雑誌である『臺灣文獻』誌（五五巻三号　二〇〇四年九月）上に特集（「在臺灣發現日本」）を掲載した。

今回の日本語版は、それからすでに一年以上の月日がたっているため、その間に、発表者によっては諸々の事由で、更に大幅に原稿に手を入れ、当初の発表の内容を越えて、新しい展開を目指している。このため、論文の配列などは、ワークショップのセッションの組み方、発表の配列と変えている。しかし、改稿の程度の如何にかかわらず、これらの論文の内容は、ワークショップの趣旨に沿うものであり、論点は、上記で挙げた①から④に当てはまるものとなっている。

なお、ワークショップでは、テーマ全体についても様々なコメントを頂いた。残念ながら、それらは多岐にわたるため、ここで紹介することはできないが、例えば、今回の対象が漢人に限定されていたことから、原住民社会における「日本認識」は漢人におけるそれとは差が見られるだろう、というコメント（笠原政治教授（当時、横浜国立大学））、また台湾と朝鮮、満州との相違についても、比較研究するべきである（上水流久彦）、といったコメントがあった。これらを踏まえ、二〇〇五年三月には二回目の国際ワークショップを開催した。発表論文は、やはり、台湾漢人研究を中心としたが、コメンテータに韓国研究、オセアニア研究、台湾原住民研究者をお迎えした。この成果については、別途論文集を用意する予定である。[1] また、今後も、他地域、他分野との比較研究を継承して行きたいと考えている。

注

（1）新序で述べた『戦後台湾における〈日本〉——植民地経験の連続・変貌・利用』（二〇〇六年、五十嵐真子・三尾裕子編、風響社）として出版した。

参考文献

尹海東
二〇〇二「植民地認識の「グレーゾーン」——日帝下の「公共性」と規律権力」『現代思想』三〇（六）：一三二—一四七。

栗本英世・井野瀬久美恵編
一九九九『植民地経験——人類学と歴史学からのアプローチ』人文書院。

中村　平
二〇〇三「マラホーから頭目へ——台湾タイヤル族エヘン社の日本植民地経験」『日本台湾学会報』五：六五—八六。

山路勝彦
二〇〇二「ブヌン族の「絵暦」研究　釈義——植民地台湾での人類学研究の断面」山路勝彦・田中雅一編著『植民地主義と人類学』関西学院大学出版会、九七—一一五頁。

二〇〇四『台湾の植民地統治——〈無主の野蛮人〉という言説の展開』日本図書センター。

●目次

装丁＝オーバードライブ・泉原厚子

●台湾における〈日本〉認識——宗主国位相の発現・転回・再検証

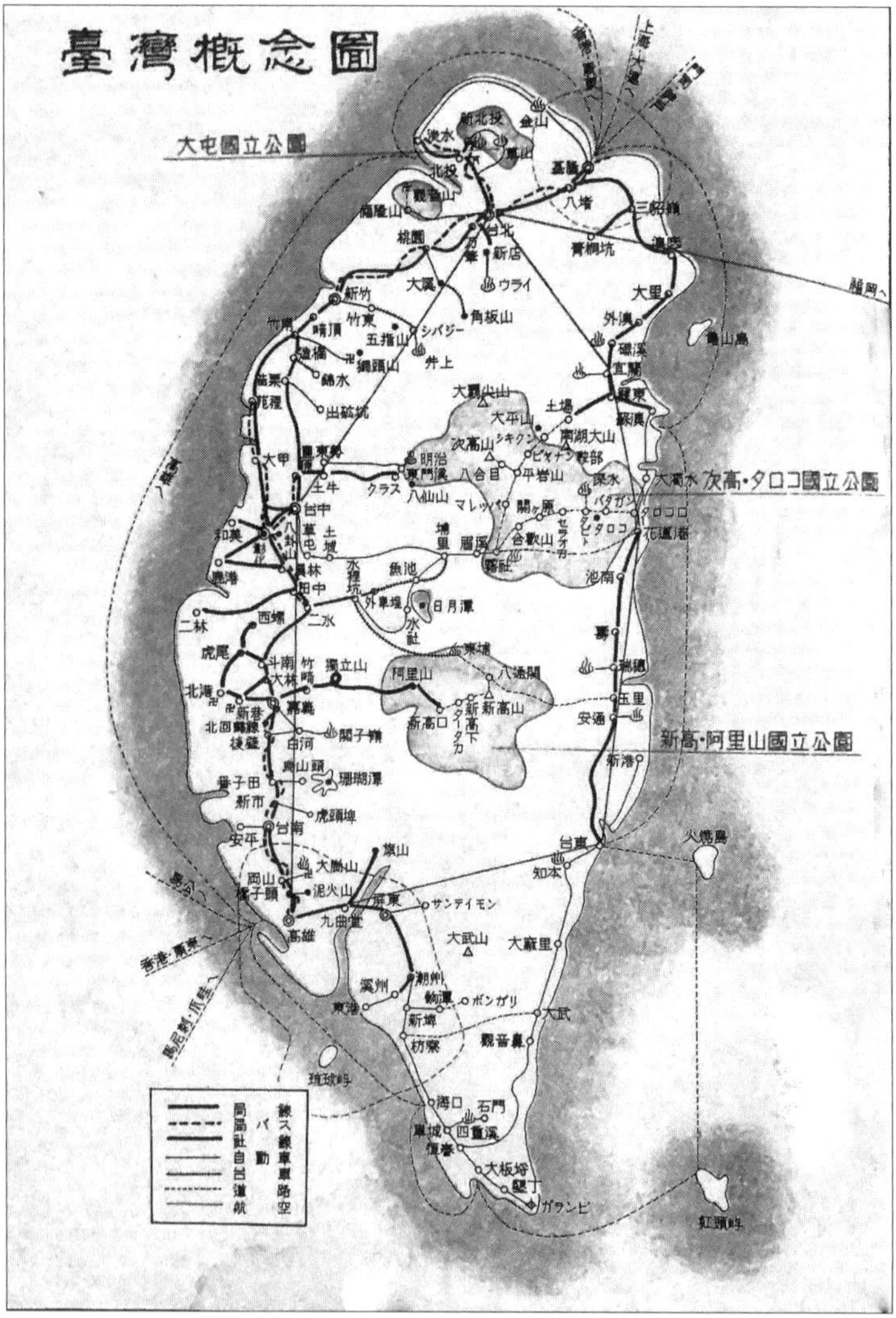

『風光台湾』（1939年、台湾総督府交通局鉄道部）より

台湾の歴史の語り方

上水流久彦

はじめに

日本の社会において「戦後」はいつから始まるのだろうか。「戦後」の終わりに関しては様々な考えが示されているが[1]、その始まりにおいて認識上おそらく大きな違いはない。例えば、一九四五年八月六日や九日、一四日を「戦後」にいれることはない。日本は、一九四五年八月一四日にポツダム宣言の受諾を決定し、八月一五日に国民に知らせた。そして、現在の日本社会では八月一五日が終戦記念日であり、日本の「戦後」はその日を境に始まると一般的に認識されている。日本の歴史において、一九四五年の八月一五日は、「戦前」と「戦後」を分け、時には二つの「断絶」[2]を示すマークとなる。

では、この一九四五年八月一五日という区切りは、大日本帝国であった植民地台湾においても同様に重要な意味を持つのであろうか。台湾で一九九七年から二〇〇二年まで使用された国民中学校の教科書には次のように記してある[3]。

提要

民国三四年（一九四五年）、台湾は日本の植民地統治から離脱し、中華民国の一省になったが、台湾省行政長官公署の施策が妥当を欠いたため、民国三六年には「二・二八事件」が勃発した。……

第一節　初期の政治

台湾省行政長官公署の設立と台湾の接収

民国三二年（一九四三年）末、華、米、英の三国のリーダーはカイロ宣言を発表し、戦後、日本は中国東北部、台湾、澎湖などを中華民国に返還することを宣布した。翌年、政府は台湾調査委員会を設立し、接収の準備工作を展開した。

三四年八月、日本は無条件降伏をした。政府は直ちに台湾省行政長官公署を成立させ、陳儀を行政長官に任命し、接収の責任を負わせた。台湾の民衆は接収に来た軍政人員を熱烈に歓迎した。十月二十五日、台北で受降式典と台湾光復慶祝大会が行われ、台湾は正式に日本の植民地統治から離脱して中華民国の一省になるとともに、この日は「台湾光復節」と定められた。〔國立編訳館主編一九九七：八五—八六〕

以上の記述から、中華民国にとっては一九四五年の一〇月二五日が節目として意味があることが看取できる。日本が降伏を国民に告げた八月一五日ではなく、中華民国が台湾を取り戻した日にこそ意味を見いだしている。

ここに見られる日本と中華民国の過去への認識の違いは歴史を語る立場の相違である。ただ、その違いとはあくまでも国家の視点に立ったものであり、その視点が研究者個人の視点までを必ずしも拘束するものではない。日本人の研究者であるから、日本国の視点で記述するという、国家とその一員の視点とを同一視する必然性には何ら合理的な理由は存在しない。

台湾と同様に日本の植民地であった韓国で植民地支配をテーマとするシンポジウムが開かれ、そこに参加した佐藤は当該シンポジウムでの発表に違和感を覚え、「植民地主義の語り」の持つ政治性や、近代の学問内部にある植民地主義という問題点を指摘し[4]、日本の植民地支配を批判する日本人研究者の政治性への無自覚を問題にする〔小森・佐藤 二〇〇一：一三―一四〕。日本の近代文学を扱う桂は、佐藤の指摘を受けて「近代的知の制度に基づいて論文を提出する我々は、知の帝国を営々と築き上げている（中略）。学会や研究会で発表し、論文を作成し、授業を行うさなかで、自分は何を排除し何を隠蔽し何を押さえ込んでしまったのか。その自覚と問題意識がない限り、どんなに反植民地的発言を行おうとも、植民地化していく力の作用を乗り越えるどころか、植民地化生成過程を補強し続ける加担者として存在してしまう」と、植民地支配を論じる者の陥穽を指摘する〔桂 二〇〇三：一三八〕。

筆者は一九九四年九月から一九九六年五月まで台北市玉山区（仮名）で現地調査を行い[5]、それ以降断続的に台湾で調査を行ってきた。それらの調査で得た資料に基づき二〇〇一年に広島大学に提出した学位論文「台湾の都市化に関する社会人類学的研究――「会」組織の機能を中心として（以下、「台湾の都市化」）」を執筆した。その後、戦後の台湾漢人社会における日本語の機能を考察するために二〇〇二年九月、台北で現地調査を行った[6]。その調査での体験は「台湾の都市化」で筆者が提示した玉山に対する歴史認識の再考を促すものであった。そこで本稿では、筆者の民族誌にみる記述のあり方を二〇〇二年の調査資料から批判的に検討することにより、一九四五年八月一五日という歴史区分を大前提に台湾の歴史をとらえる意識を問題化し、そのような記述のあり方が、台湾社会を考えるうえでどのような問題を見落としたかを明らかにする。

一　学位論文にみる筆者の歴史認識

「台湾の都市化」では、急激な人口流入という都市化に対してマイノリティとなった玉山の地元住民がいかに対応したかを「会」組織（同姓団体、寺廟組織、互助会など）の分析を通して明らかにした。(7) 玉山の「会」組織は、相互扶助的な組織というよりもむしろ、移住者のなかで地元住民の価値観を認める有力者を見極め、取り込む場として機能していた。

「台湾の都市化」で筆者は、漢人開拓以後の玉山の歴史を「第一期　漢人移住開始～一八九五年」、「第二期　一八九五年～一九四五年」、「第三期　一九四五年以降」の三つに区分した。具体的には次のように記述した。(8)

漢人開拓以後の玉山の歴史は大きく三つに区分することができる。まず、開拓当初（一七世紀後半）から清朝咸豊年間（一九世紀半ば）までで、この当時、玉山は台湾全土で最も栄えた地域のひとつとして知られていた。その繁栄の源は、中国大陸との交易にあった。玉山は開拓後しばらくして、二つの川の合流地点という立地条件から、上流の台湾北部の各地域と中国大陸の泉州や北部とを結ぶ貿易港として栄えた。物資の集散地として栄えた玉山には三つの主要な埠頭があったが、それらの埠頭をそれぞれ支配したのが三姓の者であった。（中略）次の清朝の同治年間（一九世紀後半）から日本植民地支配時代までは、玉山に隣接する地域が急速に発展し、相対的に台北における玉山の地位が低下する時期である。地位低下の始まりは、玉山で発生した大規模な械闘であった。（中略）さらに玉山の衰退に拍車をかけたのが、日本の植民地支配である。植民地時代（一八九五～一九四五）、台湾を支配していた日本人が「内地人」と称し、称されていたのに対し、台湾の漢人は出身地に関係なく「本島人」と称し、称されていた。（中略）最後の一九四五年から現在までは、玉山の地位が一層低下した時期である。戦後、内地人が去り、玉山には新たに「外省人」が住み始める。大陸本土での国共内戦で破れた国民党は台湾に敗走し、それにともなって一〇〇万人から二〇〇万人の大量の漢人が大陸本土から台湾に移り住んだ。［上水流　二〇〇一：三〇―三二］

このように歴史的区分を筆者が行った大きな理由に、一九四五年を重視する書き手、すなわち筆者の意識がある。アジアの近現代史に関する日本の教育において日本の周辺地域に対する植民地支配は重要なトピックであり、アジアとの関係を考える時に繰り返し言及される出来事である。筆者もその点を様々なものを通じて吸収してきた。例えば、筆者が高校時代に学んだ頃の世界史の教科書には次のような記述を見ることができる。

……日清間の対立も深めて、九四年の甲午農民戦争（東学党の乱）をきっかけとする日清戦争（一八九四〜九五）となった。戦いは日本の勝利におわり、翌年下関条約がむすばれた。この結果、清は朝鮮の独立、日本に対する遼東半島・台湾・澎湖諸島の割譲、賠償金の支払い、通商上の特権の付与、開港場での企業の設置などを認めた。［村川他　一九九三：二六六］

即ち、台湾に関して言えば、一八九四年の日清戦争における日本の勝利の結果、一八九五年下関条約が結ばれ、台湾は日本の領土とされたのである。(9)

他方、日本と台湾に関わる一九四五年前後については次のような記述がある。

……一四日、日本側は御前会議でポツダム宣言受諾による降服を決定し、一五日国民にこれを明らかにした。ここに六年にわたる第二次世界大戦はおわった。［村川他　一九九三：三二一］

……中華民国は長年の懸案であった租界などの回収や不平等条約の撤廃をすすめるとともに、国際連合の常任理事国に加わって、重要な地位を占めるようになった。また一九四七年には新憲法を発布し、翌年、蒋介石が総統になった。［村川他　一九九三：三三二］

一九四五年八月一五日については他の教科書においても類似の記述が行われている。(10)つまり、一九九〇年前後の世界史の教科書では一九四五年八月一五日において第二次世界大戦は終了したのである。一方、日本が敗戦し、台湾を当時の中国政府に返還したという直接的な表現はこれらの教科書に見ることはできなかった。中華人民共和国の成立の説明において「一五年に及ぶ抗日戦争をつづけてきた中国は、戦後に東北地方（満州）と台湾を回復し〔尾形他　一九九四：三三四〕とある程度である。[11]

筆者が大学進学以後に手にした台湾に関する学術的な入門書でも、台湾が日本の植民地であったことは述べられていた。そして、一九四五年前後については、台湾を知るための入門書と言える二つの新書に次のように記してある。まず、戴國煇著『台湾――人間・歴史・心性』の「光復の明と暗、二・二八事件の悲劇」という章は、「一九四五年八月一五日、うだるような暑さ。正午に天皇陛下の重大放送があると、前日の予告放送で知った人々は、ラジオにかじりついた」という出だしで始まっている。また、若林正丈著『台湾――変容し躊躇するアイデンティティ』の第三章「『中華民国』がやって来た―二・二八事件と中国内戦」の章は、「一九四五年八月一五日、太平洋戦争は終わった」という一文で始まっている。[12] いずれも「その後」は一九四五年八月一五日を起点にしている。

一八九四年、一八九五年、一九四五年、さらに当年八月一五日を極めて重要な、かつ自明な時間的区分とする筆者の歴史認識は部分的であれ、日本と台湾に関わるこのような記述を受けて作られてきたことは間違いない。

ただ、このような認識のみが「台湾の都市化」にみる時代区分を生み出したのではない。現地での聞き取り調査の内容も影響した。筆者は台北の都市化を経験した「地元住民」の視点から記述を行ったが、筆者にとって「地元住民」とは調査地でしばしば耳にした「瑯噐人」のことであった。[13]「瑯噐」とは清朝時代から日本の植民地支配半ばまで用いられた玉山の古称である。清代末期、玉山は台湾のなかでも極めて繁栄した地域のひとつであり、「瑯噐人」とはそのような過去の栄光と結びついた言葉であった。

その言葉について具体的には次のような話を調査地で聞いた。

客家人であった筆者の大家（父が日本の植民地時代に台湾北部から台北市に移住。清代に玉山に移住した祖先を持つ女性と結婚、調査時七〇歳代）は、達者な日本語で「本当の玉山の人、いわゆる地元の人間は、日本時代（台湾ではしばしば日本の植民地期が日本語ではこのように称される）以前から玉山に住んでいる人たちだな」と語った。同様のことは清代末期に玉山に移住してきた祖先を持つ三〇歳代半ば（調査時）の友人にも言われた。筆者がしばしば訪れていたある寺廟の管理委員会の理事（祖先は清代末期に玉山に移住、調査時七〇歳代）からは、「日本の植民地時代にここに来た人々は、本当の玉山人ではない」と言われた。当然、戦後移住した人々は、「瓔譁人」や「本当の玉山人」に入らなかった。台北でも有名な寺廟の理事をしているある男性（調査時七〇歳代）は、「清代の繁栄を支えていた人々の子孫である私たちこそが瓔譁人ですね」と語った。彼は三邑人であり、かつ三姓の人であった。

三邑人とは開拓時期の玉山への移民のなかで大半を占めた中国大陸の三つの地域（福建泉州の恵安県、晋江県、南安県）からの移住者とその子孫のことであり、彼らは玉山で「三邑人」と自称し、他称されていた。そして、「三姓の人」とは、三邑人のなかでも玉山の繁栄において中心的役割を果たした劉姓、孔姓、羅姓の人々のことであり、調査地では「三姓の人」と自称し、かつ他称されていた。

上記の語りの他に、清代末期に玉山に移住した祖先を持つ顔姓の女性（調査時七〇歳代）は、「三邑人で三姓の人が本当の瓔譁人よ」と語った。調査地でしばしば耳にしたのは、「戦後は中南部から新しい人が来たが、彼らは瓔譁人ではない」という語りであった。戦後、台湾中南部から玉山に移り住んだ張姓の男性（調査時六〇歳代）は、「自分は地元の人間ではないから、最初商売に苦労した」と語ることがしばしばあった。

玉山では、このように三〇〇年ほど前に始まった開拓時期から日本の植民地支配が始まるまでの間に台湾に移り住んだ人々の子孫を「瓔譁人」とみなしていた。なかでも三邑人こそが本当の瓔譁人だとする考えがあり、さらに三邑人の中でも三姓の人こそが玉山ではより純粋な瓔譁人だと考えられていた。このような入れ子構造を「瓔譁人」は持っていた。

筆者は「台湾の都市化」において、日本の植民地時代以前に移住して来た人々及びその子孫を「地元住民」と捉え、それ以外の人々、なかでも調査時に玉山の人口の大多数を占めた戦後に移住してきた人々を「新住民」と捉えた。(14) このように日本の植民地時代以前、以後という時間の枠組みを「台湾の都市化」で採用したため、「台湾の都市化」では一九四五年は調査地の歴史を語るうえで大きな時間的基点となった。

二　一九四五年八月一五日という区切りへの疑義

二〇〇二年に行ったフィールドワークの目的は、日本語の教育を受けた世代（漢人）及びその子どもの世代への聞き取り調査を通じて日本の植民地時代の遺産である「日本語」が現代の台湾社会の「我々意識」、特に老世代のそれにどのように影響しているかを探るものであった。

その調査を通じて痛感したことは、当然ではあるが、実際の生活において日本と台湾の関係が一九四五年、または当年八月一五日を境に断絶したわけではない点である。確かに日本の敗戦が当時台湾の人々にとって大きな意味を持っていたことは十分に推測できる。例えば、戦争が終わる直前の新聞にはなかったジャズコンサートやレストランの広告が、八月一五日以後の『臺灣新報』には掲載されるようになった（九月一八日付、九月二八日付）。ここからは戦時中の「贅沢は敵」という考えから解き放たれた人々の歓びを見て取ることができる。また、「中華民国の国旗を作ります」という広告（『臺灣新報』九月二五日付）や「中国語を教えます」という広告[15]（『臺灣新報』九月一日付）も掲載されている。そこには日本の植民地支配を離れ、祖国へ復帰できたことに対する台湾の人々の歓喜を読みとることが可能かもしれない。

だが、一九四五年八月一五日を区切りに台湾の人々の生活全てが「日本」から切り離されたわけではない。日本紙幣の回収を国民党が公布したのは敗戦から一ヶ月後の九月一五日であり、日本銀行によって台湾で発行された紙幣の使用が一律禁止されたのは、それから約二ヶ月後の一一月七日である。また、日本語の新聞である『臺灣新報』が接収されたのは一九四五年の一〇月二七日で、翌年の一月四日まで日本語版が刷られていた。教育部が官僚を派遣し、「国語[16]（中国語）」の使用の促進をはかるのは一九四五年の一〇月二七日である。そして中等学校で日本語の使用が禁止されるのは、一九四六年の九月一四日のことである［中国時報編輯部　一九九五：二二五］。

ところが、その時期においても筆者の知人は中学校で日本語を使って教育を行っていた。敗戦時京都帝国大学で学んでいた台湾漢人の彼は台湾へ戻った後、日本語を用いて中学校の授業を行ったという。しばらくして国民党とともに台湾に移り住んだ外省人の校長先生が赴任してきて、「国語は無理でもせめて台湾語（閩南語）で」と頼まれたが、どうしても無理であったので台北に戻り台湾大学の学生になったという。本人によれば、それは一九四七年頃のことであった。また台湾大学を卒業した別の人物によれば、台湾大学では入試と授業の一部が日本語で行われたが、卒業試験は中国語であったという。そのため、卒業試験の勉強には苦労したと語った。

一九四五年の一一月一日になって日本語の町名の使用が一律に禁止されるが〔中国時報編輯部一九九五：一五〕、筆者が確認する限り、一九四八年及び四九年の『自立晩報』の新聞の一部の広告にはまだ日本語の地名が記してあった（一九四八年一月二四日付、及び一九四九年一月一日付、四月三日付）。日本語のレコードの取り締まりは一九四六年八月七日から行われ、日本式の人名は一九四六年一〇月一九日に禁止された〔中国時報編輯部　一九九五：二〇―二五〕。筆者の聞き取り調査によれば、その当時も生活のなかで日本語を使うことは普通に行われていた。あまりにも当然だが、実際の生活において一九四五年を境に日本語の使用が全く禁止され、日本語が公的な場所から追放されたわけでもない。これらのことからしても台湾の人々の生活を日本と関連させて記述する作業において「一九四五年」を、ましてや「八月一五日」を特筆する必然性はない。

加えて次の三点が一九四五年という時間的区切りを再考するにあたって筆者にとって重要な意味を持った[17]。第一点に一九四五年に対する意味づけが学歴によって異なることである。例えば、台北高等学校を卒業し、医学部に進学した男性が日本の敗戦時に強く感じたことは、「友だちがいなくなる」であり、「台湾語（閩南語）を全く話せない自分はどうすればよいか」であり、「明日からの生活をどうするか」であった。高学歴者の多くが日本の降伏を、自分の日常の世界を急変させたものとして感じとっていた。ここからは、彼らにおいて一九四五年八月一五日が重要な意味をなしていたことを看取できる。

一方、公学校卒や中退の人々は、「戦争が終わってホッとした」等はあるが、そこで出てくる話は、「自分の生活はあまり変わらなかった（公学校中退・女性）」や「日本にしろ、国民党にしろ、支配する人が変わるだけでお金がない私にはあまり関係なかったからね。それ（日本の敗戦）よりは四万元が一元になった時です（公学校卒・男性、ここで述べる四万元が一元とは終戦直後に行われた通貨切替のこと）」という類のものであった。筆者が聞く限り、彼らは日本の敗戦により日常の世界が激変することを高学歴者ほど感じてはいなかった。

一九四五年の日本敗戦以上に彼らの人生の区切りとして語られたことは、一九四七年に発生し、数万人の本省人（国民党の台湾接収以前から台湾に居住していた漢人及び子孫）が国民党によって殺され、数十年にわたって事件そのものが隠されてきた二・二八事件である。二・二八事件の重視は学歴に関係なく話を聞いた者の多くに共通した。このことが第二点である。[18] 例えば、台北高等学校卒業後医学部に進学し、現在開業医をしている男性は、「二・二八事件以後からおおっぴらに日本語が話せなくなったね」と語り、公学校卒で戦後商売をしてきた男性は、「二・二八事件で私の人生はガラッと変わりました。国民党の悪口を言っていたから、故郷に居ることができなくなって台北に出てきた」と語った。この他、公的な場で日本語を話すことが難しくなったと述べる人々は多数存在した。

第三点は、同一人物の矛盾した発言である。一九九〇年代半ばの調査では、「我々（地元住民）」と「他者」を区分する基準として「戦前」と「戦後」を挙げた人物が、自らの歴史を振り返るときには「二・二八事件」を重要な区分としていた。つまり、同一人物のなかに過去に対する二つの考え方が併存していた。[19] 台湾では一九九六年に大統領の直接選挙で李登輝が選ばれ、さらにその四年後には民進党の陳水扁が大統領になった。その変化のなかで二二八和平公園が作られ、二・二八事件がおおやけのものとなり、人々のライフヒストリーの聞き取りが盛んになった。これら自体が過去に対する認識を変える行為であったことは間違いない。

このような変化を台湾の人々とうまく共有できなかった筆者が、彼らとの間において歴史認識に関してズレを感じたのは当然であった。そのことは台湾の歴史を考えるうえで筆者自身に一九四五年、そして八月一五日に区切りを入れることに対しての疑問を抱かせた。

三　一九四五年八月一五日という区切りの問題点

「台湾の都市化」で調査地の歴史を語る時、筆者は連続線のなかのある時点に過ぎない一九四五年八月一五日に重要な区切りをいれて記述を行った。それは日本のなかで形成された筆者自身の歴史認識を前提に調査地での語りを聞き、筆者が生み出したものであった。だが、二〇〇二年九月の調査で調査地の人々にとって一九四五年、そして八月一五日の持つ意味が多様であることが判明した。単純化しすぎる危険を承知の上で敢えて言えば、筆者には高学歴の人とそうではない人との間で一九四五年八月一五日が持つ意味に違いがあるように見受けられた。また、台湾の政治的変化を受けて、彼らの語りでは二・二八事件が重要な歴史的出来事として語られるようになり、人によっては敗戦（もしくは台湾の解放）と二・二八事件は矛盾することなく重要な出来事として存在していた。

これらのことは、調査地の過去を語るうえで一九四五年が、ましてや同年八月一五日が絶対的な区切りではないことを示しており、筆者自身が一九四五年や八月一五日を無意識のうちに特権化していたことを浮き彫りにする。そして、それを大前提に調査地の人々の過去に対する歴史を記述する行為は、結果的に様々な問題を見落とすことになった。

まず、植民地教育を受けた人と受けていない人という区切りを重要視したために、植民地教育を受けた人々のなかにある多様性に目を向けなかった。性別や階層、学歴、年齢等の違いを軽視し、それらの違いに基づく彼らの植民地経験を均質化してしまった。

次に、一九四五年や八月一五日を疑い得ない重要な時間的区切りとしたため、それらの時点を特権化する政治的問題を見落とした。ある連続線に区切りを入れるからにはそこに区切りを入れることを正当化する動きが存在したはずである。台湾社会で一九四五年に意味を持たせようとしたのは誰であり、なぜか、なぜそれを自然な区切りとして現地の人々が受け入れたのか、それらの点の分析・考察を一九四五年という区切り、八月一五日という区切りを当然視することは不可能とした。

この問題については、植民地時代に日本語教育を受けた世代を扱った黄の議論が参考になる。黄は「戦後」の台北が「戦勝国首都」と「敗戦国植民都市」の二つの風景を持ったと捉え、前者の顔が後者の顔を覆うひとつの出来事として、「終戦」と「光復」の問題を挙げている。「もっとも大きな象徴としての時間、すなわち八月一五日という敗戦、或いは終戦の日は、台湾ではあたかも何もなかったかのように、平常な一日としてみなされている。しかし一〇月二五日の中華民国政府が接収して入ってきた日は、『光復節』という、国定祝日となり、国家や地方政府で大きな記念行事や祝賀の催しが開かれる。こうした記憶装置としての空間や時間が塗り替えられたことに対し、その激動の時代を歩んだ人々にとって、頭から記憶が抹消される筈はなかった」と黄は述べる［黄　二〇〇三：一一三］。

黄が八月一五日を重視するように述べているからといって、筆者は「やはり八月一五日が重要なのだ」とするものではない。黄の議論は、台湾において一〇月二五日を当然なこととして大きな区切りとすることへの疑義、そこで無視されている日本語世代の記憶の指摘を行うものである。その指摘は、時間上絶対的な区切りなど存在せず、様々な装置によって重要な時間的区切り、すなわち歴史認識が作られており、それをめぐっての争いが行われていることに目を向けさせる。ちなみに「終戦」と「光復」との争いを台湾の政治状況の成り立ちと結びつけて考えれば、日本の植民地支配の終了を国民党の関与と結びつけて「光復」を強調することは、二・二八事件に代表される国民党統治の失敗を老世代の本省人から覆い隠す作用を持ったと捉えることができよう。

一九四五年を特権化する記述は「台湾が」だけでなく、「記述する者が」なぜその区切りを特権化してみてしまうのかという問題をも含んでいる。冒頭で述べたように、日本人研究者が日本国の視点で論文等を書くことには、なんら合理的理由はない。ましてや、中華民国の視点、変動する台湾の人々の認識を考慮すれば、過去の記述を行う者が、なぜある区分を採り入れたのかは、歴史のポリティックスに関わる重要な問題である。国民国家の視点に取り込まれている自己を対象化できず、その視点で台湾を語っている意味を認識できないことは、そのポリティックスに無知であるに過ぎない。だからからこそ、何の疑念もなく一九四五年を特権化できる。

一九四七年ではなく一九四五年を、一〇月二五日ではなく八月一五日を時代区分の基点とすることは、大日本帝国と日本国のまなざしを台湾に刻印する行為だが、その区分を客観的で中立的なものと捉えることは、多様に存在する台湾の人々の歴史認識を無視するだけでなく、植民地支配のまなざしで台湾を領有する植民地化の過程に自らが関与することを見落とす行為でもある。結果、佐藤や桂が指摘するような陥穽に陥ってしまう。

では、一九四五年の重視は日本人としての自己意識の肥大化であると考え、台湾社会の現状に寄り添い二・二八事件を区切りとすればよいかといえば、そのようなものではないことも明らかである。過去（の認識）を連続線のまま記述することはできず、どこかに区切りを入れる必要がある。二・二八事件を区切りにするということも連続線に任意に区切りを入れる行為である。もし、二・二八当然の区切りとしてしまえば、筆者自身が「台湾の都市化」のなかで犯したことと同じ過ちを繰り返してしまうことになる。台湾の人々の様々な経験を「外省人」と「本省人」という二項対立のなかに還元し、二・二八事件を特権化するという記述の政治性に関わる問題を見落としてしまうからである。

したがって、過去（の認識）を記述するうえで求められることは、ある区分を特権化する理由を含めた記述であろう。なぜ植民地以前と以後とに分けて記述しなければならないのか、なぜ二・二八事件を重要視しなければならないのか。ある出来事を特権化する根拠まで含めて述べることが、民族誌の記述では求められよう。

そのような作業のためには、ある歴史認識がどのような社会的、経済的、政治的状況で生まれているのかも分析する必要があろう。例えば、中華民国と中華人民共和国という二つの「中国」の乗り越えが、本省人によって近年の「本土化」の一環として行われてきた。台湾内部においては、国民党政権を倒し政治的自由を勝ち得たのであり、また中華人民共和国との関係においては中華文明の中心地「中原」としての「大陸（中国本土）」が幻想であることを彼らは感じた。

　このような二つの「中国」の乗り越えを可能としたのは、台湾社会の大きな経済的発展と「大陸」との接触であった。経済的には台湾は一九七〇年代を境に国民総生産が大きく増加した。台湾の国民総生産は、一九七〇年には一九五二年の約三倍、一九八〇年には約一七倍、一九八五年には約二三倍と、一九七〇年代から一九八〇年代にかけて飛躍的に伸びていく。また中産階級を生み出し、高学歴化も進んだ。さらに産業構成も大きく変化した。一九五二年の時点では過半数が農業人口であったが、一九八七年には約一五％となった。テレビが一九七〇年代には普及し、通信・交通手段が発達し、人々の活動範囲は台湾全土に広がっている。観光産業も発展し、観光地があちこちに生まれている［Hermalin, Liu and Freedman 1994, 若林・劉・松永編　一九九四、沼崎　二〇〇三］。「国語」を自由に話せる高学歴の本省人、中産階級の登場は、本省人の政治的重要性を増幅させるものであった。

「大陸」との接触の点では、一九八七年以降、「大陸」への渡航が解禁される。彼らは仕事や観光、またテレビなどで「大陸」の様子を知るたびに、「大陸」が「不便であること、豊かではないこと」を語るのであった。「大陸」に工場を建てたある社長は、「大陸」が法治国家ではなく、賄賂が横行することなどをよく嘆いていた。中華文明の中心であるとされた「大陸」は自分たちよりも遅れていたと感じたわけである。このような実際の体験に基づく考えは、台湾は中華文明の周辺ではなく、中華文明の中心地である「大陸」と比較しても劣っていないのだという意識を生み出した。

　最近では「大陸妹（中国本土からの女性。ちなみに野菜の名前にもなっている）」が風俗産業で働くために台湾に密航することも、台湾の一部の人々の「大陸」への優越感を支えている。さらには、古いものが文化大革命などによって破壊され、否定された「大陸」を見るにつけ、台湾は中国の古い文化が残っていると、台湾の人々は誇らしく「台湾」を語る。このように台湾の人々の「大陸」との直接的接触は「進んだ台湾」という自画像を描くことを可能とした。

その一方で、現在の「大陸」との経済的結びつきの深化は、台湾における日本のイメージも変える。二〇〇三年上期台湾当局が許可した中国本土への投資額は、五一億二〇〇〇万ドルであり、二〇〇二年同期と比べて三倍以上であるという［台湾通信　二〇〇三：四］。その投資の多さと急激な額の増大は、陳政権が警鐘を鳴らし、東南アジアへの投資を勧めるほどであった。このように台湾において「大陸」との経済的なつながりは急速に大きくなっており、相対的に日本との結びつきの重要度は低くなっている。

そのなかでイメージとしての「日本」が変わるのも当然である。大陸との結びつきが深くなる前、日本企業との提携や代理店契約等で、台湾の人々が経済的に成功することは珍しいことではなかった。また、当時日本語能力は高給と、企業に不可欠な人材であることを保障するものであった。二〇〇四年時点でも同様の状況がないことはないが、「大陸」への投資がむしろ重要である。台湾の大財閥から中小企業まで安い労働力等を求めて「大陸」への進出をはかっており、「大陸」でいかに成功するかが、企業発展の鍵となっている。そのような状況において、日本は以前ほど富の源泉ではなくなった。

上記のような状況のなかで、近年の台湾の人々にみる過去への認識は形成されているのであり、語られているのである。そのような語りに基づき、歴史を記述する場合、ある歴史認識が生成される社会的条件を踏まえることは、ある出来事の特権化を批判的に捉えるうえで欠かせない作業であろう[20]。

おわりに

筆者が「台湾の都市化」で行ったことは政治上の区分にあわせて調査地で得た資料を編集し、物語を作る記述にしか過ぎなかった。政治上の出来事を実証的に明らかにすることは、対象社会を研究するうえで不可欠な行為である。したがって、国家と国家の歴史として過去を描くとき、また国民国家の視点が中心になる政治学的な記述を行う場合、そこで一九四五年が、または当年の八月一五日や一〇月二五日が、重要な区切りとして記されることは、不可避である。

だが、国民国家の視点ではなく、生活者の視点から当該社会を描こうとする人類学者が、日本の「戦後」や台湾の「光復」などに引きずられて民族誌を記述してしまっては、いわゆる大文字の歴史とは違う形で開かれている別の歴史を見落とすことになってしまうのではなかろうか。この点でも先に示した黄の議論は重要である。その議論は国家対国家ではなく、国家と老世代の本省人の対立を焦点とする。黄は人々の話を聞くなかで、国家の歴史には収斂されない歴史が存在することを指摘し、「国民」として同質化されない多様な人々の存在に目を向ける必要性を訴える。

生活者の記憶に基づく過去の記述は、上記にみるように台湾社会の変動や政府の施策を受けて、変わるものである。したがって、仮に「客観的」な記述があり得るとしても、生活者の記憶に基づく過去の記述が「客観的」とされることはほとんどない。そこには、「人々の記憶」に基づく歴史を「歴史」として語ることへの批判も生まれてくる。

だが、「したがって意味がない」というよりも、むしろ、だからこそ人々の記憶に基づく人類学者の歴史の記述は意味があるのではないだろうか。どのような過去の記述も、ある者の視点からみた認識の語りである。国家などが行う支配的な語りも同様である。そして、そのような語りは、教科書等の様々なメディアを通じて正統なものとして表象される。

そのような状況のなか、支配的な視点とは異なった立場から過去を記述する行為は、ある歴史の語りが客観的で中立で学術的であることに疑義を投げかけ、そのような歴史の語りが構築されたものに過ぎないことを明らかにする力を持つ。歴史の語りと国民国家の関係が問題となっている現在[21]、人類学者が歴史を語ることの意義はその点で大きい[22]。

人類学は民族誌における無時間的な記述に対する反省から歴史に目を向けてきたが［杉島一九九九：三一九］、その場合歴史学者から、また人類学者自身からも歴史に対する人類学者のナイーブさがしばしば指摘され、批判されている。そこには過去の出来事を調べる手法の甘さへの批判もあろうが、それ以上に大文字の歴史に安易によりかかり、その歴史的区分を相対化することなく書いている行為そのものに対する批判も含まれているのではないだろうか。人々の記憶に基づき歴史を記すことには、常に代理表象の暴力という問題が存在する。だが、そのような記憶を国家などの視点に基づく歴史にしたがって無意識に再編集し語るのであれば、人類学者への批判はさらに厳しいものになるであろう。

注

(1) 政治体制の変化や経済復興、生活のレベルなどから「戦後の終焉」が議論されている。
(2) 例えば、「戦前」を軍国主義の暗黒の世界として捉え、「戦前」の行為を特殊なものとし、民主主義社会の「戦後」と切り離す思考などである。
(3) 訳文は、国立編訳館主編『台湾を知る――台湾国民中学歴史教科書』(雄山閣出版、二〇〇〇年)に拠った。
(4) 佐藤は聴衆の大半が韓国人であるにもかかわらず、そのシンポジウムで英語が一般的な言語であることや、韓国で植民地支配の歴史と戦争責任に関して日本人研究者が発表することに「自慰行為の語り」を見いだす。他者表象の政治性は既に多く指摘されているが、本稿では日本人が日本のかつての植民地を問題にすることについて考えてみたい。
(5) 一九九四年九月以降、調査にご協力いただいた玉山の皆様に心より感謝いたします。一九九四年九月から一九九六年五月までの現地調査に対しては、財団法人民族学振興会より助成を賜りました。ここに記して感謝いたします。
(6) 二〇〇二年九月の調査に対しては、財団法人交流協会日台交流センターの「二〇〇二年度歴史研究者交流事業」の助成を賜りました。ここに記して感謝いたします。
(7) これらの組織を台湾では「〇〇会」と称することが一般的であることから、「台湾の都市化」ではそれらの組織をまとめて「会」組織と表記した。
(8) ここでは論じることができないが、「植民地支配」の問題とは別に、玉山について漢人移住後の時期から語ることも、「原住民」との関係で考えれば、歴史記述のうえで検討すべき課題である。
(9) 類似した記述は、尾形他七名による『世界史B』の二六九頁、高橋他五名による『高等世界史　最新版』二五二頁、平田嘉三他九名による『高等学校　改訂版　世界史』(第一学習社)の二四六頁にも見ることができる。ただし、第一学習社の教科書では「日本の勝利」とは明記されず、「日本が優勢で」とされている。
(10) 帝国書院の教科書では、「八月一五日にポツダム宣言を受諾し、九月二日に降伏文書に調印した。こうして第二次世界大戦は、連合国の勝利に終わった［高橋他　一九八二］」と記され、九月二日に言及している。また「連合国の勝利」という表現は幾つかの教科書でみることができた。
(11) ［高橋他　一九八二：三二四］にも類似した表現がある。

(12) このような記述と対照的なものが本稿の「はじめに」で紹介した『認識台湾』の記述である。また日本で出版されたものでは、『もっと知りたい台湾』第二版（弘文堂　一九九八）において張士陽が次のような記述を行っている。「日本植民地統治期の台湾」の末尾部分において、八月一五日には言及せずに「四五年十月二五日台北での投降式典により、日本による台湾の植民地統治は終了した」と述べる。そして、その節に続く「第二次大戦後の台湾」の冒頭を「台湾省行政長官陳儀らの国民党政権台湾接収委員は日本植民地当局から施政権を引き継いだ」と始めている。八月一五日を分岐点とすることが、ひとつの見方でしかないことはここからも十分に理解できよう。

(13) 台湾の漢人は中国本土からの移民であり、玉山でも清代末期から国民党の来台まで中国本土からの移民が断続的に続いた。加えて、台湾北部の中心地・玉山には台湾中南部から多くの人々が移り住んできた。その連綿と続く移住の歴史において、「地元住民」と「移住者」とを分ける時点は所与のものとして存在せず、筆者が措定する必要があった。

(14) 日本の植民地時代に玉山に入ってきた人々の経験をうまく捉えることができなかったことが、植民地支配を区切りとした「台湾の都市化」の大きな問題点のひとつであった。

(15) 一九日付の広告では「北京語」ともある。

(16) （　）内は筆者による注。括弧書きした前にある語は原資料の記載、あるいは調査対象が使った用語である。言語に関する以下の表記はこれにならっている。

(17) 調査内容については、日台交流センターに提出した「研究活動報告書」と「研究成果報告書」に詳しい。

(18) ただし高学歴者の場合、日本の敗戦と二・二八事件に触れることが多かった。

(19) 矛盾するように見える歴史認識だが、それは聞き手の意図や語る者の状況によって変化することを考慮すれば何ら不思議ではない。

(20) この点は二〇〇三年の台湾学会の発表において沼崎一郎氏から指摘された。そのコメントを受けて、台湾社会の変化と歴史認識の問題を丁寧に論じることが筆者に課せられたが、今回は筆者の調査不足と能力不足から「大陸」や「日本」の位置づけのみに言及した。

(21) 日本に係わる議論としては、小森・高橋編［一九九八］、成田［二〇〇一］等がある。

(22) 政治的な時間軸を相対化する行為は、『自己―民族―国家』という単純な三層によってアイデンティティを語ること」［松田　二〇〇二：四八五］からの脱却に繋がるのではないだろうか。

引用文献

〈和文・中文〉

尾形　勇・後藤　明・桜井由躬雄・福井憲彦・山本秀行・西浜吉晴・宮崎正勝
　一九九四『世界史B』東京：東京書籍。
桂　文子
　二〇〇三「書評　栗原彬・小森陽一・佐藤学・吉見俊哉編『知の植民地：越境する』東京大学出版会」『アジア社会文化研究』（広島大学大学院国際協力研究科）四：一三六―一四〇。
上水流久彦
　二〇〇一「台湾の都市化に関する社会人類学的研究――「会」組織の機能を中心として」広島大学学位論文（二〇〇五年『台湾漢民族のネットワーク構築の原理――台湾の都市人類学的研究』渓水社、として出版）。
黄智慧
　二〇〇三「ポストコロニアル都市の悲情――台北の日本語文芸活動について」大阪市立大学大学院文学研究科アジア都市文化学教室編『アジア都市文学の可能性』一一五―一四六頁、大阪：清文堂。
國立編訳館主編
　一九九七『認識台湾（歴史篇）』台北：國立編訳館。
小森陽一・佐藤学
　二〇〇一「プロムナード――知の植民地をめぐる断章」栗原彬他編『知の植民地――越境する』一―一四頁、東京：東京大学出版会。
小森陽一・高橋哲哉編
　一九九八『ナショナル・ヒストリーを超えて』東京：東京大学出版会。

杉島敬志
一九九九　「人類学の歴史研究――バリ宗教の近代史」栗本英世・井野瀬久美編『植民地経験――人類学と歴史学からのアプローチ』三〇五―三二五頁、京都：人文書院。
台湾通信
二〇〇三　『週刊　台湾通信』九二：三五、台北。
戴國煇
一九八八　『台湾――人間・歴史・心性』東京：岩波書店。
高橋秀・堀敏一・松井透・今井宏・西川正雄・富永幸生
一九八二　『高等世界史　最新版』東京：帝国書院。
中国時報編輯部
一九九五　『台湾：戦後五〇年　土地　人民　歳月』時報文化。
張士陽
一九九八　「歴史・地理・自然」若林正丈編『もっと知りたい台湾　第二版』一―二三頁、東京：弘文堂。
成田龍一
二〇〇一　『〈歴史〉はいかに語られるか――一九三〇年代「国民物語」批判』東京：日本放送出版協会。
沼崎一郎
二〇〇三　「現実の共同体、架空の政体――台湾社会の変容と『新しい台湾意識』の出現」『東北人類学論壇』一：一九―二九（東北大学大学院文学研究科文化人類学研究室）。
平田嘉三・護雅夫・越智武臣・谷川道雄・柘植一雄・今永清二・志頓晃佑・星村平和・川勝賢亮
一九八六　『高等学校　改訂版　世界史』広島：第一学習社。
松田素二
二〇〇二　「創られた王国の彼方に――西ケニア・ワンガ王国史の歴史語りから」山路勝彦・田中雅一編『植民地主義と人類学』四六九―四八九頁、大阪・関西学院大学出版会。
村川堅太郎・江上波夫・山本達郎・林健太郎
一九九三　『詳説　世界史』東京：山川出版社。

若林正丈
二〇〇一 『台湾――変容し躊躇するアイデンティティ』東京：筑摩書房。
若林正丈・劉 進慶・松永正義編
一九九四 『台湾百科』第二版、東京：大修館書店。

〈英文〉
Hermalin, A. , P. K. C. Liu, and D. Freedman
1994 The Social and Economic Transformation of Taiwan, in Thornton, A. and Lin, Hui-Sheng (eds.) *Social Change & the Family in Taiwan*, pp. 49-87, Chicago: The University of Chicago Press.

台湾東部における漁撈技術と「日本」

——近海カジキ突棒漁の盛衰のなかで

西村一之

はじめに

本論文は、台湾南東部に位置する調査地S地区（仮称）において、日本植民統治期に行われた総督府による漁業開発と、戦後地方行政機関によって実施された漁業振興という歴史的状況を振り返りながら、近海カジキ突棒漁を主たる漁法とする台湾漁民社会でイメージ化された「日本」の存在について考察をすすめる。S地区は、台東県C鎮（日本の町レベルに相当）の中心部であり、鎮内最大のS漁港を抱える。また、東は黒潮が流れる太平洋を望み、西は山岳地帯となっている、東部地区に一般的な「上山下海」の景観を持つ。一九五〇年代から一九八〇年代半ばまで、この地の中心的産業は、カジキ突棒漁（鏢旗魚）に代表される近海漁業であった。また、台東県を含む東部地区は、一般的に先住民居住地として知られているが、C鎮の人口をみると、そのほぼ半数がアミ（'Amis）を中心とする先住民である。

こうしたS地区の様子からは、S漁港を中心としたカジキ突棒漁に代表されてきた漁業領域、漢人

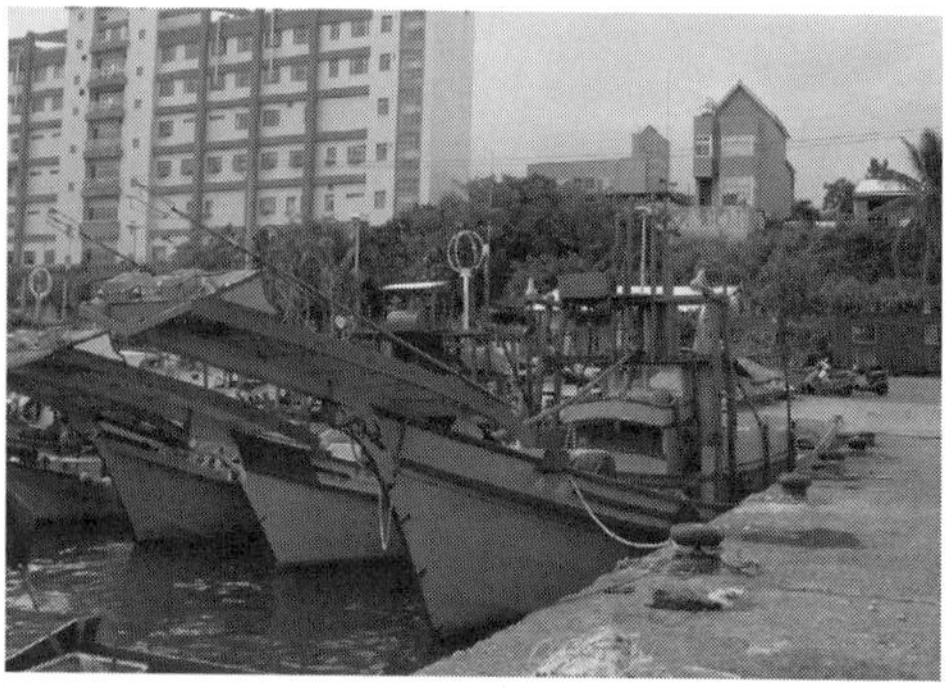

写真1　カジキ突棒漁漁船

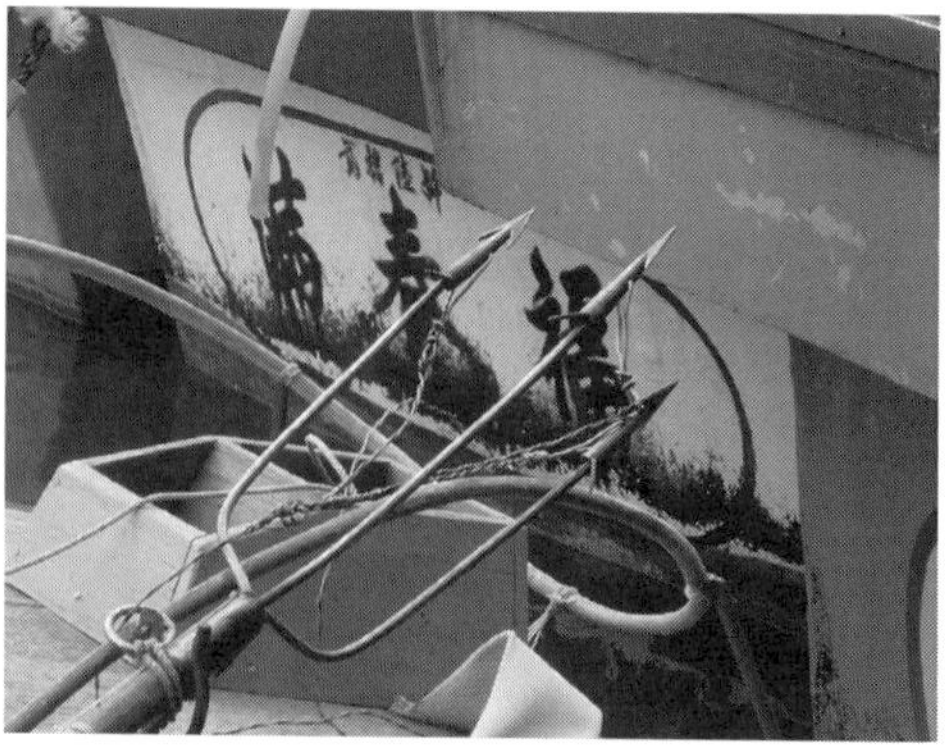

写真2　漁具

とアミが対面状況に生活する民族集団間関係が、それぞれ特徴的に見て取れる。これには、一八九五年から始まる日本植民統治期、特に大正年間から盛んになる東部開発事業が大きく関係している。つまり、S地区は、日本との関連で「植民地経験」［栗本・井野瀬 一九九九］をもつ、ポストコロニアルな状況にある。

台湾におけるカジキ突棒漁の由来は、植民統治期に往来した日本人漁民たちにある［台湾総督府水産試験所 一九三八：二九］。日本ではこの漁法は、動力船を用いる形態が千葉県房総半島に始まったと考えられている。カジキ突棒漁の特色の一つは、その漁具である。船の舳先に突き出た台から、長さ四、五メートルほどある木製の銛を投げ、着脱式になっている銛先を魚体に突き刺すことで漁獲物を捕らえる。必要な道具は、銛竿、銛先とロープ、それに動力船があれば操業は可能である（写真1、2）。自然環境に左右されやすい不確実な漁法であり、失敗のリスクが高い。海上の波間に見えかくれするカジキのヒレを

表1　カジキ突棒漁における漁撈集団

	役　職　名*1	役　　割	利益配分	備　　考
1	chun-tiu^{n}（船長）	船長兼漁撈長、一番銛の投てき手	1.5人分から2人分	通称 chia^{n}-pio（正鏢）
2	hu chuntiu^{n}（副船長）	1の補佐、二番銛の投てき手	1.3人分	通称 cho-pio（左鏢）
3	bi hi-a（比魚仔）	カジキの探索	1.1人分	
4	chun-oan（船員）	船員、漁獲物の引揚や漁具の管理	1人分	最盛期は5名前後
5	ki-koan-tiu^{n}（機関長）	エンジンの操作管理	1.5人分	
6	chupng-a（炊飯仔）	見習い、食事の世話や機関長の手伝い	0.5～0.8人分	
7	ki-toa（機舵）	操舵手	1.2人分	

*1：1996年現在、5、6、7は役職として存在していない（聞き書きによる）。

肉眼で探し、これを追い掛けて人力で銛を投げる。そこでは人的な力、特に銛を投げる船長の漁撈技術が漁獲の多寡を左右する大きな要因となる。S地区の漁民たちは、船長の役割の困難な点を、「ボーカンタン bo kan-tan（容易ではない、大したものだ）」と説明する。また、かつてのカジキ突棒漁では、銛を投げる船長を頂点とした、役割分担が明確な漁撈集団が構成されている。そして、この役割を反映した利益配分法が決まっていた（表1）。一九八〇年代半ばまでの最盛期以降、漁獲量の減少と従事する人口の減少および高齢化によって、漁業の地域経済における産業としての重要性は極めて低下している。しかし一方で、カジキ突棒漁そしてその対象漁獲物であるカジキ類は、現在のC鎮にとってこの地を代表するシンボリックな存在となっている。(1)

日本植民統治期から今日にいたるなかで、漁業をめぐる状況は大きく変化した。この状況変化を背景として、漁民たちにとって身近な存在であった「日本」も変わってきている。本論文は、日本植民統治期を契機として調査地にもたらされた、漁業を巡るイメージとしての「日本」がどのように扱われてきたかを捉える、試験的考察の一部である。

一　漁民の誕生と「移民村」

1　S地区の成立と漁業の到来

大正期の植民地政府主導の開発が進むまで、台湾東部地区では、この地に暮らす人びとの間に漁撈は存在しても、漁撈で得た漁獲物を流通させて生活を営む生産領域としての漁業はなかった［台湾総督府民政部　一八九九：一一二］。歴史学者の林玉茹が簡潔にまとめている様に、東部における漁業開発は、漁港の建設、日本人移民事業、生産団体の確立に基礎をおいている［林玉茹　二〇〇〇］。S地区では、築港に先立ち行政機関が移転、この地の中心地となるべく市街地の建設が行われた。元来、S地区は、天然の港湾を抱え、しかもそれは既に漁船の退避港でもあった。数度の視察を経た後、一九二九（昭和四）年から港の建設が始まり、途中中断を挟んで、一九三二（昭和七）年に竣工した(2)。S漁港は、その後も整備が繰り返され、魚市場や修理ドックなどの陸上設備を備え、動力漁船が係留できる深さを持っていた。また、生産者組合などの団体がつくられた。組合は、漁獲物の運搬や、常に問題視された調達困難な経営資金の解決にあたった。

S地区では、一九三二（昭和七）年に日本人漁業移民事業の募集がはじまり、翌三三年（昭和八）より移住が実施された。この事業計画は、五ヶ年間であり、漁民世帯の定住を目指していた（後、更に二年間継続）。募集は、S地区同様に黒潮を特徴とする海洋環境が似通った一五の府県を対象に行われた(3)。この

S地区における移住計画は、植民統治の初期に台湾西部や東北部で失敗に終わっていた先例をふまえ、初年は単身での移住とし、翌年家族を呼び寄せる形式をとった。また、移住者には宅地と耕地が払い下げ（もしくは貸し下げ）られた。さらに移民指導所を設け、試験船を準備するなど、手厚い援助を通じて移住者の定住を図った。彼らが、住み暮らす場所は「移民村」と呼ばれ、この中には住宅や共同浴場などの生活施設をはじめ、日本の漁村で広く信仰を集めていた恵比寿神社もおかれた。

一九三二（昭和七）年夏に和歌山県から移住者五名が訪れ、次いで同年末には千葉県から七名の漁民がやってきた。彼らは、この地での漁法を探り、それぞれカツオ延縄漁とカジキ突棒漁を中心とした操業を確立した［台湾水産会一九三二ａ：七、一九三三：六］。その後、延縄漁に必要な餌となるイワシの不漁やカツオの価格の下落により、S地区における漁撈は、千葉県出身の移民たちが持ち込んだ、冬季に行われるカジキ突棒漁が主となった。

漁業は、漁獲物を流通させて農産物などの生活物資をえる必要がある。その生活空間である港町に漁民だけが暮らすことはできない。S地区が、中心地として行政的にも商業的にも発展していく中で、漁業もまた同様に発展した。こうした港町としての形成過程においては、日本人（主として役人や教員とその家族など）ばかりでなく、西部地区から多くの漢人の移入もあった。

2　カジキ突棒漁——日本人の漁法

台湾における植民事業としての日本人漁民の移住計画は、統治初期から西部沿岸域において行われているが、ほとんど定住しないまま失敗している。台湾総督府殖産局水産課の技師であった與儀喜宣は、当初の漁業移民が失敗に終わった理由を次のように述べる。「その原因は種々あらう。第一風土病。第二漁場の不馴れ。第三生活費の豫想外にかゝる事。第四家族連れが少つた事等算へ立てれば切りもあるまいが、余の見る處では、内地人としての體面を保つ程の收入を揚げ得られぬと云ふ感じが、その根本的原因であつたらうと思う」［與儀　一九三六：一一一―一一二］。ここで彼は、移住した日本人漁民の生活に「内地人の体面」の必要を指摘する。さらに、その体面を保つ漁業として、「内地人らしき地位を保ち得る漁業と云ふのは、動力附漁船を使用する漁業と云ふ事になる」と説明する［與儀　一九三六：一一二］。また、S地区に先立って築港され、やはりカジキ突棒漁の基地となっていた蘇澳での日本人移民たちが、動力船での漁業を成功させている実績をとりあげる。ここでは、動力船で沖合いの漁場に出て行う漁撈は、日本人が採るべくして行う方法という位置が与えられている。與儀の文章では、当時S地区で計画実施されていた移民事業にも触れている。そのS地区において選ばれた漁法は、動力船を用いたカジキ突棒漁であった。

S地区を含む東部地区では、産業開発の主体である日本人が持ち込み、未開拓の漁場を利用する近代的な漁法を通して、漁業領域がつくり出された。漢人を主とした地元住民と争うことなく、日本人漁業移民がその主役となることが出来る領域が、この動力漁船を使った「近代的」な漁業であった。即ち、S地区で導入された動力船を用いる近海カジキ突棒漁は、日本人の「漁法」という性格を帯びていると考えられる。それまで漁業が存在しなかった台湾東部地区に位置するS地区のカジキ突棒漁の場合、漁撈をめぐる知識、漁船や漁具などの道具類、そのすべてが日本由来の漁業領域に属する技術である。

3　日本人漁業移民と漢人／アミ

S地区において、一九三二（昭和七）年から五ヶ年間行われた移民募集事業は、年々移住者の増加をうみ、一九三八年（昭和一三）末までに移民村で暮らす移住漁戸数は四五戸、人数は一五二名にまで拡大した［台湾総督府殖産局　一九三九］。これは、募集に応じて定住したもののみであり、S漁港を利用する漁業を目的とした私的な移民や、漁期に訪れる出稼ぎ漁民は含まれていない。ちなみに、一九三八（昭和一三）年末のS地区全体の総戸数五〇二戸の三七・一％（一八六戸）が日本人のものであり、周辺域に比べ高い割合を示す［新港郡　一九八五（一九三九）］。

移民村を抱えるS地区は、日本人が比較的多く暮らす空間ではあるが、そのほか商人を中心とした漢人居住地区があり、そしてそれを囲うように先住民アミが居住していた。だが、当時の動力漁船の船主をみると、そのほとんどが日本人であり、多くが漁業移民の船主船長である（表2）。カジキ突棒漁では、動力漁船を用い、船長は銛の突き手であり漁撈長である。ここからS地区の漁業が日本人主体であることが分かる。しかし、戦争の影響を受けて人手不足が起り、これが漢人／アミの若者を漁業に参入させる切っ掛けとなった。

S地区における移民の戸籍資料を見ると、「同居寄留人」の項目に沖縄与那国島や糸満など漁民社会として名高い地域から来た者と並び、若年の漢人やアミの記録がある。これは、日本人漁業移民の漁戸に同居し、漁撈に参加した者たちの記録である。彼らは、日本語を解し、日本人漁民とのコミュニケーションが可能であり、S地区での漁業が好成績をあげていたのを聞きつけてやってきた《事例

表２　日本植民統治期漁船名（昭和 12 年 10 月 1 日現在）

番号	船　名	進水年（西暦）	漁　法	船主名
1	磯恵丸	1933	突棒	毛利之俊
2	第一紀州丸	1934	曳縄突棒	湯川善松
3	第二紀州丸	1934	曳縄突棒	湯川善松
4	千葉丸	1934	曳縄突棒	保田松之助
5	第二喜久丸	1934	突棒	森永三郎
6	第八松榮丸	1934	突棒	毛利之俊
7	開洋丸	1935	曳縄突棒	台東廳
8	共友丸	1921	曳縄突棒	渡邊幸次
9	大寶丸	1935	曳縄突棒	毛利之俊
10	大榮丸	1932	曳縄突棒	劉順治
11	天佑丸	1935	曳縄突棒	岡田耕治
12	第十五妙福丸	1935	曳縄突棒	毛利之俊
13	住發丸	1929	曳縄突棒	石再添
14	第一台東丸		曳縄突棒	台東廳
15	第二台東丸		曳縄突棒	台東廳
16	第三台東丸		曳縄突棒	台東廳
17	君丸		延縄突棒	君島芳太郎
18	谷丸		延縄突棒	谷口福松
19	池丸		延縄突棒	池田庄次
20	岸丸		延縄突棒	岸正一
21	島丸		延縄突棒	島田庄太郎
22	第二福好丸		延縄突棒	湯川善松
23	第一熊本丸		延縄突棒	宮川用吉
24	第二福丸		延縄突棒	君島久一
25	第一號妙福丸		延縄突棒	毛利之俊
26	東洋丸		延縄突棒	藤井半次郎

資料出典：台湾水産會（1937）を改編

1―1、1―2》）。もともとカジキ突棒漁には、炊事係や機関士補助といった船員見習いの役割があり、漁撈の未習熟者を取り込み、漁撈を習得させる漁撈集団の構成を持っている。若年の漢人やアミは、このシステムに沿って漁撈集団に参加していった。そして、彼らは、この時の漁撈経験を足掛かりに「漁民」となり、戦争終了直後のさらなる漁業領域への接近を経て、一九五〇年代から始まるカジキ突棒漁最盛期にその主役となった。

《事例1―1》日本人船主船長：日本植民統治期①

一九歳の時に台湾南部からS地区の北隣K集落に移り住む。長兄は自分よりも三年早くに来ていた。船主であり船長でもあったT（和歌山県出身）の船に船員として初めて漁撈に参加した。Tは前の年から知り合いで、乗船するように誘いに来た。

その後、船主兼船長のY（和歌山県出身）の船員として働いた。この船に乗って、一年もしないうちに戦争が終わり、日本人は帰っていった。（T・K　漢人　一九二三年生）

《事例1―2》日本人船主船長：日本植民統治期②

公学校を卒業後、集落内で農業を主とした家業を手伝っていた。しかし、一九三二年に漁港ができてからのS地区の景気が良い話を耳にして、漁業に就いてみたいと強く思った。だが当時、アミは住み暮らす集落から自由に出ることができず、警察官から説諭されたりした。また、生家のヴァキ（vaki　母方オジの意）も、働き手である自分が離れることを許さなかった。どうしてもS地区に行きたくて、これらの制止を無視し、夜逃げ同然に集落を抜け、S地区にいって福岡県出身の日本人漁民T・Rの家に住み込み、漁業に参加するようになった。（H・M　アミ　一九二五年生）

こうして漁獲物を得て流通させることで生活を営む、漢人やアミの「台湾漁民」が誕生する契機が「移民村」で起こった。

二　「台湾漁民」による漁業の利用

1　光復直後の「漁民」――産業振興のなかで

中華民国政府の執政の下に台湾が入った後（中国語で「光復」）、日本人の引揚げが実施された。一方で中華民国政府により教育や産業の専門家として留用の対象となった人びとは、その後もしばらく台湾にとどまっている。このうち日本人の留用者は「日僑」、沖縄出身者は「琉僑」と呼ばれる。漁業をめぐっても、多くの日本人漁民（沖縄出身者を含む）が台湾に残り、台湾の人びとに漁業を伝える役割を担った。その他、漁船や漁港設備などが、政府による接収の対象となり、留用された日本人を中心とした技術者によって管理運営された。漁業をめぐっては、上記のような状況であった民国期の初期、《事例2―1》に見られるような漁業への参加をした人びと（主にアミ）がいる。

《事例2―1》Ｋａの漁撈体験

二二歳で水産技術訓練班に入る。第二期生。日本人漁民Ｔ・Ｒ親子と乗る。Ｔ・Ｒが船長。船は政府に接収されて水産公司のものになっていた。最初は甲板員、その三年後にトリカジ（副船長）となった。（Ｋａ　アミ　一九二九年生）

彼の漁撈体験は、光復直後より始まった地方行政機関による漁業振興が影響している。当時、日本人が残していった物資は、「日産」として政府に接収管理された。日本人漁民が保有していた漁船は、まず台東県政府によって一時期保有された。この「日産」漁船は、県政府の管轄下にあった台東水産公司によって経営され、乗組員が雇われて操業された。台東水産公司は、S地区において日本人漁民の持つ漁業技術を利用した水産業の振興を一つの目的としていた。一隻の漁船の乗組員のなかには、S地区に残留した日本人漁民や周囲に暮す漢人／アミを始め、漁撈を生活の一部としていた台湾南部および離島H島からの移住漁民および出稼ぎ漁民が含まれていた。日本人漁民は、船長や機関長などある種の技術者として乗り組み、他の台湾漁民にその漁撈技術を伝える役目を担っていた。そして、S地区で日産として接収の対象となった漁船は、後に地方行政機関によって民間に貸下げあるいは払い下げられた。この漁船を手に入れたのは、主に漢人商人で、彼らは漁業を有益な投資先と考え漁船を所有した。この非漁民船主は、一九五〇年代以降のカジキ突棒漁最盛期に重要な役割を演じる。ちなみに台東水産公司は一九五五年まで存在した。このようにS地区では、地方行政機関の指導の下で漁業振興策が進められた。

また、S地区では日本人漁民が長期に留まり、移民指導所の跡地に設けられた漁業講習所である「水産技術訓練班」（一九四六年設立）で漁撈技術や漁船の内燃機関について講習を担当している。これについて漁業関係者六名とその家族が、「志願長期徴用」してS地区に残った記録が存在する。その中には、台湾総督府の募集に応じた公的な漁業移民としてS地区に定住していた人びとも含まれており、彼らから提出された台湾残留を願い出る内容の書類には、カジキ突棒漁や延縄漁に従事することも記されている〔何　一九九〇a：八四一―八五九〕。この水産技術訓練班は、農復会（中國農村復興聯合委員会の略）の監督下におかれ、先住民へ漁業を広める目的で作られた。このため、長期に渡り訓練班で講師をしていた日本人漁民の名前は、講習を受けたS地区周辺のアミの間で特に良く知られている（《事例2―2》）。

《事例2―2》訓練班と漁業参加

光復後一五、六歳（一九四八、四九年頃）から漁に出る。突棒船では日本人漁民K・J（沖縄県出身）やT・R（大分県出身）と乗った。その後漢人船主の船に乗る。訓練班六期生。訓練班の公文書がきて、航海術を三ヶ月習った。Sa（筆者註　先住民パイワン）もいた。日本語で講義が行われ、漢人講師は中国語も使った。勤め先は講習班が紹介した。自分は、漢人船主K・Tの所有するカジキ突棒漁を行う船（二〇馬力焼き玉式エンジン）に三年乗った。船長は、台湾南部の出身の漢人だった。（Y・R　アミ　一九三三年生）

この《事例2―2》にある日本人漁民T・R（大分県出身）とK・J（沖縄県出身）は、最も遅くまでS地区に残った日本人でもある。彼らを始めとする留用の対象となった日本人漁民は、家族と共にS地区で暮らしていた。例えば、T・Rは妻子と七名の家族で残っていた。そのため、水産技術訓練班に通ったアミ漁民をはじめ、S地区に住む多くの人びとにその名前が家族とともに記憶されている。

この水産技術訓練班は、その後一九七〇年頃まで存在した。先住民を中心とした修了生たちの多くは、身につけた技術と知識を使い、台湾南部の高雄を基地として活況を見せていた遠洋漁業に従事した[4]。

2　沖縄漁民との漁撈体験

上記のようにS地区の人びと（漢人／アミ）の中には、留用となり残っていた日本人漁民と一緒に操業した経験を持つ者がいる。この時調査地以外の基隆社寮や蘇澳南方澳など、東北部にある沖縄漁民が多く暮らす地域に出稼ぎ漁に出て、沖縄漁民との漁撈経験を持ったケースもある（《事例2—3、2—4》）。これらの経験は、一九五〇年代から活況を呈するカジキ突棒漁に代表される近海漁業に大きなインパクトを与えている。この時、まだ未熟な乗組員として、漁撈に従事していたS地区の「台湾漁民」たちは、熟練者である沖縄漁民（特に船長）のもつ漁撈知識に触れた[5]。

《事例2—3》X・Gの漁撈経験

一八歳から二〇歳頃（一九六五年頃）、基隆にはまだ沖縄人がいた。自分は基隆に八年間いた。宮古や八重山の人だった。Hという日本人とは二年間働いた。船主は漢人だった。その後南方澳に四年間いた。Yという沖縄人と突き船にのった。仕事をしくじると、「生蕃、山行って芋ほれ！」と怒られた。（X・G　アミ　一九四七年生）

《事例2—4》Z・Wの漁撈経験

小学校二年生の時に台湾南部から移住。父親は農業をしていた。

①一八歳の時から突き船に乗る。炊事係りとして二年間（冬季のみ）。船長Z・J。
②S地区で機関士補助をする。船長Z・J（漢人）
③蘇澳で船員。船主L・Y（漢人）、船長Y・K（日本人）、船長の妻が漢人だった。二年間。
④基隆で船員。一年間。
⑤S地区に戻り、船上でカジキを探し追いかけるときに進行方向を指示する役目、ビーヒィア（比魚仔）を五年間務める。後、副船長となり一二、三年くらい修行をしてから、自信がついて船長となる。（Z・W　漢人　一九三一年生）

基隆および蘇澳には、日本植民統治期より私的に台湾に渡って来た沖縄漁民の集落があり、他の日本人漁民たちとは違った生活空間を持っていた［国分　一九九八（一九四四）参照］。戦後、彼らの一部は「琉僑」として留用の対象となり、「日僑」同様台湾の人びとに漁業を伝える役割を果たした(6)。

また、S地区の場合、特に一九三〇年代後半から沖縄地方のなかでも与那国島からの同居寄留人が多く、すでに移住していた日本人漁民の家で漢人／アミの若者とともに住み込んでいた記録がある。沖縄からの移民は、男性が単身で私的に移動して来るケースが多いが、中には昭和初期にS地区にやってきて家族を呼び寄せ、漢人の同居寄留人を複数名住まわせている漁戸の記録も存在する。S地区の人びとによると、移民村に住む日本人のなかでも、沖縄出身者は別に見えたという。こうした沖縄からの私的な移民の一部が、戦後も「移民村」に暮らし、留用となった。なお、一九六〇年頃までは、基隆や蘇澳そして調査地を行き来していた沖縄出身漁民がいた。

3　小括

光復直後の数年間は、日本植民統治期に作られた漁業設備への接近と、日本人漁民が持つ漁撈知識への習得が、S地区に誕生した台湾漁民によって積極的になされた時間であった。特に、知識の習得は、日本人漁民（含沖縄出身者）との個人的な漁撈経験を通して行われ、S地区漁民各々に伝承された。そこには、後述するように漁撈技術をはじめとして漁撈にまつわる呪的な知識も含まれる。これらの知識は、船長として持つべきあるいは持っているものと認識され、漁撈の成功と関連づけられた。一九五〇年代から一九八〇年代半ばにかけて訪れたS地区におけるカジキ突棒漁の最盛期、船長とは、自らの能力を示し周囲に認めてもらうことで獲得する地位であった。次に、その船長の地位について説明する。

三　漁船漁業経営組織の確立と船長の地位

1　漁船漁業経営組織

光復前後に日本人漁民との漁撈経験を経たS地区漁民たちの中から、戦後確立したカジキ突棒漁の漁船漁業経営組織上のキーパーソンである船長の地位につく者が現れる。その最盛期、カジキ突棒漁をめぐる漁船漁業経営組織は、船の所有者である船主、漁撈の責任者である船長、船長と共に漁船に乗り組み作業を行う船員で構成された。そしてこの組織は、船主─船長関係及び船長─船員関係の二つの二者関係によってできていた。また、これらの二者関係は、理念的にはそれぞれ一漁期毎の短い期間しか維持されない。この流動的な関係は、不安定な生業である漁業において、多くの選択肢を確保し、リスクを分散することを可能にする。

船主は、ほとんどが漢人商人で非漁民であった。彼らは「タオケイ thau-ke（頭家）」と呼ばれる。タオケイは、資金提供者であり、カジキ突棒漁の金銭管理を行い、漁船漁業を経営していた。いわば陸の上の責任者である。直接漁撈に関わることのない船主は、漁を左右する船長に大きく依存する。一方船長は、タオケイの所有する漁船に雇われて漁撈を行う。船長は、乗組員の中で唯一漁獲物と直接的に対峙する存在であり、銛を投げる役割を担っている。彼の漁撈技術が、組織全体の利益を決定する。また、船長は、漁撈集団である同船乗り組み船員を集める役割も負っている。乗る船が、より良い成績をあげられるよう、船長はより良い船員をリクルートしてくる。船員にとっては、優秀な船長と労働をともにすることが、自らの利益につながる。船員もまた船長に漁撈の成功に対する期待を向けている。つまり、船長には、船上での出来事全般に対し責任がある。一度船に乗って漁に出てしまえば、船主の管理監督は乗組員たちにはおよばない。船長は海の責任者といえる。そして、船主と船員、それぞれから漁撈の成功に対する期待をかけられ、これに応える資質が船長には必要である。つまり、カジキ突棒漁における船長は、際立った存在なのである。

2　タオケイと船長

カジキ突棒漁で目指されるのは「漁撈の成功」であり、その経営のカギとなる船長の果たす役割に多くを頼っている。漁撈の成功とは、より多くの漁獲物を得、しかも安定的にそれを確保することである。

そのため、船主は優秀な船長を自分の所有する船にのせる必要がある。しかし、船主と船長との関係は、一漁期毎に結ばれる流動的な性格を帯びている。そこで、船主は、特定の有能な船長を確保するために様々な手段で、船主―船長関係の安定化を図る。例えば、あらかじめ定められた利益配分に加えて、船主の取り分から船長に対して特別な報酬が渡される。さらに、一九六〇年代以降からは、船の所有権を分割して、船長に分け与える「船長のタオケイ化」が行われた。これによって船長は、船主としての利益を得ることが可能となった。また、船長にとって、特定の船主の下から離れがたい状況を生み出した。船主から船長に向けられたこれらの方策は、相手を特定し、船主―船長関係を固定化することになった（《事例3―1》）。

《事例3―1》利益配分の優遇と船長のタオケイ化

船長T・Dは、優秀な船長としてS地区でも有名であり、多くの配当をタオケイY・S（漢人、商人）から受けていた。一般的な船長の配当は、乗船員として二人分である。彼は、乗船員として一・五人分とさらに船主から特別に一・五人分の合わせて三人分の配当を受けていた。また、Y・Sのもとでの船長二年目より二割の所有権を渡され、さらに船主としての配当を受け取った。船主は残りの八割を所有した。Y・Sの船には一一漁期乗った。（T・D漢人　一九三一年生）

以上のように船長は、カジキ突棒漁において重要な役目を担い、船主にとっては経営を左右する際立つ存在である。優秀な船長は、高い漁獲を安定的にもたらす力を備えている。船主にとって良い船長を手元に置くことは非常に大切なポイントである。このため、本来は流動的な船主—船長関係にあって、パートナーの固定化が図られた。船長としての高い評価は、彼が持つ漁民としての力を示すことで得られた結果である。そしてその力は、船長個々人が持つ知識に基づいていると考えられてきた。

四　漁撈の成功と船長の力

1　漁撈知識と「日本」

漁撈の成功をめぐっては、様々な要因が存在する。なかでも漁撈の中心的存在である船長に関連する要因は多い。アイスランドの人類学者パルソンとデュレンバーガーは、民俗的な概念「船長の力（skipper effect）」［Palsson and Durrenberger 1983, 1990］を設定する。漁撈の成功をもたらす「船長の力」は、船長が持つ、また持つと周囲から認識されている知識によって形成される。調査地S地区における「船長の力」は、船長がもつ高い身体能力に基づく漁撈技術、漁業をめぐる諸関係を安定化するために必要な紐帯を操作する力、そして船上での仕事経験を通して習得される豊富な漁撈知識によって構成される。

例えば、船長に必要な身体能力として、強い視力（バックチュウ　カイ　ライ　bak-chiu kai lai　目睭　蓋利）がある。これは、海上で波間に見えかくれするカジキの尾ビレを見つけることで具体的に示される。そして船長には、能力の高い船員を自らの判断でリクルートし、彼らとの関係を維持することで、乗組員の構成を安定化し優れた漁撈集団を確立する力が求められる。これは、船長と船員の間の紐帯を良好に保つ、つまり両者の関係が「ガムツェン　ホ　kam-cheng ho　感情　好」の状態を通して、固定化された同船乗組集団が形成されたことで示される。また、揺れる船の上から銛を投げてカジキをしとめるのは、容易なことではない。水面に見える魚影に対して屈折率を考え、確実に銛を当てるには、やはり経験がものをいう。また、黒潮の流れに乗って回遊するカジキ類を探すにもある程度の予測を立てて船を漁場に向かわせることが必要だが、これも船員として乗り組む中で習得する知識の一つである。船上での作業経験を通して獲得されるこの知識の総体は、個々人が持っている質に違いはあるものの、ある種の型の存在を指摘することができる。そして、そこには「正しい」という評価が付与される。

S地区におけるカジキ突棒漁の船長が持つ知識の真正さには、イメージ化された「日本」との関連が言及される。前述の通りカジキ突棒漁の最盛期であった当時、その主役であった船長たちの多くは、漁撈に参入し始めた若年の頃、日本人漁民と個人レベルでの漁撈経験を持っていた。この時の経験が、彼らを優秀な船長として自立させ、あるいは周囲が優秀であると認識する根拠として、しばしば取り上げられた。実際の一人ひとりの漁撈史のなかでは、ごくわずかな期間でしかないこの日本人漁民との個人的経験のなかで、彼らは漁撈技術をはじめとする、様々な漁撈上の知識を習得したとする。また、日本に由来する漁撈技術に慣れている点をあげ、これに対する親近感を明らかにもする。さらに直接的なものばかりでなく、日本人漁民との間接的な結びつきに言及することもある。

こうした漁撈をめぐる知識にはある呪的な行為も含まれており、漁撈の成功を祈願する様々な手段が存在する［西村　二〇〇二、二〇〇三b］。例えば、船上でのキラー（kila〈柱仔〉）に対する扱いがある。キラーは、漁船の前方にあるロープを縛る部位だが、ここを叩いたり、腰をおろしたりしてはいけないと考えられている。また、逆に漁が思わしくない時には、調子をかえるために棒で叩き、また海水をかけるなどする。[7] そして、こうした方法は日本人漁民（沖縄出身を含む）から習い覚えたことだと説明される（《事例4―1、4―2》）。

《事例4―1》「改運」①

台湾のカジキ突棒漁は、日本由来だから船上でやってはいけないことや「改運」なども、日本人漁民がしていたことにのっとって行う。（T・D　漢人　一九三一年生）

《事例4―2》「改運」②

柱仔（キラー）には魂がある。沖縄の人から習った。二一歳の時（一九四八年）、琉球人が一〇数人移民部落に残っていた。（W・W　漢人　一九二七年生）

そして、この日本人漁民との関連が指摘される知識には、ある種の真正さが与えられ、漁撈の成功と結び付けて語られる（《事例4―3》）。

《事例4―3》漁撈の成功と船長の力

基隆から戻って初めてS地区で突き船に乗って船員になったとき（船長Z・W、一年間）、夏のバショウカジキ突き漁をした。この時T地区の沖で水死体を引き上げた。Z・Wはこうしたときの対処法を心得ていた。竜骨にかからないように船の側面から死体を上げて置き、線香をあげて豊漁を

祈願した。すると、冬の一ヶ月の間に彼は今の家を建てるほどの漁をあげることができた。(T・D 漢人 一九三一年生)

優秀な船長であったZ・Wが行ったこの水死体への対応を見た副船長のT・Dは、後に船長として大きな成功を得たことを踏まえて、Z・Wが正しい方法を知っていたと判断している。そして、この正しい方法は、Z・Wが日本人漁民との漁撈経験を通して得たものだと説明する。

さて、船長の地位につくまでには船上でいくつかの役割を経なければならない。なかでも日本語由来の台湾語名トリカ(torika)とも呼ばれる、副船長チョピオ(cho-pio〈左鏢〉)の地位は船長に至る直前のステップである。多くの船長が、このチョピオ時代の経験のなかで、船長の地位に昇るために必要とされる知識を獲得する。そこで、次節では副船長から船長に昇るプロセスに着目することで、船長の力の継承と「日本」との関連について考察する。

2 船長となる過程

船長に至るまでに経る船上での役割は、船長の地位に必要な知識の習得と経験の獲得につながっている。副船長の地位は、漁撈の責任者である船長に最も近い立場である。船長としての振る舞いを習い覚える機会であり、船長もその技術を伝えようとする。そして、船主が乗り込みを依頼し、また船長が推薦するなどして、新しい船長が誕生する。では、個々の船長たち自身にとって船長に至る経緯はどのようなものであったのであろうか。本節では、その知識の源がどのように理解されているのか、紹介していく〔西村　二〇〇三a参照〕。

〔アミ船長と日本人漁民との関連〕

現在も現役のカジキ突棒漁船の船長であるX・Gは、S漁港を根拠地とし、S地区のアミ集落Maに暮らしている。彼の漁撈史は《事例4―4》に示す通りである。

《事例4―4》X・G（アミ　一九四七年生）の漁撈史

一八歳の時、二年間基隆へ行く。そこで沖縄宮古や八重山出身の漁民とカジキ突棒漁の船に乗った。その後蘇澳（南方澳）に四年間いた。この時も日本人が船長をしている突棒漁の船に船員として乗った。船主は漢人だった。漁撈に従事したのは父親の影響である。自分は、漁業に参加する前に郵便配達夫になったが、後、漁師となった。また、故郷を出て外を見たくなり、基隆や蘇澳に行った。戻ってきてからは、S漁港でカジキ突棒漁の船に乗った。

S漁港で船員として関係を持った船主と船長は以下の通り。

船主　Y・S　船長　H・M（アミ）　副船長として三漁期。この後船長として船主と関係を持つ。

船主　Y・S　八漁期　Y・Sは当時、六艘の船を持っていた。機関長をしていた自分の父親を離そうとしなかったので、Y・Sとの関係が長期（一一漁期）にわたった。

その後、異母キョウダイたちと共同して船を造った。そして一九八五年頃から、現在の船を個人で購入して経営している。

彼は、若年のころにS地区を離れて台湾東北部の基隆と蘇澳でカジキ突棒漁に参加した。この時に、沖縄出身の漁民たちの船に乗り組んで漁撈上必要な多くの知識を身につけたと考えている。また、S漁港でカジキ突棒漁に従事しはじめた時の船長H・M（アミ）のもとで、副船長を務めたことが、その後船長となるだけの力を習得した時期だと説明する。そして、X・Gは、そのH・Mの薦めと後押しで船長となった。彼にとってこの船長H・Mが持つ知識を習得したことが、その後の自身の船長としての地位を確実なものとしたと認識している。

そのH・Mは、日本植民統治期に形成された「移民村」で日本人漁民に漁撈の手ほどきを受けた。彼は、X・Gよりもひと世代上の船長で、日本植民統治期の「移民村」において日本人漁民の家庭に住み込み、漁撈に初めて参加した経験を持っている。H・Mは、現在すでに漁業から身を引いているが、多くの人びとからかつての腕の良い船長として高い評価を受けている（《事例4―5》）。

《事例4―5》H・M（アミ　一九二五年生）の漁撈史

H・Mが初めて雇われたのは日本人船主船長であったT・R（大分出身）。T・Rの義父は船主であり、大分県でたくさんの船を持っていて金持ちだったらしい。しかし、T・Rを船長にしないので台湾へ来た。息子が二人、彼が来た二年後に来る。船には、次男のT・K、三男のT・MとT・R、それに船員を雇っていた。一八から二〇歳くらいの人たちで一緒によく集まった。光復後、H・Mは、優秀な船長として多くの船主と関係を結んだ。

Ｈ・Ｍは、Ｓ地区の北側にあるアミ集落Ｍｉの出身で、日本植民統治期の公学校を修了してから農耕を主とした家業についたが、Ｓ地区における冬期カジキ突棒漁を中心とした漁業の好い評判を聞いて集落を抜け、日本人漁戸に住み込んだ。Ｈ・Ｍは一九四三年から一九四六年まで日本人漁民Ｔ・Ｒの家に寄留している。彼の最初の船主船長であるＴ・Ｒは、大分県出身の私的移民でＳ地区の「移民村」に来る以前、やはりカジキ突棒漁の基地として有名であった基隆にいた。Ｔ・Ｋは、前述の通り一九四五年以降もしばらくＳ地区にとどまり、この地の人びとに漁撈を広めた人物として知られている。調査地のカジキ突棒漁船長らによると、日本人漁民Ｔ・Ｒは突棒漁専門の漁師であったという。

ただし、戦後生まれのＸ・Ｇ自身が、一九四五年前後にＳ地区にいた日本人船長のもとで漁撈に従事したことはない。しかし、日本人漁民Ｔ・Ｒのもとで「漁民」となったＨ・Ｍの漁船で副船長を務める間に、Ｘ・Ｇはその後船長として必要となる多くの知識を習得したと振り返る。また、Ｈ・Ｍのもとで副船長として働いた経験が、Ｘ・Ｇが船長の地位を得て活躍する場を与えてくれたと考えている。

Ｈ・Ｍのもとにはアミばかりでなく、漢人の「漁民」も船員として働いていた。そうした中でＸ・Ｇも、いわばＨ・Ｍの弟子として、ともに「漁撈の成功」にむけて漁撈に従事していた。その後、Ｈ・Ｍのもとを離れて船長の地位を確立し漁民として生きてきたＸ・Ｇは、Ｈ・Ｍを媒介として日本人漁民Ｔ・Ｒから始まる船長の力の系譜をたどることで、漁撈をめぐる知識の真正さと関連する「日本」を意識する。

〔漢人船長たちと日本人漁民との関連〕

元カジキ突棒漁船長として活躍していた、T・D（漢人　一九三一年生）は、かつての優秀な船長として知られている。近年まで、下の世代の船長たちにカジキ突棒漁についてのアドバイスを求められたりしていた。彼も、戦後、若いころに蘇澳や基隆に出て日本人漁民と漁撈を共にし、またS地区に残っていた日本人漁民T・Mを船長としていた船に乗るなどした経験を持っている。T・Mは、戦後留用されていたT・Rの息子である。そして、T・Dは、カジキ突棒漁の船長として独立すると、非漁民の船主Y・Sのもとで長く船長を務めた（《事例4―6》）。

《事例4―6》T・D（漢人　一九三一年生）の漁撈史

民国三八（一九四九）年に基隆に行き初めて船に乗った。S地区で船に乗ったのは、兵役が終わってからでカジキ突棒漁に従事した。その前に基隆で二年、蘇澳で一年船員をした。

S地区で船員として関係を結んだ船主および船長は以下の通り。

①船主T（漢人）　船長T・M（日本人漁民）

当時はS地区の船は七〇艘程度で船員として雇ってもらうのは困難だった。知り合いでないとなかなか乗れなかった。T・Mと姉婿が親しく、それで一五、六歳の頃からT・Mを知っていた。この船で二年間炊事係として乗った。この船には九から一〇名の船員が乗っていた。

②船主L・C　船長Z・W　副船長として乗った。二漁期。

この後、船長となる。関係を結んだ船主は以下の通り。

①船主L・C　船長となる（二七歳）。一漁期。

②船主C・D　二年間　三艘の船を持っていた。

③船主Y・S　一二年間　二年目から船主から株をもらっていた。その為長く関係を持った。人に雇われて船に乗ったのはこれが最後。最初Y・Sは新しい船を造ってこれに乗ったが、小さいために翌年また新しい船に乗り換え一一年間乗った。

五〇歳くらいから一六馬力の船を買う。二、三名の船員とともに五、六年漁をする。五八歳からは一人で乗る。一九九五年夏まで船に乗っていた。

彼が船長としてその力を発揮するもととなる知識を得た過程において重要な役目を果したのは、副船長時代の漢人船長Z・Wだという。元カジキ突棒漁の船長T・Dが、かつて乗っていた船の船長Z・W（漢人　一九三一年生）は、若いころ蘇澳や基隆で沖縄出身の日本人漁民とカジキ突棒漁に従事した経験があり、T・Dは、彼がこの時に様々な知識を沖縄出身漁民から獲得したと考えている。そして、T・Dもやはり基隆で沖縄出身漁民との漁撈に従事し、短期間だが光復後も残っていた日本人漁民T・Mの船に乗った経験を持っている。しかし、T・Dが、後に船長として働く上で多くを学んだのは、このZ・Wとの漁撈であると説明する。例えば、先の《事例4―1および4―3》で紹介した漁撈に関わる運気を変える方法について、T・Dは船長Z・Wから学んだと説明する（《事例4―7》）。

《事例4―7》

拝拝に関する事は、船長に習った。日本人漁民T・Mは、船員たちに拝拝をまかして本人は干渉しなかった。自身は、基隆の船やS地区に戻ってから乗った船長Z・W（漢人）のところで習い覚えた。（T・D　漢人　一九三一年生）

そのZ・W自身は、船長となるにあたり学んだのは、彼の兄でやはり優れた船長として有名であったZ・J（一九二三年生）との漁撈であったと説明する。Z・Jは、先のH・M（アミ）同様、日本植民統治期に「移民村」で日本人漁民T・K（和歌山県出身）の家に住み込んでカジキ突棒漁に初めて参加した経験を持つ。Z・Wは、この兄と長い間ともに同じ船に乗り組んで、カジキ突棒漁の経験を積んだ。

このように、彼らが船長として必要とした知識の習得の軌跡をたどると、そこに日本人漁民の存在を指摘することができる。だが、日本人漁民との漁撈経験があるのにも拘わらず、船長としての知識との関連において、それは間接的である。むしろ、船長として有名であり成功した人物のもとで副船長を務めたことが、彼らにとっては重要である。そして、Z・Wを評価する要因として触れられるのが、彼が持つ船長の力を支えている知識であり、この知識の源であるイメージ化された「日本」の存在である。T・Dは、その優秀と評価されるZ・Wとの知識の系譜に言及することで、「日本」との関連を明らかにしている。

3　小括

S地区において、日本人漁業移民が果たした役割は大きい。前述のように、S地区には日本人漁民からなる「移民村」が形成された。戦争が激しさを増す中で、人手不足が生じ、日本語を理解する若年の漢人・アミの男性が、漁業領域に参加し生活の糧を海に求める「漁民」が誕生した。アミのH・Mや漢人のZ・Jもそうした一人である。そして、一九五〇年代以降、彼らやその後に続くX・GとT・DのようなS地区に誕生した「漁民」たちは、S漁港における近海漁業の発展の立役者となった。その戦後の最盛期を過ごす中で、カジキ突棒漁に従事した船長たちは、むしろ間接的な「日本人漁民」とのつながりを意識する。そして、この意識が、漁業をめぐるイメージとしての「日本」を生み出していると考えられる。さらに、この想像された「日本」の生成は、一九五〇年代以降一九八〇年代半ばまで続くカジキ突棒漁の活況を背景としたなかで起こっている点を軽視することはできない(8)。

五　まとめ

現在、S地区の漁民たちにインタビューをしていて聞かれるのは、彼らの持つ漁撈技術が日本人漁民からもたらされ、それが優れたものであるという言説である。これは、実際S地区の漁業が、植民統治期に日本人漁業移民を通して移入された点、戦後直後に留用された日本人漁民を利用して漁業の振興が図られた点、以上二つの歴史的状況が影響している。さらにこの二つの状況下での漁撈をめぐる出来事は、個人対個人のやり取りを通して行われた。また、それは、S地区の漁民たちの間で日本あるいは日本人漁民との直接的あるいは間接的な関係を含み持つ共通体験となって保持され、彼らの中である種のイメージ化された「日本」が形成された。

さらに、一九五〇年代以降のカジキ突棒漁の最盛期に活躍した漁民たちが持つ漁撈技術、特に船長が持つ「船長の力」の習得の場であった漁撈集団の存在が関連している。戦後の経済成長の中で、S地区の漁民たちの生活を豊かにした漁撈の習得の場では、個人と個人のやり取りの中で知識が伝承されていた。また補足的だが、一九五〇年代から一九八〇年代半ばにかけての、カジキ突棒漁最盛期において活躍していた漁民たちは、エスニック集団の境界を越えて漁撈集団を構成し、彼らの間では日本語が共通した仕事言葉として使われていた。この点も漁撈をめぐる「日本」をイメージ化し共有させる大きな要因であった［西村 二〇〇四］。

カジキ突棒漁の最盛期、船長は、船主や船員たちからの期待に応え続けることで船長となりその地位を維持する。成功を支えるのは船長の力であり、その力をもたらすのは、各船長が持つ知識である。この知識の伝承における共通項として「日本」という言葉が使われてきた。調査地の漁業の由来が日本植民統治期に実施された開発にあり、この時作られた「移民村」での漢人／アミの漁撈参加や戦後の産業振興の現場で対面状況にいたのが日本人移民であったことが、その背景としてある。さらに、日本人漁民がもたらした「漁業」は、戦後一時期大きな利益をもたらす産業として確立したことも影響している。そしてこの時、「日本」という言葉は、カジキ突棒漁において際立つ存在である船長によって示される「船長の力」と関連して操作され消費されることで、高い評価を得る根拠となっていた。

しかしその後、漁撈知識をはじめとする「船長の力」の伝承によって成立する船長の地位は、大きく変化した。政府の目指した漁船の個人所有化や漁撈の機械化[9]は、操業規模の縮小を招き、就労人口の減少と漁業従事者の老齢化の中で、船長の地位へと至るプロセスはかつてと比べ大きく異なっている。こうした中、これまでS地区の漁業領域において高い漁撈技術や漁撈の成功と関連してイメージ化された「日本」は、現在の若い船長と、自身の船長としての力を周囲に認めさせることでその位置についた老船長との違いをはっきりさせるために使われている（《事例5―1》）。

《事例5―1》船長の「日本」

沖縄人と同じ船に乗って、仕事を覚えた船長が一人前。今の船長とは違う。（X・G　アミ一九四七年生）

そして、それは過去を懐かしんで振り返る老船長たちが持つ、これまでの漁撈経験と深く関連している。船長に至る過程が変化し、漁業経営が個人化して漁船の所有のみが船長の必要条件となり、「船長の力」を通して船長の地位を価値付けてきたイメージとしての「日本」は、かつてのカジキ突棒漁の勢いを表現する、〈懐旧〉の色が濃い存在に変化している。[10]

謝辞：本論文は、国際ワークショップ「台湾における日本認識」（二〇〇四年三月二七～二八日　東京外国語大学アジア・アフリカ言語文化研究所）で行った口頭発表を基にしている。当日コメントをしていただいた堀江俊一先生（中京女子大学）を始めとする、参加者の方々より大変有益な助言を頂きました。また、用いた資料は、一九九六年から二〇〇四年まで断続的に実施した臨地調査によって収集した。調査にあたり、以下の研究助成を受けている。富士ゼロックス小林節太郎記念基金小林フェローシップ（一九九六年度）、交流協会日台交流センター「歴史研究者交流事業」（二〇〇一年度）、平成一四、一五年度科学研究費補助金若手研究（B）。各関連機関に感謝の意を表します。最後に様ざま場面で手を差し伸べてくれる、調査地に住む人びとにお礼を述べたい。なお、現地語である台湾語の表記は、村上嘉英編『閩南語辞典』（天理大学おやさと研究所、一九八一年）を参考とし、教会式ローマ字に依った。また、本文中の漢字の旧時代の使用については、基本的に、出典の表記にならった。『アジア・アフリカ言語文化研究』七一号所収の原文を一部加筆修正している。

注

（1）観光化の影響を受けて二〇〇二年よりC鎮主催のカジキ祭が開かれている。またS地区にある漁会（日本の漁業協同組合に相当）のシンボルマークにもカジキが使われている。

（2）港湾工事には、特に中断をはさんだ後は「蕃人青年会」を中心に、多くの先住民アミが義務労働（ミサクリmisakuli）としてかり出された。当時の激しい労働と厳しい労務管理の様子は、現在に至るまで語り継がれている。

（3）募集対象となったのは、沖縄県、鹿児島県、宮崎県、大分県、愛媛県、高知県、和歌山県、三重県、静岡県、神奈川県、千葉県、熊本県、長崎県、福岡県、山口県の各県である［台湾水産会　一九三二b：四―五］。

（4）遠洋漁業のアミ集落に及ぼした影響については、西村［二〇〇二］を参照。

（5）当時の規定では、一隻の乗組員数の半分以上が、台湾漁民でなければならないとされていた。

（6）戦後、蘇澳には多くの沖縄漁民がくらしていた。蘇澳の漁業生産合作社（現漁会）が一九四六年に提出した漁撈に優れた沖縄人漁民の残留を求める要望書には女性や子供も含めて計二七四名の氏名が記載されており、このうち職業欄に漁民とあるものが一七五名ある［何　一九九〇b：八九〇―九二〇］。二〇〇二年現在、S地区にいる漢人あるいはアミ漁民のうち五〇歳代から六〇歳代以上が、基隆あるいは蘇澳にかつて出稼ぎ漁にいった経験もつ。

（7）この他の方法も含めてカイチョウシ（kai chiohsi）と総称される漁の運気を変える手段には、日本人漁民由来とされるものがいくつかある。このキラー（柱仔）に類似する習俗として、沖縄糸満漁民に関する民俗調査の報告の中に、次のような記録がある。「船霊は、……（略）……通常ブリッジに祀られている。船霊は女の神様。……（略）不漁の時など、「何をしてるか」とどなって、水をぶっかけたり、……。初仕事の時や、不漁続きの時、船霊、オモテ、トモの神様にオヤカタが酒・米・塩を供えて祈願する」［野口　一九七六：三三〇］。

（8）技術に関連した領域においてイメージ化された「日本」に良い意味が付与される点について、S地区における漁船のディーゼルエンジンの導入をめぐる例をあげておく。内燃機関についても、日本製品が「良い」、「優れている」という評価が一般的にある。だが、こうした評価を単純に日本製という点に求めることはできない。日本植民統治期より一九七〇年代まで、多くの漁船の内燃機関はセミディーゼルで「焼き玉式エンジン」と呼ばれる形式であった。光復後は台湾製の機械も出来ていた。S地区では、一九六〇年代からディーゼル式エンジンが導入されたが、その契機は、大珍島から台東県中部のF地区に移り住む中国大陸出身の漁民に対して、政府が彼らに与えたエンジンを見聞きしたことにある。当時の漁会に漁民側から利用に関する問い合わせがあり、売り込みに来た日本企業Y社の職員と漁会総幹事との間の個人的な関係から、普及がはじまった。日本製品以外にもドイツ製のエンジンがあったが、部品調達の不便さから広まらなかった。Y社は、調査地に連絡所をおいていたが、これは先の漁会総幹事の自宅であった。ここを通じて高雄にある会社と連絡を取り、修理や部品調達が行われた。これが、S地区で日本製（特にY社製）のディーゼルエンジンが広く普及した要因の一つである。一概に日本植民統治の過去とこの「良い」評価が結ばれるものではない。

（9）戦後、中華民国政府は農復会を通じて漁民の自立を促進してきた。一九五三年には漁船の払い下げを行うことで漁民の漁船所有を促す、「漁船放領」を実施している。農復会が解散した後も、一九八〇年からは「漁者有其船」の方針のもとで漁船所有の個人化が目指された。具体的には、漁会に貸付業務を行う信用部をおくことで漁民が低利の資金を利用できるようにするなどの方法がとられた。調査地では一九五〇年代から一九八〇年代半ばまでの近海漁業の隆盛がこれらの動きを支えたため、こうした政府の方針が実現した。

（10）老船長たちが、かつて現役で活躍していた時、直接的に持っていた日本人漁民との漁撈経験に触れ、自分たちが持つ漁撈技術や知識の差別化を下の世代の船長たちに対して行っていたという。「日本」のことや過去の日本人に対して、よく言及する老人を評して、特に「日本精神が重い（中国語：日本精神、很重）」ということがある。

参考文献

〈和文・中文〉

栗本英世・井野瀬恵美子
一九九九『植民地経験――人類学と歴史学からのアプローチ』京都：人文書院。

国分直一・潮地悦三郎・河井隆敏・大城兵蔵・宮城寛盛
一九九八（一九四四）「海邊民俗雑記（一）――蘇澳郡南方澳」『民俗台湾』四二：二一―一二（南天書局：台北よりの復刻版）。

新港郡
一九八五（一九三九）『新港郡要覧』中国方志叢書　台湾地区　第三一四号　台北：成文出版所収（「新港郡要覧（昭和一三年版）」）。

台湾総督府殖産局
一九三九『台湾漁業移民案内（台東廳新港昭和十四年度移民用）』台北：台湾総督府殖産局。

台湾総督府水産試験所
一九三八『台湾近海旗魚魚類調査報告』基隆：台湾総督府水産試験所。

台湾総督府民政部
一八九九『台湾総督府民政部殖産報文』、台北：台湾総督府殖産部。

何鳳嬌
一九九〇a「臺東県政府解徵日籍工作人員及家屬名冊」『中華民國台湾史料　政府接収台湾史料彙編　上冊』台北：國史館。
一九九〇b「蘇澳鎮漁業生産合作社凝准琉球漁民参與捕魚報請備査」『中華民國台湾史料　政府接収台湾史料彙編　下冊』台北：國史館。

台湾水産会
一九三二a「新港移住漁民の先驅者來る」『台湾水産雑誌』一九九：七。
一九三二b「督府の移住漁民募集」『台湾水産雑誌』二〇〇：四―五。

一九三三「千葉県から新港へ漁船來る」『台湾水産雑誌』二一三：六。
一九三七「動力付漁船々名録三十五、船籍港台東新港ノ分」『台湾水産雑誌』二七二：五九―六一。

西村一之
二〇〇一「「社会に出る」ということ：台湾先住民アミ族のしごと観」『日本女子大学紀要　人間社会学部』一一：三一―四一。
二〇〇二『台湾漁業領域における民俗知識と「日本」――東部港町を舞台とした植民統治の影響と翻訳をめぐって（交流協会日台交流センター二〇〇一年度歴史研究者交流事業研究論文）』東京：交流協会日台交流センター。
二〇〇三a「船長の力の形成――台湾カジキ突棒漁にみる知識の伝承」『日本女子大学紀要　人間社会学部』一三：四五―五七。
二〇〇三b「但願捕魚成功：由台湾東部鏢旗魚観其民俗」『台湾文献』五四（二）：九七―一一二。
二〇〇四「台湾における「日本」の存在に対する試論：日本語の位置づけ」『日本女子大学紀要　人間社会学部』一四：二一一―二二四。

野口武徳
一九七六「漁業および航海の信仰」九学会連合編『沖縄――自然・文化・社会』、東京：弘文堂、三二五―三三一頁。

與儀喜宣
一九三六「台湾漁業移民に就て」『台湾時報』二〇〇：一一―一五。

林玉茹
二〇〇〇「殖民與産業改造――日治時期東台湾的官營漁業移民」『台湾史研究』七：五一―九三。

〈英文〉

Palsson, Gisli and E. Paul Durrenberger
1983 Icelandic Foremen and Skippers: the Structure and Evolution of a Folk Model. *American Ethnologist* 10 (3): 511-528.
1990 System of Production and Social Discourse: The Skipper Effect Revisited. *American Anthropologist* 92: 130-141.

佛光山からみる、台湾仏教と日本との関係

五十嵐真子

はじめに

高雄県大樹郷（二〇一〇年より高雄市大樹区）にある佛光山は、一九六七年に星雲大師によって開かれた臨済宗の仏教寺院である。開山当初は住むものも余りない、鬱蒼とした竹藪が広がる地であったようだが、現在は二〇〇〇人を一度に収容できる大雄宝殿をはじめとした大規模な建築物が立ち並び、学校や養老院なども含む一大宗教複合施設となっている。また、さらに世界各地に数十の分院・道場を有し、大学までも経営するほどの趨勢を誇っている。わずか数十年の間にこれほどにまで成長した佛光山を、台湾社会のなかにどのように位置づけて考えたらよいのだろうか。星雲大師が戦後、大陸より台湾へ渡ってきた、いわゆる「外省人」であることから、しばしば中国国民党との関係や、大陸志向的な傾向について言及されることも多い。しかし、そうした側面に注目するのみでは、「本土化」の流れが強くみられるようになった今日の台湾においても、佛光山が拡張を続けていることを説明することは難し

い。筆者は佛光山隆盛の背景には、人々のニーズを巧みに取り入れ、現代社会に適応する形でその活動を変化させていった、独自の方法論があるのではないかと考えている。実のところ、一九六〇年代以降の台湾においては佛光山と同様に、これまでとは違った形で世俗世界と関わっていこうとする仏教団体がいくつも生まれており、それらは現代台湾特有の新しい仏教の潮流を形作っているといえる。

しかしこの一連の動きはどのように始まったのであろうか。佛光山がその活動の当初より重視していたのは教育事業である。幼稚園や補習教室、文化講座の運営は初期のころから実践されていたものである。しかしこうした教育事業は日本統治時代に日本の仏教界も程度の差こそあれ試みていたことである。こうした日本仏教の足跡はそのどこかに影響を与えているのだろうか。佛光山には先に述べたように、一見すると戦後に外省人によってはじめられた、日本仏教を払拭するような新しい仏教団体という印象がある。しかし、そこには日本仏教とのつながりは本当にまったくないのであろうか。また、もしあったとするのならば、それはどのようなレベルのものとして考えられるのだろうか。もちろん筆者はここで日本による植民地統治によって台湾へ持ち込まれることになった日本仏教が、現在の台湾での仏教の活況を支えているということを証明したいのではなく、台湾の人々が日本仏教に対してどのように対応したのだろうか、あるいは本当に全く無関係だったのだろうか、ということを考察してみたいのである。日本統治時代と戦後の国民党統治時代、日本仏教と大陸よりもたらされた中国仏教、つまり二つの時代と二つの仏教を、この百年間の台湾は経験したのであり、それぞれ二つの要素は台湾の人々にどのように受け入れられたのか、あるいは受け入れられなかったのであろうか。そして戦後生まれの新しい仏教はそれらとどのような関係にあるのだろうか。以上のような観点から、ここでは考察を進めてみたい。

そこでまず佛光山のこれまでの動きを詳細に見ていくことから、佛光山の立脚基盤について明確にしつつ、上記の問題について考察をすすめてみたい。ここでは特に星雲大師の台湾での活動初期の段階から積極的に見られた教育・文化事業に着目し、考察を進めていくこととする。

一　佛光山の概要と教育活動

1　佛光山とは

ここでは、星雲大師と佛光山について、現在までの活動の経緯についてまとめてみたい。まず佛光山の開山宗長である星雲大師は一九二七年に中国江蘇省に生まれ、十二才のとき南京で出家した。一九四九年に台湾へ渡り、仏教雑誌の編集や念仏会・学生会・日曜学校などの仏教の普及活動を経て、一九六七年に佛光山の設立に至った。現在は大樹郷にある本山を拠点に、台湾全土に「道場」と呼ばれる支部をもち、その他海外も含めるとその数は、二〇〇近くにものぼるとされている。また、信者の組織として国際佛光会が一九九二年五月十六日に成立し、ここも二〇〇〇年までの段階で世界各国の一六〇以上の協会、一〇〇〇を超える分会を展開し、会員数は一〇〇万人以上に達しているとされている。

星雲大師の思想の特徴としてしばしば挙げられるのは、「人間仏教」という表現である。佛光山関連施設には、「教育で人材を育成し、文化で仏法を広め、慈善で社会に福利をもたらし、共に修行することによって人心を浄化する」というスローガンが必ず掲げられている。このスローガンはこれまでの中国仏教界のなかにあった、世俗世界から隔絶され、清貧を営むという姿勢を払拭し、現代の生活に密着した仏教をめざすという姿勢をあらわすものである。

佛光山の寺院全体の景観は中国の四大名山である浙江普陀山、四川娥眉山、安徽九華山、山西五台山を模して構成されているという。法会の行われる中心的な施設「大雄宝殿」は二〇〇〇人収容可能な規模であり、佛光山のシンボル的存在として出版物や映像にたびたび登場する金色の阿弥陀仏は一二〇フィートの高さを有するなど、壮大な仏教聖地の雰囲気を演出している。これらの宗教施設に加えて、レストラン、売店、宿舎などのサーヴィス施設も完備されており、訪れた参拝客が快適に過ごせるような配慮がなされている。また、中国仏教の歴史を解説する仏教文物陳列館や仏教美術を紹介するギャラリー、佛光縁美術館もあり、「仏教テーマパーク」とでも呼べるような様相も呈しており、さらなる敷地の拡張も計画されている。さらに、養老院や孤児院といった福祉施設や中学校も併設され、複合的な機能を持つ施設と呼べる。

このような大規模な本山に加えて、各地に設置されている別院・道場・禅浄中心にてさまざまな活動が行われている。なかでも特徴的なのが次に述べるような教育活動である。佛光山は現在、各種の教育機関を経営するとともに、各地の別院・道場においても、日本におけるカルチャーセンターに似た多彩な講座を運営している。

こうした傾向は、星雲大師の台湾での活動の当初より見られていたようである。それらに関する先行研究によれば、概ね次のようであったとされている。台湾にての最初の拠点とした宜蘭市の雷音寺にて、まずは信徒を集めて念仏会を組織し、一九五〇年代半ばには雷音寺に「共修道場」をひらき、多くの若年層を引き付けたとされている。現在でも大きなイベントには欠かせないものとなっている、合唱団「佛教歌詠隊」もこの頃から始められている。さらに年少の世代を対象に「光華文理補習班」を設立し、英語や数学といった教科の学習指導も行ったようである。また、学齢前の児童を対象とする「慈愛幼稚園」を雷音寺の附設として設置している〔林清玄　二〇〇一：三九—四九、符　一九九五：六八—七四〕。こうしてみると、佛光山では当初より教育活動に重点が置かれており、その後の展開の中でも拡張の一途を辿っているといえよう。

そこで、まずは佛光山が現在行っている学校教育と社会教育のそれぞれについて詳述してみたい。

2　学校教育機関

佛光山が経営する学校教育機関は現在、次のとおりである。

まず、仏学を専門に教授する機関として、佛光山叢林学院がある。これは一九六五年高雄に設立した僧侶養成所、壽山佛学院の学生増加に伴い、一九六七年より佛光山へと移転したものである。現在は国内外に十五の学部を設置している。ただし、卒業生は必ず出家者となるわけではなく、実際には三分の一程度であるといわれている(1)。これに加えて、より専門的な仏学教育を行う機関として東方佛教学院も設置されている。これらの学校での成績優秀者は、海外の佛教系大学への留学を推薦される。

一般的な教育機関として、一九七七年に佛光山に隣接するように設置された普門高中学がある。この学校は中学・高校六年間の一貫教育を行う普通科と、職業科（観光科と情報処理科）によって構成されている。

高等教育機関として南華・佛光・西来の三つの大学がある。南華大学は一九九六年に嘉義県に開設された、人文・社会科学系の総合大学である。佛光大学は、二〇〇〇年に宜蘭県に設置された大学で、南華大学同様、人文・社会科学系総合大学である。これは星雲大師によって提唱された「百萬人興學」という、一人が毎月一〇〇元ずつを三年間寄付し続け、大学を設立しようというキャンペーンの成果とされている。そして西来大学はアメリカ合衆国カリフォルニア州に一九九六年に設置された、やはり総合大学である。いずれの大学も仏学研究の専門課程は有しているものの、あくまで総合大学としてアピールしている点は共通している。

この他、宜蘭県政府との共同で運営されている宜蘭県人文国民小学、学齢前の児童を対象とした幼稚園に、慈愛幼稚園、普門幼稚園、慧慈幼稚園の三つがある。

3　社会教育機関

台北道場や普門寺といった都市部にある大規模な分院には「社教館」と名づけられた施設があり、多彩な講座が展開されている。例えば台北道場の場合、十週間を一つのシーズンとして、五十種類の講座が用意され、それぞれは週一回二時間となっている。これらは内容や対象から次の三種類――「社教弘法課程」、「文化技藝課程」、「児童青少年課程」にわけられている。「社教弘法課程」は経典や星雲大師の著作の読書会、写経、念仏、禅修、仏教音楽など仏教に関するもので、講師は佛光山の出家者である。「文化技藝課程」は語学、絵画、舞踊、手芸、料理、健康法などの内容で、講師は出家者も在家者もいる。「児童青少年課程」は舞踊、音楽、リトミック、絵画、語学で、講師はこちらも出家者と在家者両方である。時間帯は夜七時三十分から開始されるものが多く、社会人や学童も参加可能となっている。また、これらの講座以外にも、より専門的な経典研究をおこなう「経典研究班」や、五十歳以上の高齢者を対象とした「松鶴學苑」、信徒の仏教への理解や信仰を深める目的の「都市佛學院」、生命科学に関する様々な専門家による連続講演会「生死學研習課程」が行われている。各講座は十五人を最小定員としており、通常三十~四十人が参加しているという。台北道場ほどの規模を持たない小規模な場合でも、禅修や写経、読書会、手芸教室等が頻繁に企画されている。

以上のような教育事業に加えて、佛光山は出版・メディア事業も一九九〇年代後半になると積極的に展開している。まず、仏典や仏教史に関する書籍の出版を行う「佛光文化事業公司」が一九五九年に開設され、その後、一九九七年にはよりわかりやすく仏教を紹介する出版物を扱う「香海文化事業公司」を設立している。音楽テープやCD、ビデオの製作を行う、「如是我聞文化公司」も同一九九七年から事業を開始している。翌一九九八年には衛星テレビ局「佛光衛星電視台」が開局され、また、二〇〇一年四月からは新聞「人間福報」が創刊されている。

さて、現在佛光山はこのように多岐にわたる教育・普及活動を展開しているわけだが、こうした活動を展開していく背景にあったものは何だったのだろうか。その要因について考察してみたい。

二　佛光山の成立とその過程

星雲大師の活動の初期段階で出家したある法師の説明では、星雲大師がこうした形で活動を行ってきた理由として次のような背景があるという。星雲大師が一九四九年に大陸より台湾へ渡った当時は、中国共産党による政権の成立により大師と同じように、多くの仏僧が来台した。かれらの多くは二十～三十代の若い世代の僧侶で、大陸での仏教活動を断念し、台湾を中国仏教存続の地であると考え、積極的な普及活動を行った。その対象となったのは、児童・学生といった若年層であった。なぜなら、当時の台湾では仏教や出家者への評価が低く、中年以上の人々は仏教への偏見が強かったためである。そのため中高年層への普及は困難であると考え、まだ偏見の少ない、これからの時代を背負っていく若年層へと焦点を絞ったのだという。彼らが興味をもちそうな内容の読書会や料理教室、講習会などを通して信徒を集め、これらと合わせて仏教知識を広めることも行った。例えば子供を対象とした「星期学校」（日曜学校）では歌や料理の教室と仏教の話を行い、大学生を対象にした「夏期研修会」ではセミナーと禅の教室を組み合わせて行っていた。この法師自身も今から三十年ほど前に、こうした読書会がきっかけで仏教への関心を持ち、出家に至ったと語っている。

現在の佛光山の拠点は、本山のある高雄県であるが、活動の端緒となったのは宜蘭市の雷音寺である。星雲大師自身も自らの台湾のルーツを宜蘭であると語っており、宜蘭の信徒も大師は今でもこの地に大きな思い入れを抱いていると語る。それは事実、雷音寺の施設が拡張整備され、現在は十七階建ての近代的なビルとなり、名称も「蘭陽別院」とされていることや、三つ目の大学である佛光大学が宜蘭の郊外に設置されていることからも充分に推測される。また、佛光山の基本的な活動のパターンは一九五〇年代の宜蘭時代に培われたと言ってもよいだろう。宜蘭の佛光山信徒たちは皆、「佛光山の始まりは宜蘭」「宜蘭人が星雲大師に協力して佛光山をつくった」と主張する。事実、その後の佛光山の中核的となる五人の出家者――心平、慈恵、慈容、慈荘、慈嘉――は全員宜蘭出身者で、星雲大師の宜蘭時代からの弟子たちである。「佛光山を支えているのは宜蘭の人材である」と、宜蘭の信徒が主張するのはこうしたことが根拠となっている。「宜蘭の人々が支えて、作り上げた」と宜蘭の信徒が誇らしげに語る状況の背景にはどのような経緯があったのだろうか。また、星雲大師が宜蘭を最初の拠点とすることを可能にした要因も考えてみる必要がある。

ところで、そもそも宜蘭において仏教はどのような状況にあったのだろうか。根拠地となった雷音寺の成立過程も絡めてみてゆきたい。

1　宜蘭の仏教状況

星雲大師が一九五三年に念仏会のために訪れたときの雷音寺は、出家者はおらず、三人の兵士が居住していて、非常に荒れ果てた状態であった、というのが星雲大師や佛光山の出版物によく見られる表現である。ただ寺院の規模は大きく、清朝道光年間まで歴史をさかのぼることができる、由緒のある寺院であることは常に強調されている。

雷音寺が宜蘭に建立された時期については、一九四一年に出版された『臺灣佛教名蹟寶鑑』によれば、やはり道光年間の一八四四年とされている。しかし建立された当時は、斎堂であったようだ。斎堂とは当時の台湾に一般的であった仏教の形態の施設で、「居士仏教」と呼ばれることも多い。出家者はおらず、在家のまま菜食し、念仏会などを行う独特な民俗宗教であった。一九五六年に出版された『臺灣省通志稿』には、雷音寺は龍華派の靈山正派に属していたと記されている。雷音寺の元の名称は「啓昌堂」

で、蘭陽地域で最初に成立した斎堂であったようだ［林　一九九六：九］。「雷音寺」と改名したのは、日本統治時代となってからである。雷音寺の名称は、一九三三年の『臺北州下に於ける社寺教会要覧』に見られるが、このときはまだ斎堂として記載されていることから、日本統治時代になっても、当初は仏寺とは認識されていなかったことが推測できる。しかし、その後は日本の仏教施設として記録に現れている。例えば、一九四一年の『臺灣佛教名蹟寶鑑』では、浄土宗西山深草派善光寺布教所として記載されている。この記録によると、住職は微宗法師という台湾人の出家者である。微宗は幼少のころに出家し、一九二五年に福建の鼓山湧泉寺にて六年間佛学と禅学を研究し、帰国後前住職の推薦により雷音寺の知客職(2)に三年ついた。その後中国大陸の各地を二年間参詣遊歴し、一九三五年に再び帰国し、嘉義の慈覚堂にて修行ののちに、住職となったとある。そして、一九三九年九月一日に信州の善光寺智榮上人より浄土宗西山深草派の開教使に任命され、信徒に仏教と皇民化の趣旨を広めたと記されている。

雷音寺に関するこの記載は、実は当時大きな問題となっていた寺廟整理運動を回避するための方便であったといわれている［闞　二〇〇一：二六］。寺廟整理運動は一九三六年ごろから行われた、「迷信打破・陋習改善」をスローガンに掲げた、台湾の在来宗教弾圧運動であった。この寺廟整理運動の問題に関しては、近年では蔡錦堂の研究［蔡　一九九四：二三〇—三〇九］が詳しい。しかし、台湾総督府はこの運動に関して、明確な方針を打ち出すことはなく、地方官吏が個別に処置を進めていくこととなったため、地方ごとに寺廟廃絶の実施程度のばらつきが生じ、一九三八〜一九四〇年ごろをピークとし、その後中止、凍結となった［蔡　一九九四：二三〇—三〇九］。各地の実施状況に関して、宮本延人が一九四三年に作成した報告書『台湾寺廟問題——旧慣信仰改善に関する調査報告』に各州庁・郡市別の寺廟整理比率表があり、この表によると当時は台北州に属していた宜蘭郡の実施率は〇％となっている〔宮本一九四三〕。

この数字だけを見れば、宜蘭にこの運動は大きな影響を与えなかったかにようにみえる。しかし、実際には、この運動によって各斎堂はそれによる整理を避けるため、たとえ表面上であったとしても日本式の仏教を意識せざるをえなくなっていった。例えば、蘭陽地域で雷音寺となった啓昌堂と並んで著名であった、羅東の振昌堂は一九二一年にすでに「南瀛佛教會」に加入していたが、その後曹洞宗の聯絡寺となり、曹洞宗に所属することとなった〔闞　二〇〇一：三三―三四〕。曹洞宗はこの時期、各地に多くの聯絡寺を組織しているが、それらの多くはこうした斎堂であったとされている。そして雷音寺は先の記録にあったように、浄土宗西山深草派に属することとなり、出家者が住持するようになった。ただ最終的には臨済宗妙心寺派に隷属したともあり、また後に言及するように、戦後直後から星雲大師が常駐するようになるまでの期間は、月眉山派の僧侶や臨済宗の尼僧らが雷音寺の管理を交代しており、実際にこの期間にどのように仏寺として内実を伴っていたのかは議論を要する点である。星雲大師が宜蘭にて活動を始めたころの状況に詳しい信徒は、当時の雷音寺が相当に荒廃した状態だったことを記憶している。念仏会に集まっても、お茶を飲むための湯飲みさえないほどで、一つ一つを自分たちで作らなければならなかったと語っている。このように、活動をはじめた頃は、まずは日用品をそろえる段階からはじまり、その尼僧たちはそこから協力していたとも言われている。

さてここで、日本統治時代の宜蘭の仏教布教状況について概観しておきたい。宜蘭市内には、浄土真宗本願寺派、浄土真宗大谷派、曹洞宗、日蓮宗がそれぞれ布教所を設置していた〔仏教タイムズ一九六九]。そのうち、もっとも積極的であった浄土真宗本願寺派の活動についてみてみると、一九三五年に本願寺派台湾別院が刊行した『臺灣開教史』によれば、本願寺派が宜蘭にて活動を始めたのは、一九一八年で翌年には日曜学校を開設している。しかし宜蘭市内に大谷派の布教所が並立することになり、本願寺派は羅東へ移転することになった。一九一九年にまず幼稚園を建設し、二年後布教所を開設したとある[臺灣開教教務所臨時編輯部編　一九三五：四六九—四七六]。大谷派は台湾人を通訳や補助職員として雇い、日本語学校の開設を行ったとされる[闞　二〇〇一：三〇—三二]。また、曹洞宗は一八九七年という、統治時代の最初期より宜蘭において布教活動を始めていると記録されており[曹洞宗海外開教伝道史編纂委員会　一九八〇：六九]、監獄での布教や日曜学校の開設を行ったとある[闞　二〇〇一：三三—三四]。

以上についてはすべて、各宗派の報告書に残された活動の記録である。そのため、これらのデータの客観性については注意深い検討が必要である。またさらに、これらが当時の宜蘭の人々にどのような影響を与えたのかということについては、別途調査が必要である。日本統治時代の宜蘭に居住していた人に尋ねたところ、日本人の僧侶が常駐していたという記憶はあまりなく、時折、北投から説法にきた日本人僧侶がいて、それを台湾人の尼僧が台湾語へ通訳していた、という話であった。この時代の日本仏教の伝道活動は結局のところ、神道と同様、台湾の人々の間には根付かず、植民地統治の終焉とともに消滅した、というのが、一般的な見方とされている。その原因について、先に引用した蔡錦堂は、日本語による活動にこだわったため浸透しなかったことや、そもそも総督府が宗教政策にあまり関心を示さなかったことをあげており[蔡　一九九四：三四—三五]、確かにそれは説得力がある。しかし次に見ていくこととする、戦後から星雲大師が基盤を築くまでの過程には、日本の仏教各派の残滓ともいえる存在が一定の役割を果たしているのである。その象徴的な存在として、先に少し述べた、雷音寺を管理に携わっていた三名の尼僧たち――妙慧、妙専、妙観の存在が挙げられる。特にその中の妙慧法師は、戦後の蘭陽地域における仏教の展開のキーパーソンと言える人物である。星雲大師の宜蘭での活動の契機については、中国国民党の孫立人将軍夫人・孫張清揚と宜蘭の商人であった李決和をはじめとする宜蘭の仏教徒が中心になって星雲大師を宜蘭に招聘し、援助したとあるが、実のところ妙慧法師らの役割も考慮すべきものであった。宜蘭での活動について、次節では、戦後から星雲大師が雷音寺に住持するまでの時期について考えたい。

2　宜蘭念仏会から佛光山へ

一九四五年から一九五一年までの六年間の間に、台湾の仏教状況は日本仏教から外省人主導へと大きく変化していることがわかる。終戦直後、いわゆる「日産寺院」とされた日本の宗派に属した寺院は、それぞれの行政区の教育局へ編入され、その後日産管理處、さらに公産管理處の管理下に置かれ、台湾人僧侶が配置されたものもあれば、その他の施設へと転用されたものもある〔曾　一九七九：一四九〕。先に引用した、一九五三年当時の雷音寺の状況からも、同様に日本統治から国民党への移行期間において、仏教施設の混乱、荒廃を見ることができる。そうした状況下から、次に見ていくような星雲大師の活動が始められるのである。

戦後の状況に関しては、一九六二年に刊行された『宜蘭縣志』によると、宜蘭念仏会が一九五一年に成立し、ここが宜蘭県の仏教弘法活動の中心となったとある。そして一九五三年に星雲大師が宜蘭に定着することとなり、毎週土曜日に念仏集会が開かれるようになった。さらに、こうした弘法活動は、もともとは中国国民党の孫立人将軍夫人・孫張清揚によって開始されたと記載されている。その他、この活動を中心で支えていたのは、宜蘭の商人であった李決和という人物である。この人物は後に述べるように、星雲大師の宜蘭での活動の協力者である。

星雲大師が宜蘭へと赴くきっかけとなったのは、李決和をはじめとする宜蘭の人々によるによる、念仏会開催の依頼であったことは、佛光山宗史や現在出版されている二冊の星雲大師の半生記、符芝傳の『傳燈　星雲大師傳』（天下文化出版有限公司、一九九五年）と林清玄の『浩瀚星雲』（圓神出版社有限公司、二〇〇一年）などに記述されている。また、先に述べた孫張清揚は、来台当初の星雲大師との関わりが深い人物である。一九四九年に国民党政府が大陸より渡ってきた際に、一緒にやってきた僧侶のなかに中国共産党の工作活動を行うものがいるとして三〇〇名が逮捕されるという事件が起こった。星雲大師もそのなかの一名として、二三日間拘束され、その後釈放された。このとき救出に奔走したのが、孫張清揚であった［符　一九九五：六〇］。釈放後、星雲大師は中壢の圓光寺台湾佛学院に二年間在籍しており、この時期が台湾へ適応期間となり、その後の活動への基盤を築いたと考えられる。

こうした状況と先に引用したある法師の語りを重ねてみれば、一九五〇年代の台湾において、それまで日本統治時代の影響下にあった台湾仏教を、新たに大陸より参入した外省人勢力が再編し、共産主義革命によって大陸では危機に瀕していた中国仏教の伝統を台湾において存続・発展させようとした試みであったとみることができる。確かに、本山において中国の代表的な仏教聖地の景観を模倣している点などに、端的に「中国仏教」への指向性が現れている。星雲大師の言説の中においても、常に「中国仏教」が使われ、「台湾仏教」という言葉が登場することはない。ただこれを根拠に佛光山の活動が台湾仏教の脱植民地化および、中国化の過程としてみてしまうと、非常に重要な点を見逃してしまいかねない。そもそも、星雲大師は戦後の台湾仏教界において、決して主流派に属していたわけではないからである。

戦後の台湾仏教は、江蘇省の省籍を持つ僧侶たちが勢力を保ち続けてきたと言われている。中国仏教会を三十年以上に渡って主導してきた白聖法師は、省籍こそ湖北省であるが、もともと上海をその活動の根拠地としており、江蘇省籍の人々と強力なコネクションを持っていた人物である。白聖自身は一九八九年に死去したが、その後の中国仏教会の指導層は白聖が受戒した弟子たちであり、その影響力は続いているとされている〔闞　一九九九：一六三―一六四〕。星雲大師は台湾へ渡った当初、白聖のもとへ身を寄せたが、結局そこに安住することができず、幾つかの寺院を転々とする時期が続いた。その中で、先に述べた投獄事件に遭遇することになったのである。釈放後、比較的辺境と位置づけられている東海岸の宜蘭へ赴任せざるをえなかった背景には、こうした事情があったものと思われる。

以上のような星雲大師の当時の立場から考えると、その後の台湾への定着と急速な活動の展開にはどのような要因があったのであろうか。というのは当時の台湾は、一九四七年の二・二八事件に始まる、厳しい統制下にあった時代である。そんな中で、若年の外省人僧が、いかに協力者があったといえ、あれだけの事業を成しえたということに関しては、それを成し得るだけの理由があったはずである。大陸出身者である星雲大師一人でこうした活動の基礎を築くことは、言語上の問題もあり非常な困難が伴ったに違いない。また、宜蘭におけるこれまでの仏教状況が、先に述べたように、出家者が常駐しない状況であったのなら、たとえ星雲大師がいかに巧みに布教を行ったとしても、人々が仏教に対して興味を持ち、急速に組織が拡大していくことは考えにくいのである。そこには何らかの形で協力、あるいは仲介を果たした人々が存在したはずである。

戦後の雷音寺について、前節の冒頭に引用したように、出家者が常駐しない、荒れ果てた状況であったことが、佛光山側の出版物にはよく現れる。しかし、実際のところは一九四六年より月眉山派の二名の出家者が住持することになり、これが初めての雷音寺の住持とも言われている［釋 二〇〇〇：一三四］。月眉山は日本統治時代に台湾で生まれた宗派である。詳細について次節で述べるが、改革的な活動を行った先駆的な宗派である。ただ、この二名の出家者は宜蘭市近郊の礁渓妙釋寺の住持も兼任していたようで、結局三年後には月眉山へと戻っている［林仁昱 二〇〇一：四九、釋 二〇〇〇：一三四］。その後、雷音寺の管理をはじめたのが、妙慧法師である。妙慧法師は屏東出身の尼僧である。一九三五年に出家し、宜蘭市近郊の山中にある圓明寺にて修行をしたのち、一九三九年三月より一ヶ月間に台北の臨済護国寺での臨済宗布教師養成講習会に参加している。講習会の後日本へ渡り、当初五年間の予定で名古屋の臨済宗に属する宗榮尼衆學林に留学する。しかし、経済上の理由から半年で台湾に戻った［闞 二〇〇一：一八］。その後は圓明寺を離れて、一九四三年に冬山郷に自らが中心となって、白蓮寺を建立するが、戦後直後にはこの場所を一旦放棄し、一時期は台湾南部へ移動したが、最終的には羅東の媽祖廟に落ち着いた。白蓮寺を放棄した理由として、治安の悪化と交通の不便が挙げられている［釋 二〇〇〇：一二六—一二八］。この後、羅東が妙慧の活動の拠点となり、白蓮寺の再建がはかられるが、このころ雷音寺の住持が月眉山に戻ったため空座となり、同時に雷音寺の管理も行うようになった［釋　二〇〇〇：一三四―一三五］。それ以外にも近郊の仏寺の管理も妙慧が行っており［闞　二〇〇一：一八］、また白蓮寺の再建事業が忙しくなってきたことから、結局雷音寺は圓明寺時代の先輩弟子にあたる妙専法師に譲ることになった［釋　二〇〇一：一三五］。

妙慧は白蓮寺再建中、羅東の媽祖廟・震安宮の後殿を拠点に念仏会を組織した。また、このころ妙慧は宜蘭県仏教会も設立し、布教活動を行っている。星雲大師がこの地域に足を運び始めたのもこの頃で、一九五〇年に震安宮にて阿弥陀経を用いた念仏会を行ったとされている［釋　二〇〇〇：一三五］。当初からの佛光山の信徒の話では、最初に星雲大師の話を聞いたのは媽祖廟であったという。知人より媽祖廟で説法をしている人がいることを聞いて、宜蘭から自転車に乗って駆けつけたという。また、さらにこの頃は星雲大師の他にも台北から出家者が二名ほどやってきては説法を行っていて、当初はその都度台北から通っていたということである。結局、そのなかから星雲大師のみが宜蘭に定住することになったようである。その経緯については、釋見曄が直接、妙慧にインタビューしたところによると、震安宮には男性出家者を泊める場所がなかったため、雷音寺に滞在してもらい、そこから念仏会の時には羅東へと通ってもらうことになった。当時の雷音寺には妙専が住持していたが、妙専より星雲大師のほうが寺院の管理等にも熟練していたため、管理を星雲大師に譲った、ということである［釋　二〇〇〇：一三五］。

こうした事情を考慮すると、時期的には羅東の妙慧の活動が先行する形で進んでおり、星雲大師の活動はそれと協力する形で進められたと推測できる。それは妙慧にとっても大きな意味があったはずである。彼女は自らの宗教的な出自に対して、不安や劣等感を抱いていたのではないかと思われることがある。それは、戦後の一九四五年に行われた台北十普寺の三壇大戒へ参加し、白聖より受戒を受けているという事実に見て取ることができる。妙慧はすでに十年前に受戒しているので、たとえ新たな時代となったとはいえ、必要ないことと思われる。しかし、妙慧自身は、自らを受戒した法師が正式に受戒したという確証がないため新たに白聖より受戒した、と後に語っている［釋　二〇〇〇：一三〇―一三一］。妙慧は先に述べたように、日本式の仏教の教育を中途であれ受けた人物であったが、おそらく戦後に新たに大陸よりもたらされた仏教が主流となっていく流れに不安を抱いたのではないか。白聖から受戒したり、台北より法師を招聘し、念仏会を担当させたりということはその表れではないだろうか。

一方、星雲の側からすれば、すでに基盤を持つ出家者と協同することは間違いなく大きなメリットである。星雲のような外省人にとって障害となったものの一つに言語の問題がある。星雲の閩南語能力については、信徒によると日常的な会話についてはあまり問題ないが、仏教に関わる専門的な話や法話についてはやはり通訳が必要であるという。羅東での説法の際には妙慧が、そして宜蘭での説法の際には李決和が通訳を行ったと言われている。また、ある信徒によるとその当時、雷音寺には妙観法師という尼僧も関わっており、通訳などもしていたようである。妙観法師も妙慧、妙専と同じ法脈に通じる出家者で、妙観は雷音寺に星雲が住持することにより、圓明寺へと移動し、その住持として生涯を終えている。妙観死去後の圓明寺は佛光山の出家者が住持を務め、現在は佛光山の道場となっている。

以上の流れはそのまま、戦後から現在にいたる台湾仏教の歴史と重なるのではないだろうか。明・清代より台湾の人々の間に広まっていた民俗宗教としての斎教は、日本統治時代に改変を余儀なくされ、日本式仏教へ編入されていき、戦後にはさらに中国仏教の伝来により、正式な仏教へと変貌していった。その変化を担ってきたのが、日本式仏教の教育を受けた台湾人出家者たちであり、次第に大陸出身者の勢力が強くなっていくなかで、次代の新しい台湾仏教発展の基礎をつくったといえる。宜蘭でのこの一連の流れは、当時の台湾において恐らく各地で大なり小なり見られたに違いない。しかし、そのなかで、雷音寺と星雲大師は驚異的な発展をとげ、一九六七年には佛光山開山へと展開していくのである。

星雲大師が雷音寺に定着することになり、毎週土曜日には念仏会が開催されるようになると、次第に集まる人々が増えていったようである。集まったのは前述の李決和、当時の宜蘭郵政局長の林長青といった名士をはじめとする地元の人々であった［林仁昱 二〇〇一：五〇―五二］。集まった人々は役割ごとに責任者を決め、念仏会の組織化が図られた。一九六〇年に作成されたその責任者の名簿には、妙專・妙観の両尼僧の名前も見られる。さらに、当時の宜蘭市は四八の里にわかれており、各里に一人の責任者を定めて念仏会の宣伝に当たらせた［林仁昱 二〇〇一：五三―五四］。また、毎週水曜日の夜に、印順法師をはじめとする著名な出家者を講師として講演会も開催した。「咱們佛教來了！」（日本語：皆さん、仏教がやって来ました！）をその宣伝文句とし、宜蘭市内に宣伝した。講師となった出家者は大陸出身者であったため、閩南語の同時通訳を介しての講演会であった。このときの通訳を担当したのが、李決和である。李決和はもともと台湾、香港、廈門、日本の間の貿易商人で、日本統治時代から独自に標準中国語の勉強をしていた人物であった［林仁昱 二〇〇一：五四］。

そして一九五五年の段階では雷音寺のみでは手狭になったようで、寺院のすぐ隣に新たに土地を購入して、講堂のある建物を建立している。また、宜蘭佛教歌詠隊が組織されたのは一九五四年、補習班が設置されたのが一九五五年、「家庭布教」「学校布教」「監獄布教」が開始されたのもほぼ同時期で、一九五〇年代中ごろには現在に通じる、その多彩な布教方法が確立されたといえる。そして一九六〇年前後には、幼稚園、学生会、児童会が成立する。このころにこうした教育活動を開始したのは、若年の信徒の増加があったという。単に仏教について教えるのではなく、教養なども身につけさせ、仏教信徒の知的な素養の向上も図っていたようである。この当時子供であった信徒の話では、学校の勉強だけでなく、子供向けの華道の教室などもあったということからも、その後の多彩な文化講座展開へとつながる要素が当初よりあったといえる。

さて、このように宜蘭時代よりすでに速いスピードで活動が拡大していたわけであるが、一九六七年には佛光山開山へとさらに大きく展開していくこととなる。その発展にはどのような方法論があり、またそれはどのような背景から生まれたのかについて考えてみたい。

三　佛光山の方法論

星雲は人材の育成ということに関して、当初より非常に熱心であったと、ある信徒が語っている。星雲自らは学歴というものはほとんどなく、それゆえに教育の重要性について非常に強く感じていたという。幼児や学童、青年対象の一連の活動は、冒頭に引用した法師の言葉にあるように、一方においては次世代に仏教を存続させるための布教活動であり、また、他方においてはこの活動自体を存続させていくための優秀な人材の育成という二つの役割があったと思われる。そしてこれは、台湾仏教においては、もともと正式な受戒を受けた宗教的職能者が介在せず、念仏と菜食を行うことで、仏教への帰依を示していくことが基本であった斎教のスタイルを、職能者が主導的立場となって活動を組織し、後進の育成を行うという、職能者中心のスタイルへと大きく変えていったことを意味する。しかしこのスタイルは台湾仏教界においては、全く新しいというものではなく、実は日本統治時代に非常に類似した方法論を用いた活動が存在していた。その代表的なものが次に紹介する月眉山靈泉寺である。

月眉山靈泉寺は基隆出身の善慧法師によって一九〇〇年代に成立した仏寺である。善慧法師は福建鼓山湧泉寺にて受戒し、その後一九〇七年に日本の曹洞宗の僧籍を得、曹洞宗との協力関係を築いた。善慧は仏教青年会の組織、仏教講習会の開催、そして曹洞宗が台北にて人材育成のために開校した仏教中学林の事業へも関与していた。また一九四〇年には霊泉寺に禅林を開設し、短期仏教講習会などを行ったとされる。日本統治時代には台湾各地にその勢力を広げ、当時の日本仏教式の布教・教育方針を取り入れていた。また、一九一三年には弟子二名をインド・ビルマへ派遣し、玉佛と仏舎利を持ち帰らせている［闞　一九九九：一一九］。

また、前節で述べたように、蘭陽地域にも日本仏教各派が幼稚園や日本語学校、日曜学校などを展開している。これらは戦後にはすべて断絶しており、また先にも述べたように教団側の活動報告というデータであるため、どの程度の影響をもたらしていたのかについては疑念の余地がある。しかし蘭陽地域においては、先に述べた妙慧法師が自らの白蓮寺において児童キャンプ、託児所、図書館といった活動を展開しており［釋　二〇〇〇：一三九―一四一］、これらの活動を独自に継続させたのではないか、と思われる。そして星雲はこれらの先行した活動を参照しつつ、さらに拡大・発展させたといえるだろう。

佛光山がこれまでの中国仏教と比較して、大きく違っている側面としてしばしば挙げられるのは、その組織力と多角経営方針である［江　一九九七：二二一―二二六］。こうした運営方針は、日本仏教をモデルとしているという指摘もある［江　一九九七：二二四］。第一章にて述べたように、今日の佛光山は幼稚園から大学にいたる網羅的な教育機関の経営に加えて、出版社・新聞社・衛星テレビ局・AV製作会社などのメディア産業経営、書店・飲食店の経営、社会教育センター・博物館・美術ギャラリーといった社会教育機関経営と、まさに仏教企業グループのような様相を呈している。特に教育産業に関しては、当初から行われてきたというのはこれまでも述べてきたとおりである。現在のこうした状況、仏教の近代化、あるいは合理化とでも呼べる現象であり、それは日本仏教が明治以来行ってきた近代化と重なる部分も大きいのではないだろうか。ただ、ここで日本仏教の影響のみに注目してしまうと、それを過大評価してしまうことにつながり、また幾つかの重要な点を見逃してしまいかねない。例えば、雷音寺にて行われていた「星期學校」という名称は、キリスト教会の行う「日曜学校」の直訳であり、イベントにしばしば登場する「佛教歌詠隊」は教会の聖歌隊をそのまま翻訳・引用したものと言えるかもしれない。実際に一九五〇～六〇年代において、キリスト教ミッションが台湾へ参入しており、キリスト教徒が一時増加するという時期であった［五十嵐　一九九八：九〇―九四］。また、一九九二年末にまとめられた統計によれば、宗教別では幼稚園も含めた教育機関を所有しているのは、カトリックとプロテスタントの両派が多く、また、音楽会や講演会といった文化事業を最も多く行っているのもこの二派である［王二〇〇〇：五二、内政部統計處　一九九三：一〇九］。当然、当時大きな勢力を誇っていたキリスト教を強く意識した活動であったことは否めない。

また、中国仏教においても世俗世界への働きかけがなかったわけではない。というのは、一九二〇～四〇年代に中国本土においても仏教の現代化を計ろうという動きがあり、仏教教団の組織化、教育の現代化、仏学研究の隆盛がこの時代に盛んに見られた［李　二〇〇一：一五―一二］。さらには、佛光山がその理念として掲げている「人間仏教」という思想は、そもそも太虚法師が清末から民国初年にかけて試みた中国仏教の改革運動から生み出されたものである。太虚は当時の仏教の凋落に対して危機感を抱き、中国仏教界の組織化や日本仏教との協調、仏教の国際化などの推進を試みた人物である［江一九九八：四二九―四七一］。佛光山の活動はこの思想を実社会への応用と見ることができる。また、近代化・合理化という現象は、中国仏教に限らず、あらゆる宗教に見られる傾向であり、それを日本との関わりのみで論じることは問題がある。

しかし次に述べるような、日本仏教を意識した部分も窺うことができる。例えば、一九六〇年代より星雲大師は数名の弟子を日本の仏教系大学へ留学させ、そのうちの数名は修士・博士の学位を取得後帰国し、現在も佛光山にて活動を行っている。また、現在佛光山のホームページ上で公開されている、一九六七年から一九九八年までの動静の記録である『佛光山大事記』の記載からも、日本仏教との多くの交流を確認することができる。これらは間接的な事柄でしかないが、そこには日本仏教へのこだわりというものを十分読み取ることができる。

ここでもう一度、台湾における日本仏教の位置づけを考えてみたい。日本統治時代において、日本の仏教界そのものとしては、台湾においてそれほど大きな成果を残すことはなかった、という言説はしばしば見受けられるものである。(3) しかし、仏教の近代化という観点から考察すると、次のように見ることも可能なのではないだろうか。先にも述べたように、もともと台湾において仏教は民俗宗教である斎教として広まっていたが、寺廟整理運動が端緒となり近代化への移行がはじまった。その際に当時台湾にて布教を展開していた日本仏教各派の活動と接触することにより、月眉山のようにその方法を取り入れる仏教団体が生まれた。そして戦後こうした一連の動きを参照しつつ、新しい団体が生まれ、佛光山はその一つの例といえる。また、佛光山と同様の方法をとる団体は現在台湾において千仏山、靈鷲山、伽耶山、法相山などと多数存在することから、戦後の台湾仏教の方法論としてある種の普遍性を持つものとして確立し、そのなかに日本仏教の残滓といえるようなものが取り込まれていったのではないだろうか。しかし、ここで言う「日本仏教」とは、あくまで近代的な組織や教育事業といった側面に留まるもので、出家者のあり方――例えば、妻帯、肉食の可否――については、参照されることはなかった。

さて、このように拡張を遂げてきた佛光山は、台湾においてどのような位置を占めていると考えたらよいのだろうか。確かに、中国国民党政権下においては、まさに脱植民地化への文化装置として、中国仏教復興を掲げる佛光山には大きな意味があったのかもしれない。しかし、戒厳令解除以後に急速に進んできた「本土化[4]」の流れの中で、佛光山はどのような役割を担っているのだろうか。

佛光山の信徒に限らず、台湾において意識的に仏教への帰依を表明する人々、具体的には日常的に精進料理（「素食」）を好み、禅修や念仏を行う人々は、今日それほど珍しくはない。そこにはどのようなニーズがあるのだろうか。そこで最後に、台湾の人々と仏教の関係について、少し触れてみたい。

四　現代台湾と仏教

佛光山の各別院、道場における法会では、参加した全員が読経し、念仏を唱える。その際、阿弥陀経と般若心経が中心に唱えられる。そして、一連の行為が終了すると、全員少し姿勢を崩し、出家者の話を聴く。話の内容は、当日行った法会の縁起や意味、唱えた経文の意味、法話などである。全体で一時間半から二時間ぐらいが通常である。清明節や仏浴節などの歳時にあたる法会に加えて、ほとんどの週末に法会が行われている。休日の場合は午前中より終日、日程が組まれているが、金曜日の場合は多くの人が参加しやすいように、夜七～八時より開始となることが多い。

法会に集まる人々の年齢層は三十～五十代が中心となっていて、男女の比率は女性がほとんどで、男性は一～二割程度である。友人・知人の紹介が参加のきっかけとなることが多い。参加者の居住地域もかなり広いようであるが、これは別院・道場の立地条件との関係が大きい。台北市内の規模の大きな施設である台北道場も普門寺も、ともに交通の便がよいところに位置しているので、そうした傾向がみられる。

法会に集まった人々がその前後に食事を取っている光景は、佛光山関係の施設ではよく見かける。食事は当然「素食」で、信徒たちが交代で用意する。出家者の生活を体験するような講座[5]を除いて、こうした食事のときは信徒の雑談や交流の場となる。寺院の側は、こうした場を排除するようなことはなく、むしろ積極的に用意しようとする立場を採っている。それは佛光山では寺院へと参拝に来ることに対して、「帰る」という表現を用いることにも現れている。寺院を仏教徒にとってのもう一つの家とし、ある種「くつろぎ」の空間としての捉えさせていこうという考え方である。法会の前後の食事や茶話会に加えて、先に述べたような講座などが、交流や娯楽の場として提供されていると言えよう。実際に、こうした集まりに参加してみると、人々の目的が法会や講座にあるのか、お互いの交流にあるのか、判別が難しいことが多い。むしろ人々は、こうした折りに参加する機会を利用しつつ、ときには仏教への知識を深めたり、教養を得たり、親睦を深めたりしていると言った方がよいかもしれない。

宗教施設や宗教行事が参加する人々にとって、それが多様な目的のもとに行われ、多様な意味を持つことは自明のことかもしれない。ただ、昨今の台湾の状況を眺めてみると、佛光山に限らず、宗教を文化産業として展開している動きが見受けられる。二〇〇〇年に世界宗教博物館を開館した霊鷲山や、成人仏学教室を展開している香光尼僧団などもそうした一連の動きと関係づけてみることができるだろう。ただ、「なぜ、仏教でなければならないのか」という点に関しては、注意する必要があろう。そこで以下では、仏教が台湾の人々にとってどのような役割を持つものなのか、という点について少し考えてみたい。

筆者がこれまで、自覚的に仏教への帰依を主張する人々と接してきたなかで、強く感じたのは、彼／彼女らが仏教をひとつの「文化」として考えようとしているのではないか、ということである。ここでいう「文化」とは、文化人類学的な意味ではなく、狭義の意味であって、「文明」とか「教養」という言葉のほうが近いのかもしれない。彼／彼女らが宗教心について語るとき、「信仰」と「迷信」を明確に区別しようとする傾向が見られることである。民間信仰のように、ただ拝んでご利益だけを求めるのは「迷信」だとして、正しい生き方を求める仏教への帰依とは違うものであると説明する。当然これには個人差があり、法会に参加する意図には、現世利益を求めるという部分が全くないということはではない。ただ、単にご利益を求めているだけではなく、写経や禅修などをとおして得られる仏教の知識への志向性は注目する必要があるだろう。こうした仏教や仏教知識というものについて、例えば佛光山は「中国仏教」という言葉を用いることによって、中国文化の伝統を強調しているといえよう。しかし、ここでは政治意識やナショナル・アイデンティティというよりも、先に述べたような教義の意味での文化への志向であり、「中国文明」や歴史といったものへのこだわりと考えたほうがよいだろう。あるいは「漢族」の文化的アイデンティティへのこだわりと言い換えることができるかもしれない。

しかし、果たして仏教が、中国文化のオーセンティシティとして足りうるものなのか、議論の余地があるといえる。ただあくまでここで言う「中国仏教」とは、「中国本土より伝来した」仏教と言う意味であり、また、それも「戦後に」という意味である。それ以上の、なにか実質的な内容を伴ったものとは考えにくい。それは「漢族」という意識についても言えることかもしれない。この問題に関しては、ここでは指摘するのみ留め、今後の課題としたい。

おわりに

現在の佛光山を考えると、もう一つ重大な活動の軸がある。それは国際交流事業である。先に参照した『佛光山大事記』によれば、日本を始めとし、タイ・チベット・韓国といった他の仏教圏との交流についての記載が多く、仏教を基盤とした国際交流への志向を見ることができる。国際的に孤立している台湾の政府に変わって、佛光山がグローバル化の流れの中で、「影の外交」を展開しているという分析もある［Nagata 1999］。さらに、台湾外にある佛光山の施設では、在外台湾人の交流の場となっていることも多く、海外における台湾人アイデンティティの一翼を担っているという部分も否めない[6]。

佛光山は戦後の台湾の縮図と考えることもできる。日本統治下から、国民党統治へ、その後台湾本土化、そして経済成長とグローバル化に伴う国際化という大きな潮流と、外省人であった星雲大師が宜蘭に基盤を築き、日本仏教の残滓を吸収し、地元の人々との協同から佛光山へと発展し、新しい台湾的な仏教を展開しているという過程は呼応していると言えるだろう。現在の台湾における「日本」を考えるとき、おそらく佛光山以外の場面においても同じような過程を見ることはできるのではないだろうか。これは現在の筆者の能力では仮説として提示できるのみであるが、今後は多様な側面から検討をしていきたい。

注

（1）これは筆者が実際に佛光山の出家者や関係者より聞いたところによる。
（2）知客職は禅宗寺院の役職の一つで、来客の接待、新入門僧の世話などを行う。
（3）例えば、江燦騰『台灣佛教百年史之研究』（南天書局、一九九六年）など。
（4）本土化とは、台湾を「本土」であると考え、中国大陸とは一線を画そうという動きである。
（5）一日座禅教室や短期出家体験コースなどでは、出家者とともに禅院で行われる厳格な食事の様式となる。
（6）例えば筆者が日本で参加したことのある支部の場合は、法会や文化祭などに参加している人々の九割以上が台湾出身者である。それ以外に参加しているのは、台湾出身者の家族や友人の日本人で、大陸出身者が参加していることはほとんどない。

引用文献

〈和文・中文〉
五十嵐真子
一九九八 「台湾光復後の宗教動向――外来宗教を中心に」『リトルワールド研究報告』一四：八九―一〇七。
王祿旺
二〇〇〇 「佛光山宗教行銷之策略研究」鄭志明主編『宗教與非営利事業』、四九―六四頁、嘉義：南華大学宗教文化中心。
闞正宗
一九九九 『臺灣佛教一百年』台北：東大圖書股份有限公司。
二〇〇一 「蘭陽地區佛教與齋教的発展及轉型」『宜蘭文献雜誌』四九：三―四七。
江燦騰
一九九六 『台灣佛教百年史之研究』台北：南天書局有限公司。
一九九七 『台灣當代佛教』台北：南天書局有限公司。
一九九八 『中國近代佛教思想的諍辯與發展』台北：南天書局有限公司。
蔡錦堂
一九九四 『日本帝国主義下台湾の宗教政策』東京：同成社。
釋見曄
二〇〇〇 「妙慧比丘尼與宜蘭佛教發展之探微」『宜蘭文献』四八：一二二―一四三。
一九六九 『仏教大年鑑』東京：仏教タイムズ社。仏教タイムズ社編
曾景來
一九七九 「日産寺院之變遷」『中國佛教史論集八』一四五―一四九頁、台北：大乘文化出版。
曹洞宗海外開教伝道史編纂委員会
一九八〇 『曹洞宗海外開教伝道概史』東京：曹洞宗宗務庁。
臺灣開教教務所臨時編輯部編

一九三五　『臺灣開教史：真宗本派本願寺』臺北：臺灣別院。
内政部統計處
一九九三『中華民國八一年臺灣地區宗教團體調查報告』。
符芝瑛
一九九五　『傳燈　星雲大師傳』台北：天下文化出版有限公司。
仏教タイムズ社編
一九六九　『仏教大年鑑』東京：仏教タイムズ社。
宮本延人
一九四三　『寺廟整理問題――舊慣信仰改善に関する調査報告』臺北：臺灣総督府文教局。
李少兵
二〇〇一　「民國時期的佛學與社會思潮」星雲大師監修『中國佛教學術論典』四三：一―一八四、高雄：佛光山文教基金會。
林仁昱
一九九六　「蘭陽地區佛教發展史初探」『宜蘭文献雜誌』二三：三―四五。
二〇〇一　「一九五〇年代台灣佛教弘法的新試驗：以宜蘭雷音寺為中心的探討」『宜蘭文献雜誌』四九：四八―八一。
林清玄
二〇〇一　『浩瀚星雲』台北：圓神出版社有限公司。

〈英文〉
Nagata, Judith
1999　The Globalization of Buddhism and the Emergence of Religious Civil Society: The Case of the Taiwanese Fo Kuang Shan Movement in Asia and the West, *Communal/Plural* 7 (2): 231-248.

真宗大谷派による台湾布教の変遷
――植民地統治開始直後から台北別院の成立までの時期を中心に

松金公正

はじめに

これまで筆者は、台湾が日本の植民地であった時期に、「台湾へ渡った日本仏教各宗派がどのような布教活動を展開してきたのか」という問題設定にもとづき、曹洞宗〔松金　二〇〇〇〕・臨済宗妙心寺派〔松金　二〇〇一〕・浄土宗〔松金　二〇〇二a、二〇〇二b〕・真言宗〔松金　二〇一八〕などを中心にその実態を検討してきた。そのように考察を進めてきた意図のひとつは、個々の布教の具体像を明らかにすることにより、先行研究において、植民地支配における植民地住民の「同化」や「教化」、そして「皇民化」(1)という側面において重要な役割を果たしたものとして論じられてきた仏教勢力による布教活動の位置づけの再構築を行おうとする点にある。

従来、日本仏教による台湾布教は、次のように論じられてきた。（1）台湾在住の内地人を中心としたものであり、基本的には本島人を信者として獲得することはできなかった。（2）植民地支配と密接な関係があり、「同化」・「教化」・「皇民化」の一翼を担った。(3)戦後布教使たちが引き揚げることによって断絶した。

しかし、この脈絡とは一線を画する、より複雑かつ重要な諸相が、ひとつひとつの事例をすくいあげていくことによって、徐々にではあるが明らかになってきた。

たとえば、各宗派は植民地統治開始当初、台湾本島人の教化を目指す。しかし、多くの宗派にとって本島人布教は植民地統治を通して必ずしも常に重要視すべき事項ではなかった［松金 一九九八：二六―三〇］。さらに植民地統治開始直後における本島人布教を重視するという布教方針は、本山の宗務当局など日本側の主導により、「上意下達」式に決定していたわけではなく、従軍布教に引き続く形で渡台し、布教を続けてきた僧侶たちから本山への報告や具申により、「下から上」へと提起され、宗派全体の布教策へと結実していくという方向性をもつものであった［松金 二〇〇二b：一〇六―一〇七］。また、教化において重要な位置を占める社会事業には、もともと決まった一定の形式はなく、試行錯誤を繰り返しつつ実施されていった［松金 二〇一六：五三―九二］。そして教育事業については、経費面に関し、必ずしも本山の宗務当局や宗議会などの全面的支援を受ける環境にはなく、常に経営難と向きあうこととなった［松金 二〇〇三：二六七―二八二、二〇〇四：七〇―八五］(2)。

これら諸相が明らかになる過程で、筆者には、日本仏教各宗派の布教やそれにともなう諸活動は、「同化」や「教化」、そして「皇民化」において、はたして植民地支配の一翼を担うに「十分」な役割を常に果たしえていたのかという疑問が生まれてきた。

かかる問題点を解明するためには、日本の仏教勢力と台湾植民地統治機構との関連性を明らかにする必要がある。そして、次章で述べるように、日本仏教の東アジア布教において最も国家権力や植民地支配と近しい関係にあったと論じられてきたのは、浄土真宗、とくに真宗大谷派（以下、大谷派と略記する）であり、その分析は重要と考えられる。しかし、それにもかかわらず、台湾における大谷派の活動はこれまで十全に論じられてきたとはいえない[3]。そこで、本稿では大谷派の台湾布教に注目しつつ、以下のように考察を進めることとする。まず、先行研究をふまえて、大谷派による台湾布教について研究する意義を整理する。次いで、植民地時期を通じた大谷派の台湾における布教の展開を示しつつ、その特徴を明らかにしていきたい。

一　大谷派の台湾布教史研究

1　大谷派の海外布教史研究

大谷派の海外布教については、佐藤三郎［一九六三、一九六四］、小島勝[4]［小島・木場　一九九二］、木場明志［一九八七a、一九八七b、一九九〇、一九九一、一九九二、一九九五、二〇〇〇、二〇〇三、木場・桂華一九八八］、高橋勝［一九八七］、江森一郎［江森・孫　一九九四］、北西弘［一九九四］、菱木政晴[5]、中西直樹［二〇一六］、新野和暢［二〇一八］など、多くの先行研究があるが、台湾に関するものは比較的少ない[6]。これら先行研究では、いずれも朝鮮半島や中国本土における大谷派の布教を教育事業の展開などを軸に論じている。

その中でも最も精緻に、また戦争責任の問題や台湾布教を視野に含め複合的な視角から研究を進めてきたのは木場明志である。[7] 木場は、大谷派の中国東北地域への布教の分析から、国家と大谷派との関係を「中国東北部（満州）における真宗大谷派の開教事業については、近代日本国家の大陸政策の展開が大きな位置を占めている」〔小島・木場　一九九二：一二八（原載、木場　一九九一：九九）〕とし、「日本軍の軍事的制圧のあとへ、日本人の商工関係者とその家族が利権と結んで定住していったのであり、軍属・工商関係者・その家族、が布教対象者であり、そこに働く中国人・朝鮮人の一部も鎮撫の意味での対象ではあった」〔小島・木場　一九九二：一二九（原載、木場　一九九一：九九）〕としている。

さらに木場は、「アジアへの『開教』[8] 事業が、政府あるいは軍部による大陸政策としての国権拡張・国威発揚などを旗印としたアジア侵略に準拠・依拠し、国益に合致する形で、ある時には国益をリードする姿勢で進められた」〔小島・木場　一九九二：三二二〕[9] と述べる一方で、「アジアの広範な諸地域において、『開教』事業に従事した幾多の人々の営為を通して、それぞれの地域の歴史社会や教育・文化の動向に与えた影響も、また刻々と変容を遂げながら多大であった」〔小島・木場　一九九二：三二二〕とし、そのように述べる意義について、「前近代から近代へと移行するアジアについて、『開教』過程を動態的に把握していくことにより、アジア『開教』が大日本帝国時代の侵略荷担的過去であったと、考えとりあげるべき意味のないものと片付けることの非を強調したいからである」〔小島・木場　一九九二：三二二〕とする。また、『宗報』などの大谷派機関誌を復刻する際に別巻として作成された『宗門近代史の検証』所収の「開教――国威拡張に対応した海外開教事業」に「敗戦までの海外開教について見る限り、輝かしい教線拡張の偉業というには、余りにもこれに従事した人々の行動は艱難辛苦に満ちており、またアジアへの侵略加担との一語で抹殺してしまうには、余りにも多くの内容を含んでいるとせねばならない」［木場　二〇〇三：一三四］と述べる。

このような立場は、その被布教地域であったアジアの諸国・諸地域には受け容れがたい部分があるであろうことは十分に推察できる。しかし、ひとり木場のみではなく、藤井健志も「戦争責任を追及する研究は、仏教教団の戦争にかかわった面だけをとりあげる傾向がある。それは当然のことではあるが、戦前においても仏教の海外布教は多様なものだったと考えた方がよい」［藤井　二〇〇〇：五四］と論じる。このように各宗派による戦前の海外布教に対する考察が、ややもすれば先人の努力や高邁な意志の賛美か、現代からの視点による戦争責任断罪という相反的な立場に陥りがちなのに対し、まずは何がなされたのかを調査するという視点こそを重視するという立場は、これまでの海外布教研究にやや欠けていた部分であり、近代日本を読み解く指標として海外布教をとらえなおすという作業の基盤となるものといえよう。

2　大谷派台湾布教史研究のもつ意義

先に大谷派の台湾布教に関する先行研究が少ないと述べたが、それはなぜだろうか。藤井の述べるように、海外布教研究全体の中でも台湾に関する研究が少ないという傾向があることは間違いない［藤井　二〇〇〇：五〇］。大谷派の台湾布教研究は、近年中西［二〇一六］や新野［二〇一八］によって進められてはいるものの、多宗派に比べさらに検討を進める必要が残されている。

そのことを顕著に示す事例として、前述の『宗門近代史の検証』における海外布教に関する木場の論稿をあげることができる［真宗大谷派宗務所出版部　二〇〇三、木場　二〇〇三］。同書は大正期以前の大谷派の各分野における活動を回顧するものである。木場はその対象とする地理的な範囲を「アジアへの海外開教に絞ることとする」〔木場 二〇〇三：一三三〕としているものの、実際は中国やその東北地区、朝鮮が論じられるのみで、そこでは台湾布教の全体像を把握することは難しい。

また、菱木の『解放の宗教へ』所収の「日本仏教による植民地布教――東西本願寺教団の場合」の第二節のタイトルは「朝鮮布教・満州布教・台湾布教」〔菱木 一九九八：一三八〕となっており、台湾が含まれているようであるが、実際は台湾布教に関する具体的な記述はほとんどない〔菱木 一九九八：一三八―一四三〕(10)。さらに同稿において、「一九三一年までの真宗大谷派植民地布教を概観している」〔菱木 一九九八：一四〇（原載、菱木 一九九三：一六六）〕と評されている都築淳「大正期大谷派『海外開教』の問題」(11)〔都築 一九八六〕、「昭和初期大谷派『海外開教』の問題」(12)〔都築 一九八八〕にも台湾布教関連の資料をもとにした記述は少ない。

その原因のひとつとして考えられるのが、『本山事務報告』・『常葉』・『宗報』などをはじめとした宗門関連の史料の中の台湾に関する記述が、他地域と比べ相対的に少ないという点である。その結果、宗門関連の史料からは戦前の大谷派の台湾布教に対する積極的な態度はあまり明確に浮かびあがってこないのである。先に述べたように、日本仏教各宗派によるアジア布教に関する研究の力点は、教団の戦争責任や戦争犯罪の追及、もしくは、批判とは無縁の先達たる布教者たちの苦難への顕彰のいずれかに置かれる傾向が強かった。研究はおのずと宗門内部の研究者を中心に進められることになり、宗門内に残された史料が研究の中心的分析対象になっていった。その結果として、台湾は史料に乏しいととらえられがちとなり、考察がおくれてきたとは考えられないだろうか。そしてその一方で、台湾に残された史料を用いた日本仏教の台湾布教に関する研究は、日本の研究者からこれまでほとんど提起されてこなかった。中国東北地方などで、現地調査などを含めた現地史料を使用する研究が提出される状況[13]〔木場 二〇〇五、木場・程編 二〇〇七〕を考えると、台湾についても同様の史料収集が必要なのではないだろうか。

そこで、本稿では日本側に残されている『本山事務報告』・『常葉』・『宗報』など宗門の機関誌と、台湾側に残されている台湾総督府文書などの行政文書をあわせて考察を試みることとする。考察の対象とする期間は、大谷派が台湾への布教を開始した時点から、布教根拠地として台北別院を成立させ、その本堂を建立するに至るまでの時期とする。はたして、その間、どのような布教への取り組みがなされ、その結果、他宗派と大谷派の間ではいかなる相違点が生まれてきたのだろうか。かかる問題意識を中心に据え、大谷派の台湾布教の流れの特色を明らかにし、加えていかなる時期区分が可能なのかということを検討する。

二 大谷派による台湾布教の数量的分析

1 大谷派台北別院

台北に西門町と呼ばれる若者のショッピングスポットとなっている街がある。日本植民地時期には、植民地統治機関が林立する旧台北城内と台湾本島人が古くから居住する万華との間に位置し、飲食店など商業施設が多かった。現在、日本人観光客もよく訪れる場所であるが、植民地時期、この界隈に、真言宗・浄土真宗本願寺派・真宗大谷派・日蓮宗など、多くの日本仏教の宗教施設があったことはあまり知られていない。たとえば、西門町の一角に「獅子林商業大厦」とよばれる商業ビルがあるが、この商業ビル一帯は、かつて大谷派台湾布教の根拠地として設置された台北別院（写真1）の敷地であった。

ところで、この建築物は戦後中華民国政府に接収され、使用され続けたことにより、戦後の台湾の人々の記憶に残る建物になる。その経緯については別稿で論じたが［松金二〇〇六］、このように壮大な当時台湾唯一の「純印度式」[14]と呼ばれた伽藍を建立することができた大谷派の勢力とはどのようなものであったのであろうか。まずは、植民地時期を通じて大谷派が建てた寺院や説教所、獲得した信者など、数量的な変容について追っていくこととしたい。

写真1　真宗大谷派台北別院本堂
「1936（昭和 11）年 11 月 7 日、遷仏遷座式」
出所:『南瀛仏教』15(1)、南瀛仏教会、1937年 1月 1日

2　寺院・説教所の設置と大谷派教線の盛衰

下記、表1「一八九八（明治三一）年〜一九四二（昭和一七）年、大谷派所属寺院・教務所・説教所数の変遷」と表2「一八九八（明治三一）年〜一九四二（昭和一七）年、大谷派および本願寺派所属信者数の変遷」は、『台湾総督府統計書』[15]（以下、『統計書』と略記する）を典拠とし、それぞれ大谷派が台湾に建

立した寺院や説教所などの数と獲得した信者数について、一八九八（明治三一）年から一九四二（昭和一七）年にかけての推移を表している。もちろん、あくまでこれらは統計上の数量であり、必ずしも事実と完全に符合するわけではないが、ここからおおまかな傾向をつかむことは可能であり、以下、これらの数量に依拠して論を進めたい。

図1および図2は、『統計書』をもとに、全宗派および大谷派と本願寺派の寺院数や説教所数などの変遷をグラフ化したものである。(16) ここでは、大谷派と並んで積極的に海外布教を行った同じ浄土真宗である本願寺派についての統計をあわせて表記するが、それは本願寺派と大谷派の布教展開を数量的に比較することによって、浄土真宗の台湾布教全体にしめる大谷派の相対的な規模を明確にするためである。

まず、表1と図1によると、大谷派の寺院の存在が『統計書』という公的資料の中にはじめて記載されるのは、一九二一（大正一〇）年のことである。これは、本願寺派・曹洞宗・真言宗・浄土宗など、日清戦争や台湾派遣の軍隊に従軍した僧侶に台湾布教の淵源をもち、植民地統治開始当初より布教を開始していた宗派の中では比較的おそい。(17) 以後、一九二二（大正一一）年に一箇所、一九三七（昭和一二）年に二箇所、そして一九三八（昭和一三）年に一箇所とあわせて五箇所の寺院を有していたことがわかる。なお、『台湾寺院名簿』(18) および『真宗大谷派寺院教会名簿』(19) によると、敗戦までに大谷派が台湾に設立した寺院として、台北別院・蘭陽寺（宜蘭）・高雄別院（顕徳寺）・金瓜石寺・本観寺（台中）の五箇寺が確認でき、統計と合致する。

一方、図2によると、大谷派が植民地統治開始当初、積極的に説教所を設立していった様子がうかがえる。しかし、一九〇三（明治三六）年に急激にその数を減少させ、一九〇八（明治四一）年時点では三

表1　1898（明治31）年～1942（昭和17）年、大谷派所属寺院･教務所･説教所数の変遷

	寺院	設立地	教務所	説教所	設立地	住職	布教師
1898（明治31）年	-		8	22	不詳	-	11
1899（明治32）年	-		3	16	不詳	-	11
1900（明治33）年	-		1	15	不詳	-	9
1901（明治34）年	-		4	17	不詳	-	26註2
1902（明治35）年	-		1	15	不詳	-	22註2
1903（明治36）年	0		0	6	不詳	0	5
1904（明治37）年	0		0	5	不詳	0	4
1905（明治38）年	0		0	5	不詳	0	6
1906（明治39）年	0		0	4	不詳	0	4
1907（明治40）年	0		0	4	不詳	0	5
1908（明治41）年	0		0	3	北、宜、南各1	0	5
1909（明治42）年	0		0	3	北、宜、南各1	0	5
1910（明治43）年	0		0	3	北、宜、南各1	0	5
1911（明治44）年	0		0	3	北、宜、南各1	0	5
1912（明治45）年	0		0	3	北、宜、南各1	0	5
1913（大正2）年	0		0	3	北、宜、南各1	0	5
1914（大正3）年	0		0	3	北、宜、南各1	0	3
1915（大正4）年	0		0	3	北、宜、南各1	0	5
1916（大正5）年	0		0	3	北、宜、南各1	0	4
1917（大正6）年	0		0	3	北、宜、南各1	0	4
1918（大正7）年	0		0	3	北、宜、南各1	0	3
1919（大正８）年	0		0	3	北、宜、南各1	0	4
1920（大正9）年	0		0	3	北、宜、南各1	0	4
1921（大正10）年	1	北1	0	2	宜、南各1	3	2
1922（大正11）年	2	北、宜各1	0	1	南1	5	1
1923（大正12）年	2	北、宜各1	0	1	南1	6	1
1924（大正13）年	2	北、宜各1	0	2	中、南各1	6	2
1925（大正14）年	2	北、宜各1	0	2	中、南各1	5	2
1926（大正15）年	2	北、宜各1	0	4	竹、中、南、高各1	6	4
1927（昭和2）年	2	北、宜各1	0	5	竹、中、南各1、高2	6	6
1928（昭和3）年	2	北、宜各1	0	5	竹、中、南各１、高2	7	5
1929（昭和4）年	2	北、宜各1	0	6	北、竹、中、南各1、高2	8	5

1930(昭和5)年	2	北、宜各1	0	6	北、竹、中、南各1、高2	8	5
1931(昭和6)年	2	北、宜各1	0	7	北、竹、中各1、南、高各2	9	6
1932(昭和7)年	2	北、宜各1	0	7	北、竹、中各1、南、高各2	10	6
1933(昭和8)年	2	北、宜各1	0	8	竹、中各1、北、南、高各2	10	8
1934(昭和9)年	2	北、宜各1	0	8	竹、中各1、北、南、高各2	10	8
1935(昭和10)年	2	北、宜各1	0	8	竹、中各1、北、南、高各2	12	8
1936(昭和11)年	2	北、宜各1	0	9	中1、北、竹、南、高各2	12	9
1937(昭和12)年	4	北、宜、金、高各1	0	10	高1、北、竹、南各2、中3	11	12
1938(昭和13)年	5	北、宜、金、中、高各1	0	9	高1、北、竹、中、南各2	13	11
1939(昭和14)年	5	北、宜、金、中、高各1	0	11	高、花各1、北、竹、南各2、中3	12	13
1940(昭和15)年	5	北、宜、金、中、高各1	0	12	高、花各1、北、南各2、竹、中各3	14	12
1941(昭和16)年	5	北、宜、金、中、高各1	0	12	高、花各1、北、南各2、竹、中各3	28	12
1942(昭和17)年	5	北、宜、金、中、高各1	0	13	高、花各1、北、南各2、竹3、中4	80	16

出所：各年度『台湾総督府統計書』（台湾総督府官房調査課）などをもとに筆者作成。

註1)『台湾総督府統計書』については、「第一統計書」〈1897（明治30）年分〉より「第四十六統計書」〈1942（昭和17）年分〉までが現存している（国立中央図書館台湾分館〔2013年より国立台湾図書館〕蔵）。但し、「第一統計書」には寺院・説教所関連の統計がないため、「第二統計書」以下により本表を作成した。

註2) 1901（明治34）～1902（明治35）年の統計において、大谷派と本願寺派はまとめて「真宗」と表記されている。

註3) 設立地欄の地名は以下の通り。北：台北、宜：宜蘭、金：金瓜石、竹：新竹、中：台中、南：台南、高：高雄、花：花蓮。なお、これら設立地の推定については、『統計書』記載の地域ごとの設立数統計のみでは、明確にならない部分もあるので、『台湾寺院名簿』（真宗大谷派組織部提供）を参考にした。

表２　1898（明治31）年～1942（昭和17）年、大谷派および本願寺派所属信者数の変遷

	大谷派信者数					本願寺派信者数				
	内地人	朝鮮人	本島人	外国人	合計	内地人	朝鮮人	本島人	外国人	合計
1898（明治31）年	579	-	11,768	-	12,347	1,780	－	8,260	－	10,040
1899（明治32）年	758	-	7,029	-	7,787	2,848	－	7,569	－	10,417
1900（明治33）年	1,546	-	7,707	-	9,253	2,096	－	9,544	－	11,640
1901（明治34）年	6,194	-	45,424	-	51,618	6,194	－	45,424	－	[*2]51,618
1902（明治35）年	6,231	-	39,776	-	46,007	6,231	－	39,776	－	[*2]46,007
1903（明治36）年	1,426	-	3,577	-	5,003	2,485	－	16,899	－	19,384
1904（明治37）年	838	-	500	-	1,338	4,779	－	8,996	－	13,775
1905（明治38）年	525	-	500	-	1,025	4,235	－	791	－	5,026
1906（明治39）年	651	-	504	-	1,155	5,784	－	1,008	－	6,792
1907（明治40）年	624	-	504	-	1,128	7,283	－	993	－	8,276
1908（明治41）年	624	-	504	-	1,128	8,048	－	631	－	8,679
1909（明治42）年	988	-	504	-	1,492	8,298	－	1,092	－	9,390
1910（明治43）年	1,313	-	525	-	1,838	7,783	－	1,168	－	8,951
1911（明治44）年	1,942	-	483	-	2,425	10,270	－	2,039	－	12,309
1912（明治45）年	2,325	-	596	-	2,921	12,999	－	2,241	－	15,240
1913（大正2）年	2,090	-	623	-	2,713	14,238	－	2,143	－	16,381
1914（大正3）年	1,643	-	613	-	2,256	15,682	－	2,072	－	17,754
1915（大正4）年	1,053	-	603	-	1,656	17,050	－	4,001	－	21,051
1916（大正5）年	2,615	-	50	1	2,666	22,112	－	1,615	0	23,727
1917（大正6）年	2,778	-	200	1	2,979	17,616	－	884	1	18,501
1918（大正7）年	2,940	-	200	0	3,140	16,760	－	749	0	17,509
1919（大正8）年	4,655	-	200	0	4,855	19,557	－	1,497	0	21,054
1920（大正9）年	5,340	-	359	0	5,699	12,179	－	1,683	0	13,862
1921（大正10）年	2,770	-	85	0	2,855	12,159	－	1,631	0	13,790
1922（大正11）年	2,758	-	57	0	2,815	10,934	－	2,922	0	13,856
1923（大正12）年	5,208	-	362	0	5,570	28,585	－	4,292	0	32,877
寺院	2,390	-	300	0	2,690	16,248	－	1,857	0	18,105
説教所	2,818	-	62	0	2,880	12,337	－	2,435	0	14,772
1924（大正13）年	6,924	-	417	0	7,341	25,174	－	6,032	0	31,206
寺院	2,990	-	350	0	3,340	11,661	－	1,395	0	13,056
説教所	3,934	-	67	0	4,001	13,513	－	4,637	0	18,150
1925（大正14）年	6,338	-	367	0	6,705	24,149	－	5,424	0	29,573
寺院	3,000	-	300	0	3,300	10,870	－	1,840	0	12,710
説教所	3,338	-	67	0	3,405	13,279	－	3,584	0	16,863
1926（大正15）年	6,727	-	324	0	7,051	26,457	－	6,154	0	32,611

寺院	2,431	-	252	0	2,683	11,822	–	1,847	0	13,669
説教所	4,296	-	72	0	4,368	14,635	–	4,307	0	18,942
1927(昭和2)年	8,724	-	370	0	9,094	28,958	–	3,440	0	32,398
寺院	3,940	-	303	0	4,243	16,080	–	2,417	0	18,497
説教所	4,784	-	67	0	4,851	12,878	–	1,023	0	13,901
1928(昭和3)年	9,354	-	380	0	9,734	28,651	–	4,468	0	33,119
寺院	3,938	-	303	0	4,241	15,695	–	3,337	0	19,032
説教所	5,416	-	77	0	5,493	12,956	–	1,131	0	14,087
1929(昭和4)年	10,303	-	414	0	10,717	31,491	–	4,757	0	36,248
寺院	4,226	-	328	0	4,554	16,640	–	3,523	0	20,163
説教所	6,077	-	86	0	6,163	14,851	–	1,234	0	16,085
1930(昭和5)年	12,034	-	429	0	12,463	33,016	–	6,599	0	39,615
寺院	4,322	-	353	0	4,675	18,128	–	4,926	0	23,054
説教所	7,712	-	76	0	7,788	14,888	–	1,673	0	16,561
1931(昭和6)年	12,776	-	430	0	13,206	31,243	–	3,963	0	35,206
寺院	4,324	-	354	0	4,678	16,277	–	2,270	0	18,547
説教所	8,452	-	76	0	8,528	14,966	–	1,693	0	16,659
1932(昭和7)年	13,534	2	433	0	13,969	33,973		4,876	0	38,849
寺院	4,329	0	354	0	4,683	18,366	–	3,081	0	21,447
説教所	9,205	2	79	0	9,286	15,607	–	1,795	0	17,402
1933(昭和8)年	14,371	2	445	0	14,818	33,916	–	5,498	0	39,414
寺院	4,339	0	359	0	4,698	18,128	–	3,685	0	21,813
説教所	10,032	2	86	0	10,120	15,788	–	1,813	0	17,601
1934(昭和9)年	15,882	0	444	0	16,326	34,250	–	5,676	6	39,932
寺院	5,840	0	350	0	6,190	15,043	–	3,443	0	18,486
説教所	10,042	0	94	0	10,136	19,207	–	2,233	6	21,446
1935(昭和10)年	16,069	1	244	0	16,314	26,690	–	5,341	8	32,039
寺院	5,996	0	145	0	6,141	15,980	–	3,554	0	19,534
説教所	10,073	1	99	0	10,173	10,710	–	1,787	8	12,505
1936(昭和11)年	14,181	0	446	0	14,627	36,927	2	4,178	8	41,115
寺院	5,900	0	115	0	6,015	24,997	0	3,126	0	28,123
説教所	8,281	0	331	0	8,612	11,930	2	1,052	8	12,992
1937(昭和12)年	20,545	1	16,306	0	36,852	42,912	32	4,346	0	47,290
寺院	10,529	1	14,668	0	25,198	30,705	0	3,458	0	34,163
説教所	10,016	0	1,638	0	11,654	12,207	32	888	0	13,127
1938(昭和13)年	18,459	1	15,967	0	34,427	40,775	0	5,096	0	45,871
寺院	11,950	1	15,023	0	26,974	30,675	0	3,636	0	34,311
説教所	6,509	0	944	0	7,453	10,100	0	1,460	0	11,560
1939(昭和14)年	19,353		1,779	0	21,132	42,250	0	8,100	6	50,356

寺院	11,939	0	337	0	12,276	31,042	0	3,539	0	34,581
説教所	7,414	0	1,442	0	8,856	11,208	0	4,561	6	15,775
1940(昭和15)年	19,482	0	2,170	1	21,653	46,335	0	9,500	0	55,835
寺院	11,487	0	539	0	12,026	35,973	0	5,493	0	41,466
説教所	7,995	0	1,631	1	9,627	10,362	0	4,007	0	14,369
1941(昭和16)年	18,151	12	3,543	0	21,706	32,574	54	10,514	20	43,162
寺院	9,487	0	369	0	9,856	21,204	22	5,184	0	26,410
説教所	8,664	12	3,174	0	11,850	11,370	32	5,330	20	16,752
1942(昭和17)年	22,843	0	4,627	21	27,491	44,099	30	10,025	0	54,154
寺院	7,253	0	679	21	7,953	23,705	0	5,976	0	29,681
説教所	15,590	0	3,948	0	19,538	20,394	30	4,049	0	24,473

出所:各年度『台湾総督府統計書』(台湾総督府官房調査課)などをもとに筆者作成。

註1)『台湾総督府統計書』については、「第一統計書」〈1897(明治30)年分〉より「第四六統計書」〈1942(昭和17)年分〉までが現存している(国立中央図書館台湾分館蔵)。但し、「第一統計書」には寺院·説教所関連の統計がないため、「第二統計書」以下により本表を作成した。

註2)1901(明治34)~1902(明治35)年の統計において、大谷派と本願寺派はまとめて「真宗」と表記されている。

註3)1923(大正12)~1942(昭和17)年の「寺院」「説教所」項目の数字は、それぞれに所属する信者数の内訳を示す。

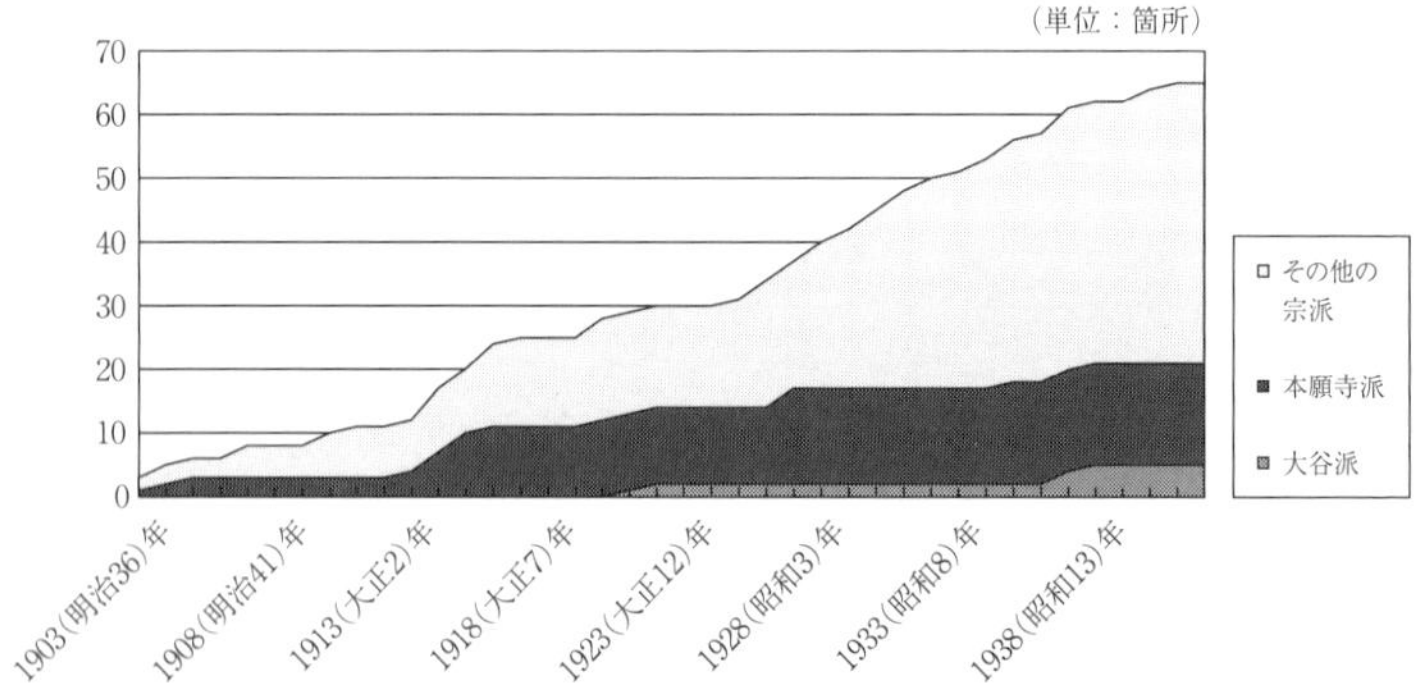

図1　寺院数の変遷(大谷派、本願寺派、その他の宗派)

出所:各年度『台湾総督府統計書』(台湾総督府官房調査課)

註)1901(明治34)~1902(明治35)年の統計において、大谷派と本願寺派はまとめて「真宗」と表記されている。当時、大谷派が建立した寺院はなかったと推測される。

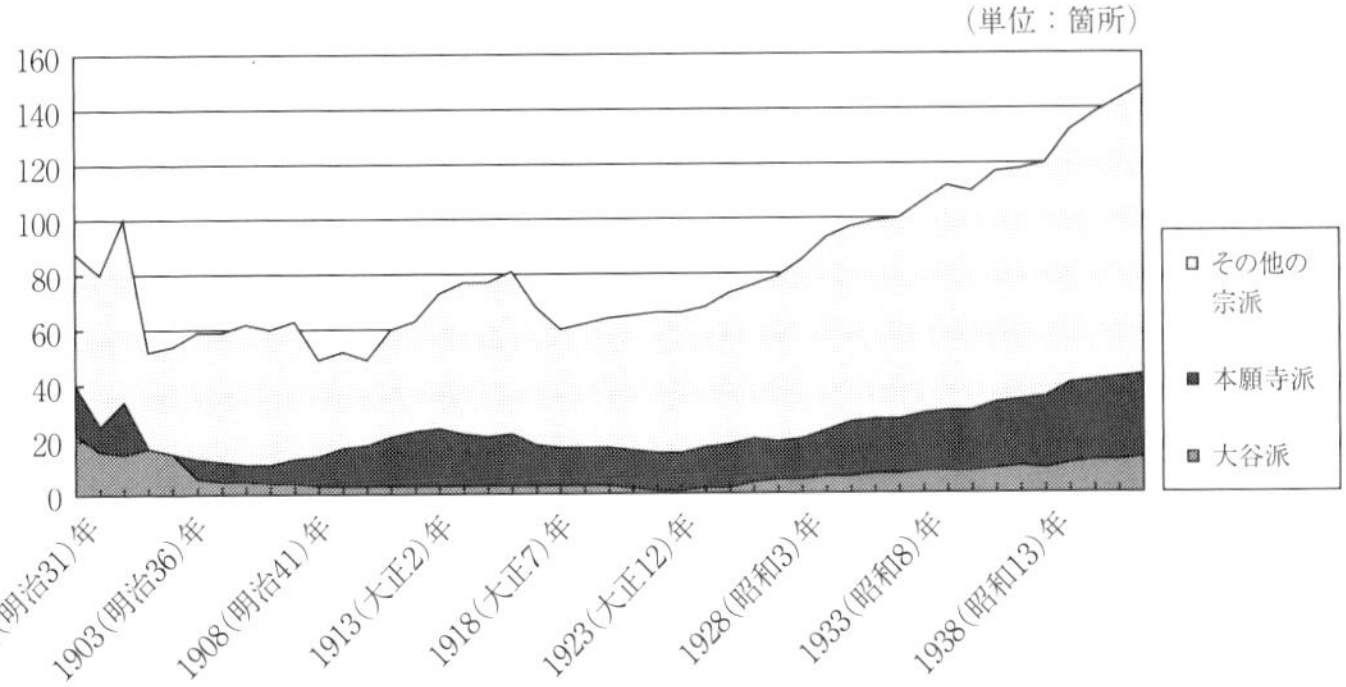

図2　説教所数の変遷（大谷派、本願寺派、その他の宗派）

出所：各年度『台湾総督府統計書』（台湾総督府官房調査課）
註）1901（明治34）～1902（明治35）年の統計において、大谷派と本願寺派はまとめて「真宗」と表記されているため、ここでは大谷派の所属としてまとめた。

箇所のみとなってしまった。

このように、寺院建立において他宗派におくれ、大正末期まで説教所数もあまり増加しなかった大谷派であるが（図2）、『台湾寺院名簿』および表1を参考にすると、大正末から昭和初期にかけて、まず桃園・台中、そして基隆・高雄・屏東に説教所（布教所）を設けるなど、徐々に拡がりをみせる。そして、一九三五（昭和一〇）年以降敗戦までの一〇年間、台湾全島に展開する。表1によると、一九三五（昭和一〇）年には二箇所の寺院と八箇所の説教所をもつのみであったが、一九四二（昭和一七）年時点では、五箇所の寺院と一三箇所の説教所が存在していたことがわかる。さらに、前掲の『真宗大谷派寺院教会名簿』によれば、一九四五（昭和二〇）年時点での大谷派の寺院・説教所（布教所）の総数は二五箇所となっており、この十年間の増加数は一五箇所に及び、大谷派が敗戦までに設立した寺院と布教所全体の約六〇％がこの時期に設立されたことがわかる。加えて『台湾寺院名簿』をみると、とくに台中港付近に、大甲・清水・沙山・梧棲など次々と説教所を展開していった。しかし、確かに数量的な増加はあるものの、本願寺など他宗派と比較すると、大谷派所属の寺院や説教所の数は、依然としてそれほど多くないことがわかる（図1・図2）。

また、図3は、一八九八（明治三一）年から一九四三（昭和一八）年までの大谷派寺院・説教所（布教所）の台湾島内での設立状況を示した地図である。[20] 大正末期まで、あまり教線が拡大しなかった様子はここから明らかである。また、一九三五（昭和一〇）年以降に台中の海岸沿いに設立した布教所以外は、ほとんどが日本人の多く住む都市部に設立されており、本島人居住地域に大きく展開していたとみなすことは難しい。

3　信者数の変遷

図4〜6は、『統計書』をもとに、全宗派および大谷派と本願寺派の信者総数・内地人信者数・本島人信者数の変遷をグラフ化したものである。[21] また、図7と図8は、信者の内訳（内地人・本島人・朝鮮人・外国人）を『統計書』にもとづき示したものである。

信者の獲得は寺院経営において不可欠である。なぜなら信者数の多寡は、寺院や説教所建設の際の寄附金額などへと直結するものであり、また寺院経営の成否のかぎを握るものといえる。大谷派はどの程度の信者を獲得しえたのであろうか。

まず図4をみると、植民地統治開始当初の一八九八（明治三一）年から一九〇〇（明治三三）年にかけて、日本仏教勢力が獲得した信者全体に占める大谷派信者の割合は高かったが、その後減少してい

真宗大谷派による台湾布教の変遷

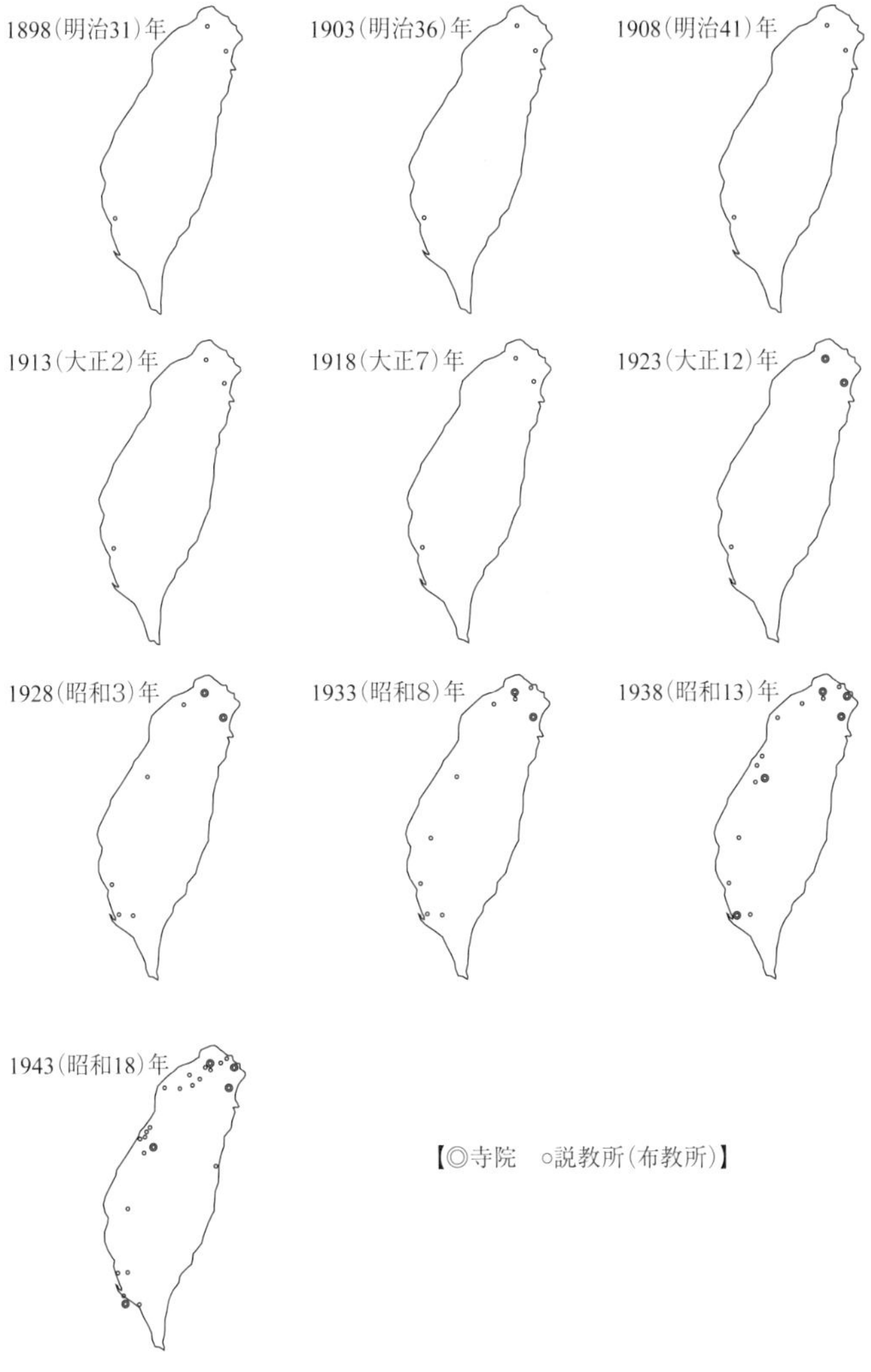

図３ 1898(明治31)年～1943(昭和18)年の大谷派寺院･説教所(布教所)の所在地の変遷
出所：各年度『台湾総督府統計書』(台湾総督府官房調査課)をもとに筆者作成。

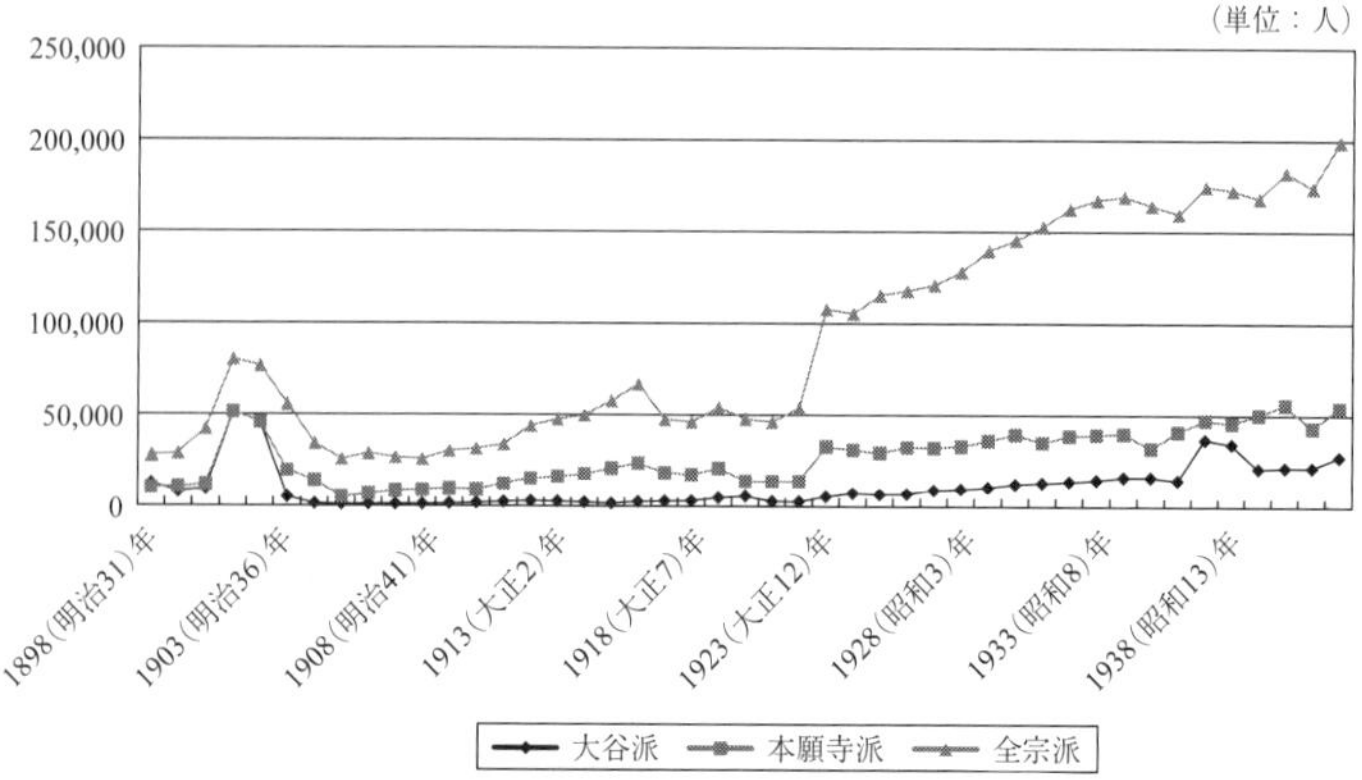

図４　信者総数の変遷（大谷派、本願寺派、全宗派）

出所：各年度『台湾総督府統計書』（台湾総督府官房調査課）
註）1901（明治34）～1902（明治35）年の統計において、大谷派と本願寺派はまとめて「真宗」と表記されている。そのため、大谷派・本願寺派ともに「真宗」の数量で図示している。

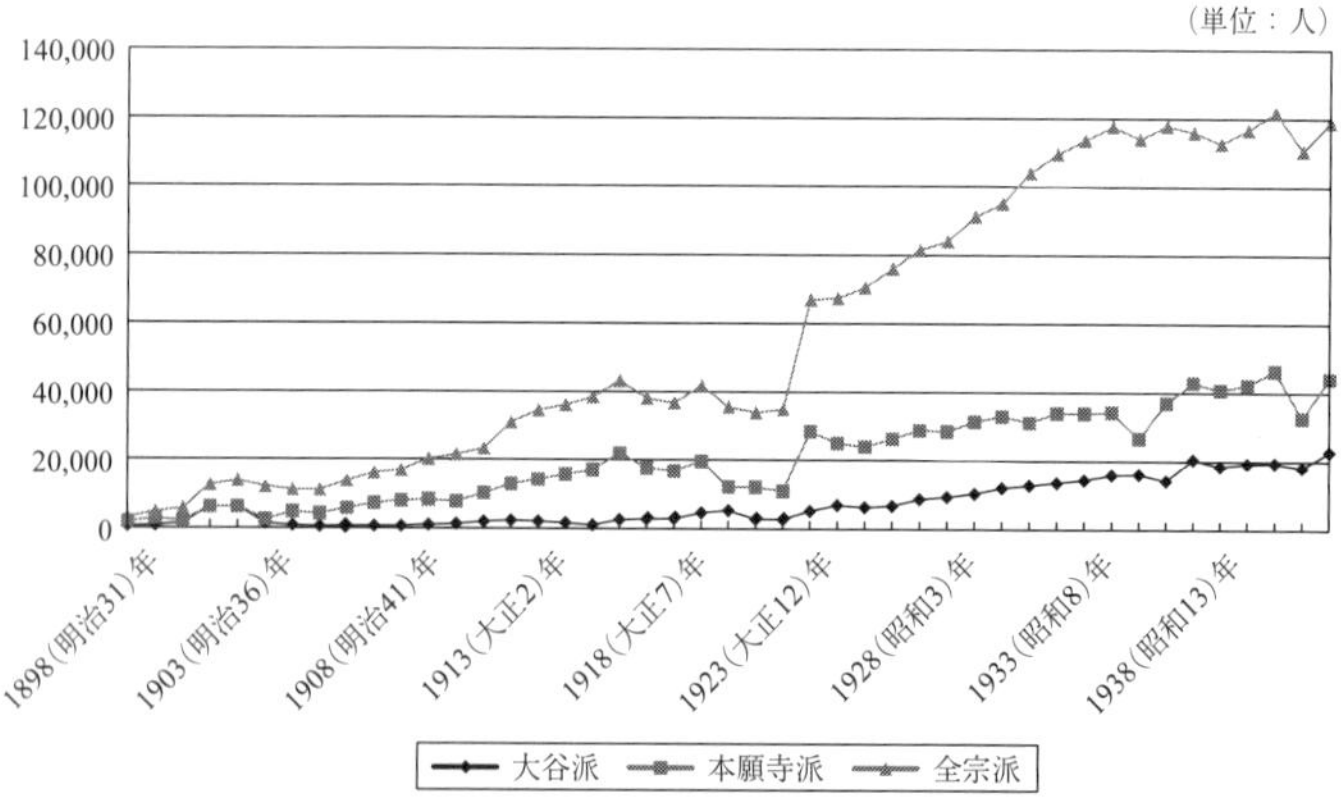

図５　内地人信者数の変遷（大谷派、本願寺派、全宗派）

出所：各年度『台湾総督府統計書』（台湾総督府官房調査課）
註）1901（明治34）～1902（明治35）年の統計において、大谷派と本願寺派はまとめて「真宗」と表記されている。

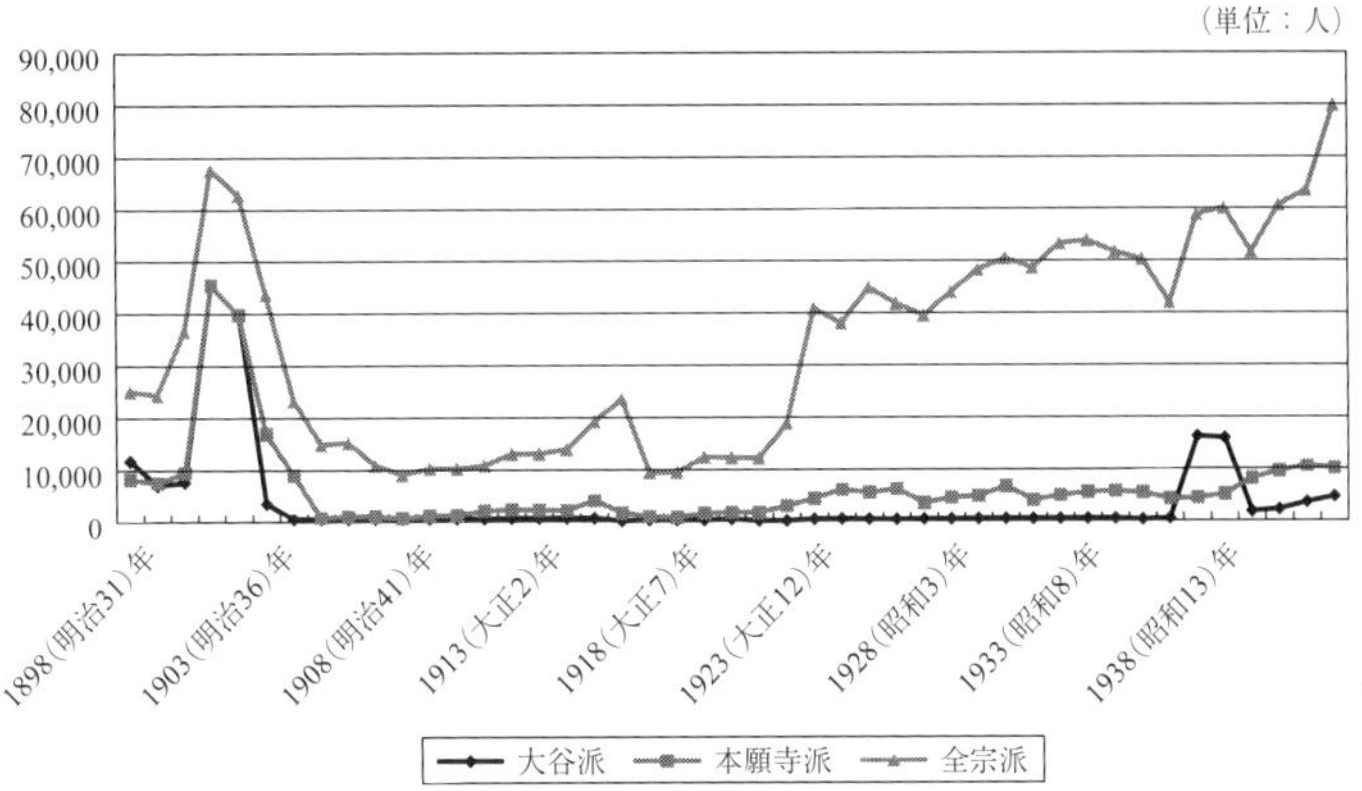

図６　本島信者総数の変遷（大谷派、本願寺派、全宗派）

出所：各年度『台湾総督府統計書』（台湾総督府官房調査課）

註）1901（明治34）〜1902（明治35）年の統計において、大谷派と本願寺派はまとめて「真宗」と表記されている。そのため、大谷派・本願寺派ともに「真宗」の数量で図示している。

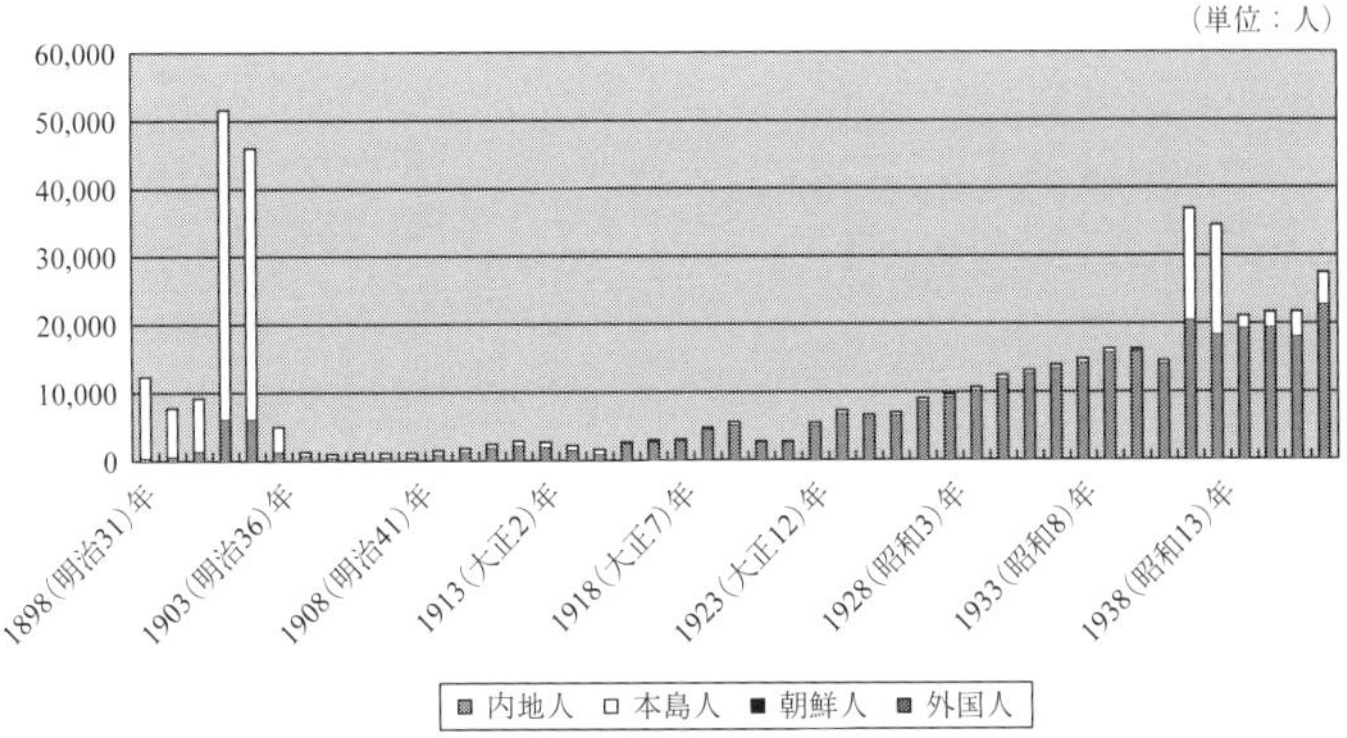

図７　大谷派信者数の変遷（内地人、本島人、朝鮮人、外国人別の割合）

出所：各年度『台湾総督府統計書』（台湾総督府官房調査課）

註）1901（明治34）〜1902（明治35）年の統計において、大谷派と本願寺派はまとめて「真宗」と表記されているが、ここではそのまま大谷派の信者数として計上する。

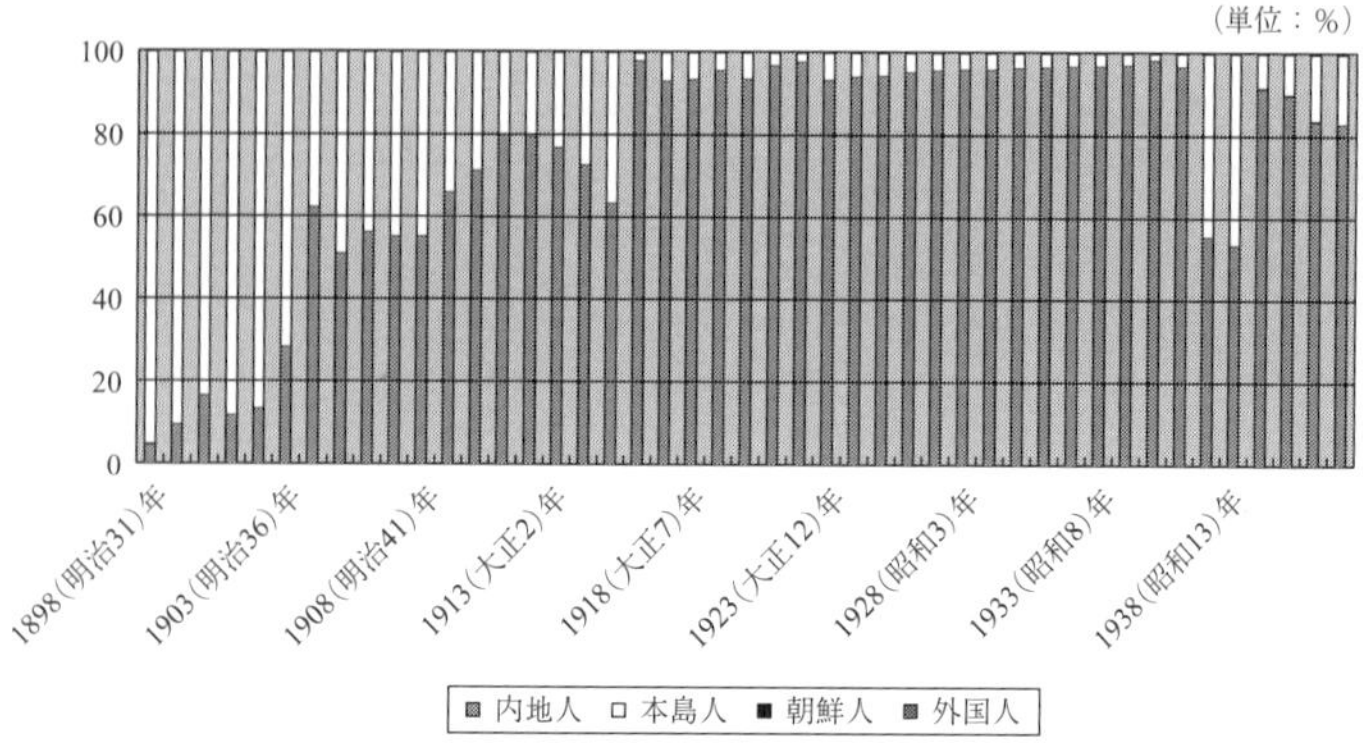

図８　内地人、本島人、朝鮮人、外国人別、大谷派信者割合の変遷

出所：各年度『台湾総督府統計書』（台湾総督府官房調査課）

註2）1901（明治34）～1902（明治35）年の統計において、大谷派と本願寺派はまとめて「真宗」と表記されているが、ここではそのまま大谷派の信者数として計上する。

ることがわかる。[22]

また、表2および図7・図8をみると、一九一六（大正五）年以降、信者の中心が内地人に転換されていったことがわかる。一九〇三（明治三六）年までは、内地人信者よりも本島人信者の方が多く、本島人信者が全体のおよそ七〇～九〇%を占めていた。その後、一九〇四（明治三七）年になると、内地人信者数が本島人信者数を上回るが、一九一五（大正四）年までは、全信者数に占める本島人信者数の割合は、およそ二〇%弱から五〇%弱の間で推移していた。しかし、一九一六（大正五）年に、一・九%と本島人信者は激減し、その後、一九三七（昭和一二）年まで一〇%を超えることはなかった。[23]一九三七（昭和一二）年、一九三八（昭和一三）年は、本島人の占める割合がそれぞれ四四・二%、四六・四%と急増するが、一九三九（昭和一四）年には八・四%となり、以降は再び二〇%以下となっていた。

一方で、大谷派の信者数は増加していった。

一九二〇（大正九）年には、わずか五年間で一九一五（大正四）年の三・四倍に増加した[24]。

このような信者数の拡大状況を意味しているのだろうか、『台湾全台寺院斎堂名跡宝鑑[25]』には、「大正九年に至り土地の峡隘《ママ》を痛感し現地を購入し、本堂を移築」とある。一九二一（大正一〇）〜一九二二（大正一一）年は、寺院所属の信者数が『統計書』に記載されておらず不明のため、その前後の人数との単純な比較はできない。しかし、一時的な減少はあるものの増加傾向にあることは図5と図7をみてもわかる。

新本堂建立後の一九二九（昭和四）年には信者数は、植民地統治開始当初を除き、はじめて一万人を突破し、一九三七（昭和一二）年以降は内地人信者のみで、二万人前後と、内地人信者数では日本仏教各宗派のうち、浄土真宗本願寺派に次ぐ地位を占めることとなった（図5）。

これら信者に関する統計の分析から、大谷派の信者獲得の動きを以下のようにまとめることは可能であろう。植民地統治開始当初において、大谷派は多くの本島人信者を獲得することができた。しかし、それら本島人は大谷派の信者として定着することはなく、一九〇四（明治三七）年、信者総数に占める本島人の割合は減少に転じた。一九一六（大正五）年、獲得すべき信者の中心が内地人に転換され、大正期には内地人を中心とする布教態勢が定着し、信者が増加していった。皇民化運動が本格化した一九三七（昭和一二）年、一九三八（昭和一三）年には、信者全体における本島人の占める割合が半数に迫る勢いで一時的に急増するが（図6・図7）、すぐにまた内地人中心の信者構成に戻っていった（図7・図8）。

つまり、大谷派の台湾布教は、当初こそ本島人を対象としていたと考えられるが、その後は皇民化の一時期を除いて、本島人布教はほとんど行われず、内地人への布教に力を入れたと考えられる。そして最終的には、日本から渡台した各宗派の中で、本願寺派に次いで、内地人信者を獲得することに成功した宗派となったのである。

下記図9の六つの円グラフは、日本仏教各宗派が獲得した信者総数に占める大谷派および本願寺派の信者数の割合の変遷を示したものである。先にも若干触れたが、一八九八（明治三一）年の時点では、四〇％強を占めていた大谷派であるが、その後は一〇％以下となる。それに対し、本願寺派は常に二五％強を確保している。一九三八（昭和一三）年には再び一〇％を越えているが、そのまま台湾における日本の植民地統治は終焉を迎えることとなった。

以上、大谷派の台湾における「教線拡張」の概略をながめてきた。そこに現れた大谷派の姿は、他宗派に先駆けて次々と寺院や説教所を建立・設置し、信者を積極的に獲得するものではなかった。統計上に現れる公的に認められたとみなせる布教施設の設置については、限られた地域にとどまり、台湾全体への布教がはかられていたとは考えにくい。また、寺院建立に至っては本願寺派など他宗派に比べ後れをとることとなった。一方、信者獲得については、植民地統治開始当初は台湾本島人を主たるターゲットとして、積極的に台湾への布教を試み、一時的に一定の成果を得た大谷派であったが、それら本島人の信者は固定された大谷派の「信徒」として定着することはなく、大正期に至るまで、内地人と本島人ともに目にみえた信者数の増加はなく、次第にその布教の対象を内地人へと移動させていく。そして、大正末になってようやく内地人の信者を増加させることに成功したことがみてとれる。このように、少なくとも大正期に至るまで消極的な布教が続いた原因はどこにあるのだろうか。

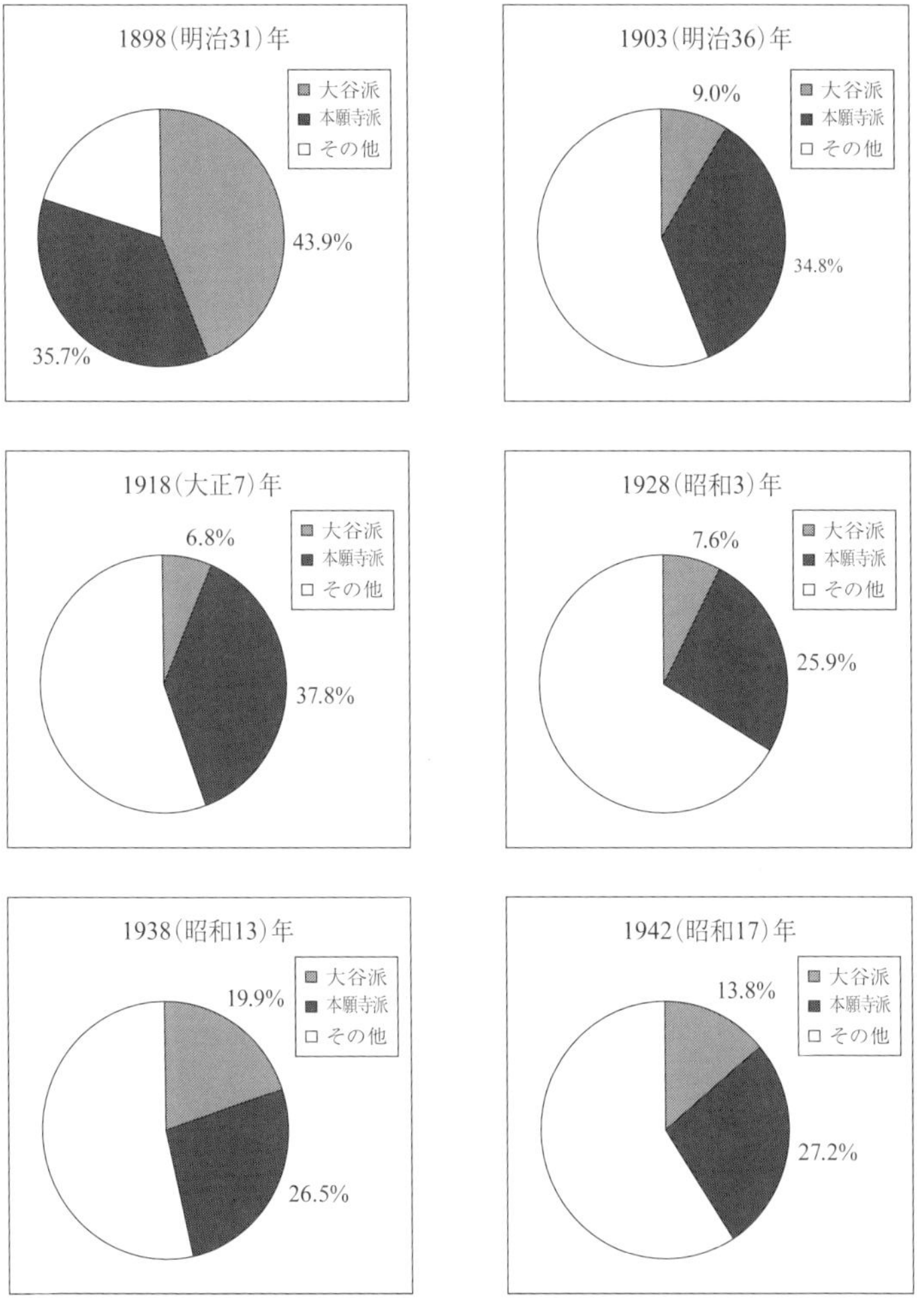

図9 日本仏教各宗派の信者総数に占める大谷派および本願寺派の信者数の割合の変遷
出所：各年度『台湾総督府統計書』(台湾総督府官房調査課)

次章では、植民地統治開始直後から大正期にかけての大谷派による台湾布教の変遷をたどりつつ、上記の問題点を検討したい。

三　植民地統治開始直後から台北別院成立にかけての大谷派台湾布教の変遷

1　出張布教から台北寺務出張所の設立まで

それでは、前掲写真1のような大伽藍を建立するに至った大谷派の台湾布教はどのようにはじまったのであろうか。真宗大谷派による台湾布教の沿革をまとめたのが文末に掲載した表3「真宗大谷派台湾布教関係年表（稿）」である[26]。

『台湾全台寺院斎堂名跡宝鑑』によると、「真宗大谷派本願寺台北別院」の創立沿革の欄に「明治二十八年四月大稲埕ニ布教所ヲ創設」とあり、創立年月日の欄にも「明治二十八年四月」とある。また、『台湾寺院名簿』中の、台北別院の沿革のところには、「明治二八年、従軍吏《ママ》□□□千秋街ノ民屋ニ本山寺務出張所ヲ設ケラルニ始マル」とある。

しかし、同年四月一七日に日清講和条約が成立、五月八日に批准書を交換し、はじめて台湾および澎湖列島が日本領になった。北白川宮率いる近衛師団が上陸をはじめるのは五月末であることを考えると、この時期に大谷派の布教所が台北に設立されていたとするのは少し無理があろう。実際この時期に従軍した特派布教使には、松江賢哲や伊藤大恵などがおり、それぞれ澎湖島に上陸していたことが、軍からの従軍に関する表彰などによってわかるが[27]、台北に寺務出張所を設立したわけではない。

このように、大谷派の台湾布教については、そもそもその嚆矢すらはっきり論じられていないのである。

そこで、多くの研究者から日本植民地期の台湾仏教史の基本的文献として引用されることの多い江木生の「仏教各宗の台湾伝来と変遷及現勢」[28]を引用してみよう。するとそこには、大谷派は「前述諸派よりやゝ遅れて明治三十年七月の伝来である、初代の従軍布教使として渡台された大山慶哉師が大稲埕千秋街（今の永楽町一丁目）に説教所を設置して布教を始め」たとしている。このほか『台北庁誌』[29]には、「真宗大谷派は、明治三十年八月始《ママ》めて大稲埕千秋街に開教」したとある。さらに一八九七（明治三〇）年七月二九日の『台湾新報』には、「東本願寺」（大谷派）が大稲埕千秋街に説教場を開設し、翌月から布教担任の大山慶哉が台湾在来の人々および内地人信者への定期説教を行う旨の記載がある。

一方、『教報』第一号中の「在台中各宗派の現況」に、「東本願寺　現今台湾開教費を募集中にて……（中略）……明年頃には台湾に布教師を派遣して到る所に別院を建設して大に教法を拡張するの計画なりと云ふ」[30]とあり、この時点でまだ在台布教使が派遣されていないことがわかる。また、一八九六（明治二九）年五月一〇日に設立した仏教会館の講師[31]（曹洞宗・浄土宗・真言宗・真宗本願寺派）や六月二一日に成立した台湾開教同盟の発起人[32]（浄土宗・真言宗・真宗本願寺派）に大谷派僧侶の名前はない。

さらに、同年一〇月一四日には、真言宗から台湾に派遣されていた小山祐全ほか、浄土宗・浄土真宗本願寺派・曹洞宗・日蓮宗の各派布教使から総督府に対して、「官有ニ属スル寺宮廟下賜ノ儀ニ付建議」がなされる。これは、官有となってその本来の用途として使われていない寺廟の下賜を受け、宗教施設として使用したいとの要求であるが、ここに大谷派布教使の名前はみられない[33]。来台宗派による重要な共同建議にひとり大谷派が加わらなかったことは考えにくく、一八九六（明治二九）年時点では大谷派の台北在勤布教使はまだいなかったとみなすべきであろう。

それでは、大谷派は台湾布教にあまり興味がなく、布教使を送る意思がなかったのであろうか。台湾領有決定直後の一八九五（明治二八）年五月一六日の門跡「御直命」に関する演説には、「遂ニ台湾澎湖島ヲ我日本ノ領地ト御定メニ相成リ……（中略）……コレ迄澎湖島ナトハ名タニモキカナンダ処ナレトモ……（中略）……布教ノ道ヲ御拡張アラセラレ子ハナラヌ[34]」とある。また、同年一一月二九日の演説には「台湾澎湖島ノスミスミマテモ時機相応ノ要法タル浄土真宗ハ是非トモ御弘通ナサレ子ハナラヌ[35]」とある。ここには、澎湖島の名前を聞いたことがないという、台湾・澎湖島に対する興味の低さを感じさせる言葉もあるが、基本的に台湾布教の必要性を大谷派が認識していたことは間違いない。

そしてここで『宗門開教年表[36]』および『本山事務報告』をみると、上記のひとつめの演説の翌日五月一七日に、元釜山別院輪番[37]であり、海外布教の経験がある太田祐慶が台湾島兼澎湖列島布教主任を命じられていることがわかる[38]。太田は、同二五日に朝鮮支那両国布教主任兼任となる[39]。太田の渡台は、門跡代理の慰問使として、特派布教使である佐々木円慰と本田良観をともない台湾に赴き、葬儀および追悼の法会を行うとともに遺体の火葬や埋葬を取り扱うことがその目的であった[40]。太田は一一月二日、佐々木は一九日に帰京していることからわかるように[41]、この時点ではまだ布教使が駐在する形での布教が開始されたわけではなく、あくまで一時的な出張滞在にすぎなかった。そのような状況においても、一八九六（明治二九）年八月一日に台湾在住の王志唐と紀晴波なる人物が、門徒に加入するため誓約書を携えて本山を訪問したことが『本山事務報告』に掲載されており[42]、布教の成果はある程度あがっていたようである。同年一一月一四日、大山慶哉と松江賢哲が台湾出張を命じられたが[43]、これも太田の時と同様に出張による視察・布教がその主要な目的であった。

そのような布教の進め方に、一八九七（明治三〇）年四月二七日、転機が訪れる。大山と松江は台湾出張を命じられ、そのままそれぞれ台北在勤、台南在勤となった[44]。ここに大谷派の布教使駐在による台湾布教がはじまることになる。そして六月二五日、台湾および澎湖列島全般の教学事務を所管するため、台北寺務出張所が設置された[45]。同日、初代寺務出張所長には東京寺務出張所長の和田円什が任命された[46]。八月三一日には台北説教場が設置され[47]、一〇月一日通達の「告達乙第四十号」には「教区及教務所位置」として「第二十五教区」は「台湾」と規定されている[48]。一二月一八日、台湾に布教掛をおくこととなり[49]、台湾寺務出張所職制を定めた[50]。このため大谷派の台湾布教についての基本的な枠組みは、一八九七（明治三〇）年末ごろにははっきりしてきたといえる。

つまり、植民地統治最初期においては、他宗派が日清戦争や台湾への派遣軍隊の従軍布教使をそのまま台湾布教にあてるなど、植民地統治開始直後から駐在布教を行ったのに対し、以前から中国や朝鮮半島など、海外布教に豊富な経験をもつ大谷派は当初海外布教の経験者を出張者として送るという方策をとったのである。このため駐在布教は、他宗派よりも若干おくれた形ではじまることになった。

2　末寺の獲得による教線の伸張

一八九六（明治二九）年、大山慶哉が台北出張を命じられたことはすでに述べた。しかし大山は、この時ただ視察のみをしていたわけではない。まだ正式な駐在がはじまっているわけでもないのに、台湾在来の寺廟を大谷派末寺として編入するよう積極的に動いている。

たとえば大山は、聖王廟・湄洲宮・普済寺・平和廟などから出された大谷派の管理に属する出願、台南の開隆宮・岳帝廟・城隍廟・嘉義の城隍廟・媽宮城の大媽祖宮などの住持から出された大谷派の末寺僧侶になるための出願書類を、日本へもちかえって本山に提出している[51]。また、上記の聖王廟・湄洲宮・普済寺・平和廟を大谷派の管理とする旨、嘉義県知事に届け出たのが大山であることも行政文書からわかる[52]。

そしてこのような末寺獲得の活動は、一八九八（明治三一）年五月一八日に「内訓第十八号　本島在来ノ廟宇ヲ内地寺院ノ末寺ニ編入禁止之件[53]」が発布され、総督府から禁止されるまで続けられる。もちろん、台湾在来の寺廟が日本仏教の教義や儀礼を十分に了解した上で末寺へ編入されたわけではないことは、この末寺禁止を行うにあたって総督府から出された内訓に下記のような見解が示されていることからも明らかである。

本島在来ノ廟宇ヲ以テ内地各寺ノ末寺ト為シタル旨報告スルモノ続々有之候処本島廟宇ノ多クハ賢君功臣等ヲ祀ルモノニ有之候然ルニ濫リニ寺院トナスカ如キハ謂レナキ処置タルノミナラス其末寺ト称スルモ単ニ某寺末寺トノ標札ヲ揚クルニ止リ其実従来ノ廟宇其他ニシテ寺院ノ体裁ヲ具ヘサ

ルモノ多キ趣キ右ハ畢竟布教ニ従事スル輩ノ或ル点ニ於ケル競争ヨリ生スルノ弊ニ之レアルベシト思料セラレ旁不都合ニ付追而何分ノ法制定セラル丶迄右等廟宇ヲ以テ末寺トスル儀ハ御差止メ相成可然哉内訓案ヲ具シ仰高裁候

現存の『台湾総督府公文類纂』から判明する日本仏教による台湾在来寺廟の末寺編入例は全体で四七件あり、そのうち大谷派のものは一八件を占める[54]。大山が台湾各地の在来の寺廟に働きかけて末寺としていったのにはいくつかの理由があったと考えられる。それは、末寺となった寺廟の大谷派の活用方法から推し量ることができる。

大山の報告によると、一八九七（明治三〇）年八月の台北説教場開設以来、大谷派に加わる門徒は一五四〇余戸、信者数はおよそ八〇〇〇人に達していた[55]。帰属証を附与し末寺に加わったことを県知事へ通牒したものは一四個所の寺に及び、鄞山寺・大衆廟・賜福宮・湧蓮寺・三山国王廟・宝蔵巌・祖師廟・景福宮・仁海宮・五穀廟・甘泉寺などでは各担当弁務署の認可を受けて月一回程度の派出説教の会場としていた。つまり、寺廟の土地や建物を利用するだけではなく、その在来の寺廟を信仰する本島人に説教をする場としてそれら「末寺」は最適の場を提供しえたのであろう。

このような形で大山は末寺を通じて大谷派の勢力拡大につとめた。その成果のひとつとして、四月一〇日、大山は慧燈大師四百回忌の法要に台湾末寺惣代開隆宮住持林静濤および門徒一一名を引率して基隆を出発、一五日に本山を拝礼した。本山見学では、大山が「支那語」で説明するとの記事もあり、ある程度までの布教は現地の言葉で行いえたこともわかる[56]。

3 台北寺務出張所長が果たした役割

先に台北寺務出張所長に任命されていた和田円什であるが、一八九八(明治三一)年一月一一日、布教使本多文雄・布教掛加藤広海・布教掛広岡荷織とともに出発し、一八日台北に到着した[57]。任命から渡台までの間に半年ほどの時間があったが、ここにようやく大谷派の台湾布教を統括する地位にある人物が現地に駐留することになったのである。

和田寺務所長の到着後、一月二五日から二八日にかけて台北説教場で報恩講が営まれた。本島人の参加もあり、寄附を行ったものが一〇〇名におよぶなど、盛況に終わった様子が報告されている[58]。

そして、和田は大山をともない、二月四日から新竹・台中・嘉義・台南・鳳山・澎湖島などへの視察を行った[59]。他宗派の例では、かかる布教責任者の視察が台湾布教に対する方策の提案へとつながることがあるが、大谷派の場合はどうであったのだろうか。和田の視察の後、その報告を受ける形で、今後の布教上の注意点や方策が『常葉』に掲載された[60]。

まず、ひとつめは、布教使はいくら言葉や論理が優れていても、年少だと台湾の人々はなかなか従わない、ということを指摘する。そのため、布教使には中年以上の人物を用いた方がよいとした。ふたつめには、布教のためには現地語の習熟は不可欠であるが、それは現地で学ぶべきという意見を提示した[61]。このほか、政治家は宗教と提携するべき、台湾全島の普通教育を宗教家に一任するべき、宗教家に医師を兼ねさせるべきといった意見も提起された[62]。しかし、これらの意見がどのくらい本山にすくいあげられたのであろうか。上記意見にもとづいた事業が実施された形跡はなく、この段階では、大谷派に

表4　1898（明治31）年前半期における大谷派台湾布教実況一覧

名称	録事	布教使	布教掛	番僧	総数
台湾寺務出張所	2	-	4	-	6
台北説教場	-	1	1	1	3
台南説教場	-	1	1	-	2
安平説教場	-	-	1	-	1
新竹説教場	-	-	1	-	1
鳳山説教場	-	-	1	-	1
宜蘭説教場	-	-	1	-	1
阿公店説教場	-	-	1	1	2
彰化説教場	-	-	1	-	1
嘉義説教場	-	-	1	-	1
清国厦門説教場	-	-	1	-	1
合計	2	2	14	2	20

＊大谷瑩誠一行は含まない。
出所:「台湾布教実況一覧」『宗報』1、1898年10月23日、10-12頁）に基づいて筆者作成。

は浄土宗などにみられた布教策策定の過程における「下から上へ」といった動きはとくにみられない。

和田は視察の後、三月一日に帰国する[63]。そのためまたすぐに現地の責任者が不在という状況が生まれるが、和田とともに来台した本多・加藤・広岡は、二月一七日付でそれぞれ台南・台北・鳳山の説教場在勤を命じられ[64]、各地に分散しつつ台湾に残ることとなり、駐在布教が各地方へと広がっていったことがわかる[65]。そのうち、広岡は五月一五日に鳳山布教場に語学学校を開校している。さらに、本多をはじめ台湾へ渡航した布教使たちが、宗門の機関誌である『常葉』へ台湾での視察や経験を投稿[66]しており、多くの台湾に関わる記事が掲載されることとなった。また、『常葉』には、このほか嘉義において現地の宗教施設を利用して、自ら通訳なしで毎月二回の説教を行う木全義順の紹介など、台湾各地での布教活動の様子も伝えられている[67]。

このような台湾寺務出張所を中核とした台湾における大谷派の布教体制は、一八九八（明治三一）年前半に一応の全島的組織として構築されることになった。上記表4によれば、清国厦門説教場を含めれば、寺務出張所一、説教場一〇、僧侶の総数は二〇人という全体構成であったことがわかる。決して台北だけでなく、全台湾的に布教にともなう事業が展開されつつあった様子もわかる。他方、この時期までに大谷派に帰属しているとみなされていた台湾在来の寺院は四〇箇所を数え、一八九七（明治三〇年）末と比較すると、一五箇所も増えている[68]。

つまり、これまで教勢拡大の指標となっていた末寺編入が総督府によって禁止される一方、日本から派遣されてきた布教使たちが、台湾各地での布教を拡充していこうとする動きが展開していったといえよう。そして表3のように、台北の寺務出張所を中核とした説教場が、比較的バランスよく全台湾を網羅する形で分布することとなった。このような事務体系がある程度有効に機能していたともいえよう。また、表中には「清国厦門説教場」が入っているが、次節でも述べるように大谷派にとっては、植民地統治開始当初より台湾と南清とは連関させて捉えられるべきものであり〔佐藤　一九六三〕、実際、布教使の配置換えなどで台湾と南清とを行き来するといったケースも多く、この点は他宗派と比較した場合、大谷派の特徴のひとつといえる。

4　台湾布教から台湾・南清布教という新たな可能性への模索

台湾寺務出張所を中心として構築された全島的な布教体制は、和田が離任し、一八九九（明治三二）年一月六日に石川馨が台湾寺務出張所長となった後[69]も引き続き強化されていく。台湾現地の言語を操る能力をもち、従来から台湾布教に大きな役割を果たしていた大山は、二六日、台湾寺務出張所勤務となり[70]、名実ともに大谷派台湾布教の中心人物の一人となる。

また、新たな布教使も次々と渡台してきた。『宗報』によれば、一八九九（明治三二）年に、木本香林（台湾寺務出張所）・永田純雄（台湾寺務出張所）・山内等（台湾開教用掛）・石森教一（台湾布教掛）・富田存証（台湾布教掛）・小笠原大賢（台湾布教掛）・葦名慶一郎（台湾開教用掛）・小谷台潤（台湾開教用掛）・寺島一之（台湾布教掛）・吉崎霊淳（台湾布教掛）・岡本幸雄（台湾布教掛）・信国堅城（台湾開教用掛）・橘亨（台湾開教用掛）・市村堅正（台湾開教用掛）・大城義譲（台湾布教掛）などが任命されている。

このように多くの布教使が台湾へ渡ることになる一方で、日本から着任したばかりの布教使の中には、台北の説教場に対して「其不整備なるは驚くの外なし[71]」、「本願寺の威厳を保ち得るの範囲に於て、適宜なる外観を有するの必要あり[72]」と、その施設の不十分さに不満を示す場合もあった。

台北説教場は台湾布教全体の中心となるべき場所であり、岡本覚亮を中心に新築計画が進められた。一八九九（明治三二）年九月八日、台北城内府前街二丁目二七番戸に布教処設置の認可を受け[73]、同月一七日に内地式の仮本堂を具えた台北説教場が落成、遷仏法要を行った[74]。

全島的な布教体制、多くの人材、そして新しい内地式の仮本堂を具えた大谷派の台湾布教に、さらなる転機が訪れる。一九〇〇（明治三三）年四月五日、大谷瑩誠（能浄院連枝）が台湾兼清国両広主教[75]を命ぜられ、台湾の布教の最高ポストにつくことになったのである。大谷派本山がいかに台湾布教を重要視していたかをとらえることのできる人的配置であった。予算的にも一九〇〇（明治三三）年度の台湾布教費は約九四五二円であり、韓国布教費約六六五七円より多く、清国布教費約一万九八五円に迫る勢いで、教団内での重視ぶりがうかがえる[76]。

一九〇〇（明治三三）年五月一九日、下記の「台湾及清国福建両広布教事務規則」が発布され、六月一日から新規則を施行、従来の台湾寺務出張所は五月三一日をもって廃止されることになった[77]。台湾布教は大谷派の全面的な支援を受けてさらに飛躍する様相を呈していった。

告達第十一号

台湾及清国福建両広布教事務規則左ノ通之ヲ定ム

第一条　台湾及清国福建両広布教事務ヲ処理スル為メ監督及監理ヲ置ク

監督ハ親授トス主教ヲ輔佐シ布教ノ事務ヲ監督ス

監理ハ稟授トス監督ノ指揮ヲ承ケ布教事務ヲ整理ス

第二条　台湾北部同南部福建両広ニ監理各一人ヲ置ク其駐留地及所轄区域左ノ如シ

但シ監理欠員ノ場合ニ於テハ其職務ハ監督臨時之ヲ兼摂ス

台湾北部監理　台北駐留

台北県一円　台中県ノ一部

宜蘭庁一円　台東庁一円

台湾南部監理　台南駐留

台南県一円　台中県ノ一部

澎湖島庁一円

福建監理　厦門駐留

清国福建省一円

両広監理　　　　　　　　　　　広東駐留
　清国広東省一円　　　　　　　同広西省一円
第三条　監理ハ監督ノ指揮ニ依リ毎年一回以上其所轄区域内ヲ巡視シ布教ノ弛張ヲ監査シ意見アルトキハ監督ヲ経テ主教若ハ布教局長ニ提出スヘシ
第四条　監理ハ毎年二回　一月七月　其所轄区域内布教ノ実況ヲ具シ監督ヲ経テ主教及ヒ布教局長へ報告スヘシ
第五条　監理ハ監督ノ指揮ニ依リ毎年一回主教駐留地ニ会シ事務ノ打合セヲナシ及ヒ翌年度布教費ノ予算案ヲ調製シ主教ノ認定ヲ経テ監督ヨリ布教局長ニ提出スヘシ
　附則
本規則ハ明治三十三年六月一日ヨリ施行ス

この規則改正にもとづき、六月二日付でこれまで台湾寺務所長であった石川馨が台湾及清国両広布教監督となった[78]。また、大山慶哉が台湾南部布教監理となり台南説教場在勤、台北布教場在勤の布教使佐野即悟が台湾北部布教監理となり台北説教場在勤となった[79]。

このような新体制への移行期に台湾及清国福建両広主教の大谷瑩誠は五月一六日から六月六日にかけて台湾全島を巡教視察した。その目的は「台湾開教の必要は今更喋々するを要せざることにはあれども台湾に開教せんには何れの地を以て開教の根本地と定むべきやは当地開教に就ての第一の問題なり過る年以来仮りに本拠を台北と定めありしも余り好き効果もなかりければ今度は台湾全島を巡視し適当の地を見出さばや(80)」というもので、振るわぬ教勢を打破するため、新たな布教の根拠地を探し出すために行われた視察であったことがわかる。移動に困難を極めながらも無事視察を終え、主教を台北から彰化に移すこととなる。しかし、大谷瑩誠はそれからわずか半年、一二月七日で同職を離れることとなる。

はたして、この規則改正がもたらしたものは何だったのであろうか。それは、一九〇一（明治三四）年六月一〇日に台中から泉州に移った彰化学堂を例に出すまでもなく、かつての台湾寺務出張所が、厦門をその管轄に含みながらも、あくまで日本の植民地である台湾を主たる対象としていたのに対し、「台湾及清国福建両広布教事務規則」は、布教権問題［佐藤　一九六四］においても全く情況を異にする台湾と南清（福建・両広）をその主要な対象としていたということである。先にも述べたが、このような布教区分ははたしていかなる考え方にもとづき、決められたのであろうか。他宗派と同様に実際台湾や南清で布教活動を行った僧侶たちの具申であったのであろうか。和田らの視察との関係性を考えると、可能性は高くないことはわかるが、その解明には、大谷派が中国布教と台湾布教とをどのように位置づけていたのかという検討が必要であり、今後の課題といえる。

5　地方政庁による布教使への批評と評価

大谷瑩誠の辞任後、台湾における大谷派の布教活動はどのように変容していくのであろうか。しかしながら、当該時期に関し、『宗報』など大谷派宗門の史料の中の台湾布教に関する記事は少なく、それらのみを使用して布教の実態を把握することは困難である。そこで宗門外の史料に大谷派の台湾布教に関わる記載の有無を求めることになる。そうすると、後述するように限定的な史料ではあるが、『台湾総督府公文類纂』には、一九〇一（明治三四）年から一九〇三（明治三六）年にかけて各地方長官から総督府にあてて提出された各地の宗教調査報告書があり、ここからその間の大谷派の布教状況を推察することは可能であろう。

これらの宗教調査報告書は、「明治三十二年訓令第二百二十号第十項」によって各地方長官に義務づけられている宗教に関する事項調査が滞りがちなため、一九〇〇（明治三三）年一一月二七日付「民県第一一八八号」で、改めてとくに「布教師ノ増減」、「布教師ノ氏名及其性行」、「各布教ノ状況」などを当分の間毎月末に報告するよう民政長官より各地方長官へ通達したものの回答として送られてきたものである。[81]その後、一九〇一（明治三四）年には年に三回の報告となり、一九〇七（明治四〇）年には二回、一九〇九（明治四二）年には年一回、そして一九一二（明治四五）年には「年報行政事務及管内概況」中に報告をする形になり廃止されている。[82]

布教使の名前や所属宗派などに多くの誤りがあるなど、当時の地方官庁による宗教調査の正確性にはやや疑問が残る。[83]しかし、宗門関係の史料が少ないこの時期の台湾に派遣されていた日本仏教各宗派の僧侶たちの活動を記しており、その記述を手がかりに宗門の史料と対照させながら、当時の布教使たちがどのような状況にあったのかについてうかがい知ることができる。また、植民地統治機関が布教使たちを、日本仏教の布教活動を、どのように評価していたかについて、把握することが可能な興味深い史料といえる。[84]以下、台北・彰化・台南・宜蘭など、報告書が送られてきたそれぞれの地域ごとの教線変遷を追っていくこととしたい。

台北については、一九〇〇（明治三三）年一一月時の台北在勤の大谷派布教使[85]として、佐野即悟・大山慶哉・菅沼覚円の名前があげられ、彼らが説教場を景尾・新店・台北などに設け、毎月定日説教を行っていたことが記されている。しかし大山は、前記したように宗門の史料によると、六月に台湾南部布教監理となり台南説教場在勤を命じられている。在勤を解かれるのが一二月であることを考えると、一一月時点では台南在勤のはずであり、事実関係にズレがみられる。その後の報告によると、一九〇一（明治三四）年八月時の在勤布教使としては、佐野即悟・加藤広海・立石等があげられており、当時内地人信者五〇〇人、本島人信者五九一三人を獲得していたとある。また一二月の報告では、布教使は佐野即悟ほか二名と報告されている。台北では、規模は必ずしも大きくないが、一定の布教活動が継続的に行われていたことがわかる。

一方で、台北の周辺地区では、布教が順調に進まない様子が記されている。一九〇一（明治三四）年一二月までの調査によると、当時の深坑の布教使は加藤広海であり、加藤が台北から深坑へ派遣されていたことがわかる。景尾に一〇名、新店に五三名の信者がおり、毎月一日と一五日に説教を行っていた。しかし、一九〇二（明治三五）年四月には、前期と比べて衰え不振となっている状況が報告されている。そして一九〇三（明治三六）年四月には、地方政庁に報告しないまま布教を休止し、八月にはついに加藤が布教中止を届け、布教活動は終了することとなった。

大谷瑩誠の視察によって布教の根拠地と位置づけられた彰化については、一九〇〇（明治三三）年一一月時の報告で、「同宗ニ於テハ当所ヲ根拠トシ漸次全島へ布教スルヲ目的トシ[86]」と大谷派が彰化を布教の根拠地と位置づけている旨が記してあり、これは大谷瑩誠の視察の結果と合致する。しかし、報告書には大谷瑩誠についいては特記されておらず、駐在布教使である千田静諦の布教活動を報告しているのみである。報告では、千田が毎月本島人男性・本島人女性・内地人にそれぞれ二回ずつ、合計六回の説教を行っており、聴衆は毎回四〇名を下回らないとその盛況ぶりが伝えられる。また、彰化以外についても、大肚・員林・北斗・鹿港・白沙坑などへ出張布教を行い、信者約三〇〇〇名を得ていることなど、その成果が強調されている。さらに、彰化学堂における本島人子弟教育や窮民への施薬など、全般的に真摯な宗教的態度や社会貢献など多方面にわたる布教活動が行われていたことが示される。

台湾中央部の埔里については、一九〇〇（明治三三）年一一月時の布教使として村井義明があげられている。「志行堅固」のため、内地人と本島人双方からの信仰を集めている旨記されている。また、埔里には漢族以外にオーストロネシア系の先住民族も居住しており、それら先住民族の言葉も今後布教を実施するために学習中とある。このように順調にみえた埔里の布教状況であったが、一九〇一（明治三四）年八月の報告では村井義明が台南へ転任したため、様子が一変したことが記されている。新任の市村堅正が酒楼に出入りしていることを取り上げた上で、同人の品行がよくなく、布教においても不勉強であるため、説教場に信者はいないと報告する。同年一二月や一九〇二（明治三五）年四月の報告でも、市村の不道徳な行いを特記し、布教に不熱心なので、一人も信者がいないと厳しく批判されている。

同様に南部の中心都市である台南においても、一九〇〇（明治三三）年一一月時点の報告で安平の宮尾瑧秀と台南の石森教一に対し、厳しい評価が加えられている。そもそも台南地区の大谷派布教は、一八九七（明治三〇）年六月に台南・鳳山・安平、一〇月に嘉義、一八九八（明治三一）年一〇月に恒春に説教場を設けたところからはじまり、大谷学校を設置するなど、はじめはおおいに拡張し、一時多数の信者を得たが、その後布教従事者の交代が頻繁であったため、現地の人々の信用を得ることができず、恒春以外は信者がほとんど皆無となっていると記されている。とくに宮尾は、酒色にふけるとの風評があり、非難を受け信者を失ったとされている。一方、石森については、布教使として適当の人物と認め難いと評され、恒春の立石はやや熱心だが、その風采や態度は宗教家として人を帰服させるものではないと報告されている。その後、大山慶哉が台北から入り、主任として建て直しを試みている様子が記され、一二月の報告では、引き続き大山が大谷学校を再興して、内地人には漢学を、そして本島人には国語を教授するなどして、教勢を挽回しようとしているとの記述がある。しかし、その後、一九〇一（明治三四）年八月の時点では、大谷派の勢力はほとんど絶滅に瀕しているとされ、村井義明がきてその衰勢を挽回しようとしているとの報告があるが、やはり一二月の報告では振るわないとされている。

東海岸の宜蘭については、一九〇〇（明治三三）年一一月時点の布教使としては、木本昇があげられている。月一回の法話会を実施しているものの、本人は現地語ができないため、本山送付の書籍（漢文）を通じて布教している様子が記されている。一九〇一（明治三四）年一二月の報告では官側への届出なしに布教使が姿を消したとあるが、その後の一九〇三（明治三六）年四月の報告では、毎月七回の出張説教が行われている様子や信者は内地人のみ一四〇人いること、布教に熱心ではないので他宗派との競争もおこらないことなどが記されている。八月末までの報告では、本島人信者は僧侶をいやしむ傾向あり、それが布教上の障害となっていることが指摘されている。信徒は内地人のみの一二〇人と、変わらず内地人中心の布教であることがわかる。

そのほかの地域としては、一九〇一（明治三四）年八月時点の新化の布教使である加来亨は、品行方正であり、熱心に布教に従事しているので、すこぶる好評とある。また、一九〇一（明治三四）年一二月時点の嘉義の布教使である信国堅城は、「温厚篤実」、「素行端正」と評され、前任者は素行が修まらず負債を残して台湾を去ったため体面が傷ついていたが、徐々に回復していると高い評価を受けている。内地人へは毎月一四日と二七日に、本島人へは旧暦毎月一日と一五日に説教していたと記されている。しかし、新化・嘉義ともに、この後顕著な布教の進展を示す報告はない。一九〇二（明治三五）年一二月の報告では、鳳山の真宗大谷派説教所について、鳳山市街中和街において布教使信国堅城により開設されたものであるが、すでに布教使は居住しておらず、有名無実の存在で、信者も皆無と、その衰退の様子が記されている。

一度、各地に広がった大谷派の教線であるが、台北の以外の地域は布教使の個人的能力や資質に依拠して個々に布教を行っている状況が続いていたことがわかる。たしかに本山送付の漢訳布教用書籍などはあるものの、あまり組織的な活動はみられず、赴任地の移動や布教使自身の性格、素行上の問題により、布教が順調に進まない、信者を獲得できない、といった状態へと変化していった様子がわかる。そして、「品行不良」な布教使に対する地方政庁の評価はかなり厳しいものであった。

6　蘭陽寺と台北別院の成立

〔蘭陽寺〕

前節で述べたように、一九〇二（明治三五）年以降、一度台湾にひろがった大谷派の教線は縮小していった。そして、明治末から大正初にかけては、わずかに台北と宜蘭と台南などに布教活動が残るのみとなっていった。

そのうち、宜蘭で新しい動きがでてくるのは大正年間に入ってからである。[87] 一九一九（大正八）年七月二三日付けで、「総代」の佐藤徳治と二宮卯一、布教使の加藤広海から「寄附金募集許可願」が宜蘭庁に提出される。[88] 用途は一九〇一（明治三四）年に設置された布教所を寺院とするための費用の募集であり、募集金額は一〇五〇〇円、うち七五一八・六六円はすでに信者から集められているというものであった。宜蘭庁からも「建立ノ意思鞏固ナルハ勿論庁下官民共ニ年来希望セシ所ナリシカ四囲ノ事情ニ依リ今日迄其ノ機会ヲ得サリシ」が、一九一七（大正六）年以降、官民信者で十分に考えて請願となった旨、と了解されている。また、寺号については、一九一九（大正八）年九月一〇日に蘭陽寺と公称することになった。[89] つまり宜蘭は、大谷派の台湾布教の中で一番早く寺号の公称がかなった地域といえる。

以前、ほとんど布教ができなかった状態を大きく変化させ、寺号公称に結実させることができた原因のひとつは、布教の対象を内地人に据えた点にあると考えられる。

〔台北別院〕

上述したように大谷派が台湾に設立した説教所（布教所）の中ではじめて寺院への昇格を果たしたのは、宜蘭の蘭陽寺であった。それに続いて寺院昇格への動きがみられたのは、台北であった。

まず一九二一（大正一〇）年四月二五日付で、大谷派本山から寺号を大谷派本願寺台北別院と改称し、別院の管理責任者である輪番を長等珠琴とすることの承認を受け、その上で「寺院建立許可願」を台湾総督に出している。[90] 理由としては「暫時信徒数増加セル為メニ今般新ニ寺院ヲ建立スル」[91] という点があげられている。その上で一九二一（大正一〇）年五月七日付で、寺院建立が許可されることになった。宗門としては、すでに三月二〇日に台北布教所を台北別院に昇格させ、三山元樹を初代輪番としていた。長等珠琴を輪番者とする承認との間で矛盾があると捉えられるかも知れないが、三山は任命後すぐに台湾に行ったのではなく、台湾へと出発したのは総督府への寺院建立許可願が提出される前日五月六日であった。

その後、一九二六（大正一五）年九月に輪番に就任した芳原政信により、一九二八（昭和三）年一一月新本堂が落成するが、二年後の一九三〇（昭和五）年一二月に火災により焼失する。しかし、その後も再度伽藍の整備は進み、翌年四月に輪番に就任した木下万渓により、一九三二（昭和七）年に庫裡が建てられ、一九三五（昭和一〇）年七月に上棟式を行い、一九三六（昭和一一）年一一月に入仏遷座式を行ったのが、前掲写真一の当時「純印度式」と呼ばれた本堂であった。[92] その建物の概要は以下の通りである。[93]

［大谷派台北別院本堂概要］

（1）所在：台北市寿町二丁目

（2）様式：中古印度教式
　耐震・耐火・耐風・蟻害防止の鉄骨・鉄筋・混凝土造

（3）1階：二七三・二坪、車寄、広間、大・小会議室、納骨堂、貴賓室、同食堂、配膳室、応接室、和室三、事務室、便所、物置等

（4）2階：二四五・八坪、本堂内部は純然たる日本仏教寺院風、外陣の一部を畳敷とし、大部分は椅子席（椅子四〇〇脚）

（5）工事：起工一九三四（昭和九）年九月、竣工一九三六（昭和一一）年一〇月三一日、工費二七五〇〇〇円（東京松井組、実費精算式）
（6）御下賜樹：参道両側に久邇宮・伏見宮両殿下御下賜樹
（7）信者、職員：信者一一〇〇戸
職員　輪番、補番各1名、在勤一〇名、駐在一名、会計一名

おわりに

本稿では、大谷派の台湾布教の変遷について、とくに植民地統治開始直後から大正期、具体的には布教の中核を担う根拠地として設置された台北別院の成立までを中心に考察を進めてきた。

まず、寺院や説教所の設立数や信者数の変遷について数量的分析を行った。そこから、大谷派の台湾布教が、当初は本島人布教を中心に据えたものであったが、大正期以降、布教の対象を内地人へと変容させていったことが明らかになった。また、大谷派は本願寺派と比べると、明治末から大正期にかけては教線をあまり拡大することができなかったといえる。大正末から昭和初期にかけて、徐々に信者数が増加し教線も拡大していくが、その変化は布教の対象を内地人へと向けたことと呼応していた。大谷派や本願寺派が、植民地や外国へ移住した日本人を中心に布教を進めていくというこのような動きは、中国や朝鮮においても類似した傾向がみられる。海外布教が「開教」ではなく、日本人移民を檀越としてあてにする「追教」(94)と呼ばれるゆえんはここにあるが、同様の現象が台湾でも発生していたのである。

その一方で、設立された寺院数・説教所数・信者数などは小規模であり、また、他宗派に比べてとくに積極的な布教を展開したとはいえない。

次に、台北別院成立までの時期を中心とする大谷派の台湾布教の歴史的展開を追ってきたが、そこには大谷派台湾布教の特徴を示すさまざまな事象が浮かびあがってきた。それらの特徴に従って、大谷派の台湾布教をおおまかに以下の五つの時期に区分することは可能であろう。

第一期は、出張布教による台湾布教のはじまりから台湾寺務出張所の成立に至るまでの準備期、第二期は、台湾寺務出張所を中核とし、台湾各地に説教場を設置して台湾の全島的な布教体制を整えていった確立期、第三期は、「台湾及清国福建両広布教事務規則」にもとづき、台湾布教と南清布教をあわせた新布教区を作り出そうとする展開期、第四期は、新布教区体制での布教活動が順調に進まず、設立布教所数や獲得清信者数も停滞する縮小期、そして、第五期は、布教対象としての内地人を重視することにより、布教基盤の再構築を行った再生期である。

多くの宗派にとっては、海外布教の最初の経験が台湾であるのに対し、大谷派はこれまで中国や朝鮮で得た経験を台湾にも投入することができた。最初の派遣者を元釜山別院輪番の太田祐慶にしたことは、十分に検討を加えた結果であろう。しかし、多くの宗派が従軍布教に引き続く形で台湾への布教を展開するのに対し、そのようないわば「慎重な」態度は結果として、着手におくれをとり、教線の拡大という意味合いからは、デメリットとして働くこととなった。

そして、他宗派におくれながらも駐在布教を導入、台湾寺務出張所を設置し、布教使を派遣して全台湾に布教を展開していく際に、大谷派が重視したのは、台湾の人々への布教と教化であった。そして、そのための方策として取りあげられたのが、布教と教化を実践する場所を確保するという意味での末寺の獲得であった。それはとりもなおさず、おくれた布教への取り組みを挽回することへとつながる方途となりうるものであった。

ところが、一定の成果を収めた末寺獲得を総督府は禁止し、大谷派は新たな形で全台湾への布教をめざさねばならなくなる。もちろん、この段階ではあくまで布教の主たる対象は台湾在来の本島人であった。そこで台北の寺務出張所を中核とし、日本から派遣された布教使を台湾各地に派遣して拠点を作りつつ布教地域を拡大していくこととなった。

そのようにいまだ台湾島内の布教体制が完全に確立したわけではない中、本山から布教の新たな展開への方向性が示される。それは大谷瑩誠の台湾兼清国福建両広主教就任としての渡台というものであった。福建・両広地域への布教と台湾布教を一体化し、清国布教と台湾布教を連関させる新たな枠組みを生み出す可能性をもった試みであったともいえる。しかし、当初の企図とは異なり、布教管理・指揮系統は十分に機能せず、個人的資質に頼る台湾各地での布教はうまく進まなかった。そして、台湾における教線は縮小していった。

しかし、今度はその縮小が功を奏すこととなる。大正期に入ると、大谷派は布教対象を内地人にしぼり、檀越としていくが、その過程で競争すべき他宗派が少ない地域や内地人が多い都市部を布教の拠点とする。そして、信者の金銭面でのバックアップを受けつつ、まずは一九一九（大正八）年に宜蘭で蘭陽寺を成立させ、そして一九二一（大正一〇）年には台北別院を成立させる。そしてそれら寺院を根拠地に、次の教線の拡大をめざしていくという再生過程が構築されてくるのである。そして、その再生過程の結実として台北別院に建立されたのが、一九二八（昭和三）年一一月に落成した本堂である。

ところが、ようやく完成した本堂は、一九三〇（昭和五）年、建立からわずか二年で火災により焼け落ち、再び新本堂を建築しなければならなくなった。新本堂は一九三六（昭和一一）年に入仏式を行うが、使用しはじめて一〇年足らずで敗戦を迎え、中華民国政府に接収され警備総司令部保安処として使用されることとなった。結果としてこの本堂は保安処として使われていた時期の方が、寺院として使用されていた時期よりも長い。そして台湾の人々は、この保安処となった建物を戦後も「東本願寺」と呼び続けることとなった[95]。このような事実に直面した時、われわれは、大谷派台北別院の建物が戦前・戦後を通じ存在し続け、そこにこめられる意味やイメージは次々と変容・再生していっていることに気づかされることとなる。かかる状況下においては、大谷派の台湾布教が他地域の布教に比べて小規模であるか否か、大谷派の海外布教として代表性があるかどうかなどは、あまり問題にならない。小さくても大きくても、代表性があってもなくても、真宗大谷派台北別院の建物の姿そのものが、台湾の人々が出会う唯一の大谷派であり、真宗であり、そして「日本」仏教ということになるのである。

冒頭で述べたように、大谷派は中国と朝鮮へ他宗派に先駆けて布教を展開したことで知られる宗派である。そのため、大谷派による中国や朝鮮への布教は、植民地統治機構による皇民化や宗教統制に対する協力、仏教の戦争責任と結びつけられ論じられてきた。しかしながら、それに対して、実際の大谷派の台湾への植民地布教への取り組みは、はなはだ消極的であったといわざるを得ない。はたして大谷派の存在は、どのように歴史的に台湾の中に組み込まれているのか。その解明を通じてこそ、植民地における仏教の果たした役割と責任の一端を究明していくことにつながるのではなかろうか。

もちろん、そのためには大谷派の戦前の歴史的展開をより詳細に考察する必要があり、特に台北別院建立後の展開に関する検討が不可欠であるが、その点については、稿を改めて論じることとしたい。

注

（1）昭和一〇（一九三五）年代に台湾で推進された政策のこと。とくに日本語の使用を中心とした普通教育の徹底、改姓名の実施、神社への参拝などを通じて、台湾の人々に対する日本への同化をより強化しようとした。台湾における国家神道について研究を進めている蔡錦堂は、「昭和十年代の天皇を頂点とする国民精神涵養強化のいわゆる『皇民化』時期の、国民精神改造と大きく関わる国家神道の強調、在来宗教の統制という宗教政策問題についての研究が、その時期の統治政策である皇民化政策の全般解明に不可欠であることを忘れてはならない」［蔡一九九四：五］とし、植民地神道史研究の立場から、皇民化と植民地における宗教政策との緊密性について強調している。一方、仏教の戦争責任について研究を進める菱木政晴は、「教団は、その本義である親鸞の仏教などはもともと伝えはしなかったが、皇民化政策の遂行や、植民地および占領地域での現地支配層とのパイプ役・宣撫工作などでは、多大の貢献をなした」［菱木　一九九八：一三二］と、仏教勢力もかかる宗教政策と密接な連携をとっていたと述べる。たしかに国家神道の分析は皇民化政策の解明には不可欠である。しかし、仏教については、菱木が論じるようにたとえ日本仏教勢力が皇民化政策に協力や貢献をしていたとしても、そのような動きが統治政策と直接結びついていたのか否かについては、さらなる検討が必要な問題であろう。

（2）松金［二〇〇三］において、曹洞宗の教育事業経費の変遷について検討した時期は一九一六年から一九二八年までであったが、その範囲を一九一五年から一九三七年に拡大した上で加筆と訂正を加え、中国語に翻訳した論稿が松金［二〇〇四］である。

（3）筆者は、『アジア・アフリカ言語文化研究』第七一号（二〇〇六）において、本稿を最初に発表したが、それまで大谷派の台湾布教に関する詳細な考察はほとんどなかった。近年、浄土真宗全体に関し、中西直樹［中西二〇一六］、柴田幹夫［柴田　二〇一四、柴田編　二〇一〇、二〇一二、二〇一八］ら、によって精力的に研究が進められており、また新野和暢による論考［新野　二〇一八］もあり、当時と比べると明らかになったところもあるが、大谷派の台湾布教についての研究にはさらに検討を要する点も多い。また、筆者は、松金［二〇〇六］

において、戦後中華民国政府に接収され、保安処として使用されることになった真宗大谷派台北別院について論じた。そこでは、真宗大谷派台北別院の土地売却の是非をめぐって繰り広げられた政府・中国仏教会などの間での争議の中で、戦前の台湾における日本仏教がどのように描かれ、中華民国当局や中国仏教会による日本仏教理解がどのようなものであるかを考察した。その目的は、「日本仏教」なるイメージの戦前と戦後の連続性と非連続性を論じ、大谷派の存在はどのように歴史的に台湾の中に組み込まれているのかという点を明らかにするところにあった。以上の点を含め、二〇一四年までの植民地台湾における日本仏教の布教に関する研究の概要について筆者がまとめたものとして、松金［二〇一四］がある。

（4）小島は、主に浄土真宗本願寺派に関して検討を加えている。

（5）菱木政晴は、仏教の戦争責任という視点から教団による戦争協力と海外布教との関係を批判的に論じている。大谷派に関する主な研究として、菱木［一九九三、一九九八］などがある。

（6）藤井健志は、東アジアにおける布教の研究の中で、中国と朝鮮半島を対象地域とするものは多く、中国東北部や台湾を対象地域とする研究は少ないと述べている［藤井　二〇〇〇：五〇］。なお、東アジアへの布教史研究を概観したものとして、藤井［一九九九］がある。

台湾と関わる大谷派の布教に関する研究としては、佐藤三郎が厦門事件を論じるにあたり、「台湾を確保するためには福建省に対する特別に強固な立場を保持する必要のあることが痛感されていた」［佐藤　一九六三：二三二］と当時の台湾と福建との関係に触れ、厦門布教所の焼失問題を論じているが、ここでもとくに台湾における大谷派の布教が述べられているわけではない。

（7）木場明志は、専門的な研究論文のほか宗門の機関誌である『真宗』に海外布教研究のこれまでの流れや問題点などを記しており、この論稿は『宗門近代史の検証』に再録されている［木場　二〇〇三］。また、台湾布教に対する大谷派の動きについても、日清戦争後を中心に触れている［木場　一九九五］。

（8）「開教」とは、小島によれば「一般に日本仏教の御教え・教義を、まだ広まっていない地域に広げることを言う」［小島・木場　一九九二：七］が、宗門史の立場では海外布教のことを「開教」と称することが多い。木場は、「開教」を「在外日本人居留民および現地外国人への布教」［木場　二〇〇三：一三三］を意味すると定められたとするが、これは、一九〇六年八月二五日に制定された「海外開教条規」（『宗報』五六、本山文書科、一九〇六年八月三〇日、告達第十三号）第一条に「海外開教ハ外国ニ在留スル帝国臣民若クハ外国人民ニ本宗ニ諦ノ教義ヲ宣布シ現当両世ノ福利ヲ享受セシムルヲ以テ目的トス」とあることによるもので、木場はこの条規の制定により、「ようやく意味づけが明確となった」[木場 二〇〇三：一三三]とする。この言葉の定義やそこに潜む問題点については、筆者も若干の見解を述べているほか[松金 一九九九：一九二―一九四]、多くの研究者によって論じられているが、大谷派に関しては、小島・木場[一九九二：七―八]、木場[二〇〇三：一三三]が参考になる。なお、本稿では、引用やとくに強調すべき箇所を除き、「開教」とせず、「海外布教」または「布教」と表記する。

(9) 小島・木場[一九九二]所収の「あとがき」(三二一―三二三頁)は木場による執筆である。

(10) 菱木[一九九八]は、「東西本願寺教団の植民地布教」という論稿として、『岩波講座 近代日本と植民地』四「統合と支配の論理」(岩波書店、一九九三年、一五七―一七五頁)に所収されたものを再録したものである。原載時の第二節のタイトルは「朝鮮と満州への布教」(一六四―一六七頁)であり、その下の小項目も「一朝鮮布教」、「二満州布教」となっており、内容もそれぞれ大谷派の朝鮮布教と満州布教を皇民化の視点などから論じている。ところが、「日本仏教による植民地布教」として『解放の宗教へ』に再録された際、タイトルは、「朝鮮布教・満州布教・台湾布教」と変更されている。しかし、両稿は字句の訂正などを除き、ほぼ同じ内容の文章である。

(11) 都築[一九八六]は、真宗大谷派教学研究所編「特集 資料・真宗と国家Ⅱ一九一二〜一九二六〈大正期篇〉」(『教化研究』九二・九三、真宗大谷派宗務所、一九八六)の「概観」のひとつとして掲載された論稿である。なお、都築は本文中で「大正期大谷派の『海外開教』を『中国・朝鮮』に絞って資料を追って見てきた」[都築 一九八六：三一六]としており、その企図と菱木が述べる「植民地布教の概観」といったものとの間には多少の温度差を感じる。

(12) 都築[一九八八]は、真宗大谷派教学研究所編「特集 資料・真宗と国家Ⅲ一九二六〜一九三一〈昭和初期篇〉」(『教化研究』九五・九六、真宗大谷派宗務所、一九八八)の「概観」のひとつとして掲載された論稿である。

(13) 木場が研究代表者となり、「平成一三年度〜平成一六年度科学研究費補助金(基盤研究(B)―(1))」として進められた「植民地期中国東北地域における宗教の総合的研究」は、一九三一〜一九四五年の中国東北地域を対象に、進出した日本諸宗教と現地在来諸宗教の動向を分析し、当該地域の宗教の全体像を明らかにすることを目的としたもので、これまでにない規模で現地調査による関係資料収集を行っている。当該研究課題に関係しては、木場[二〇〇二]などの成果に基づき、木場・程編[二〇〇五]が公刊されており、植民地時期の中国東北地域に進出した日本の諸宗教と現地の在来宗教の動向に分析が加えられている。

(14) 江木生「仏教各宗の台湾伝来と変遷及現勢」(『台湾仏化』一―一:一四―一九、台湾仏化青年会、一九三七)、一八頁。真宗大谷派台北別院本堂に関しては新野[二〇一八]に詳しく記載されている。

(15) 台湾総督府官房調査課。以下、『統計書』と略記する。なお、詳細については、表1・表2の註記を参照。

(16) 本願寺派およびその他の宗派の寺院・説教所数については、松金[一九九八:二二―二六]を参照。

(17) 『統計書』に寺院数が計上されはじめるのは、一九〇三年からであるが、本願寺派・臨済宗妙心寺派・日蓮宗は一九〇三年以前から寺院を有していたことがわかる。また、曹洞宗は一九〇四年、浄土宗は一九〇七年、真言宗は一九一〇年にはじめて寺院数が統計書にあらわれる[松金 一九九八:二五]。

(18) 『台湾寺院名簿』(真宗大谷派組織部提供、製作年不詳)には、『統計書』が存在しない一九四三年以降に設立した寺院・説教所(布教所)の記載がある。なお、ここでいう「布教所」とは、大谷派が各地に設立した布教拠点のことであるが、そのうち総督府など官庁が公式に認め、『統計書』に計上される場合には、「説教所」と表記される。一方、大谷派自身は「布教所」ないしは「布教場」という名称を使用した。上記史料は、大谷派作成のものであるため、「布教所」と表記されている。なお、以下、大谷派作成の史料を出所とする場合は、「説教所(布教所)」と記載し、総督府の史料に拠る場合は、「説教所」と表記する。

(19) 『真宗大谷派寺院教会名簿』(大谷大学、一九四七)には、一九四九年一〇月一日時点の寺院・説教所(布教所)が記載されている。戦後の編纂・出版にもかかわらず、「附国外」(三四四―三五一頁)の項目がたてられており、「台湾開教区」(三四七)の部分には合計二五箇所の寺院・説教所(布教所)の名称が記載されている。事実上の布教活動は、日本の敗戦にともない終結しているため[松金 二〇〇六]、植民地時期末までに大谷派は、ここに記載されている数の寺院・布教所を設立していたことがわかる。

(20) 図1の作成にあたっては、主に前掲の『台湾寺院名簿』や『真宗大谷派寺院教会名簿』などに拠った。なお、一部所在地不明のものがあり、それらは地図上から省略した。

(21) 大谷派と本願寺派の信者数については表2を参照。また、全宗派およびそのほかの宗派の信者数については、松金[一九九八:二六―二九]を参照。

(22) 一八九八年から一九〇〇年の間の日本仏教が獲得した信者総数に占める大谷派の割合は、一八九八年四三・九%、一八九九年二六・八%、一九〇〇年二一・八%であるが、一九〇三年は九・〇%、一九〇四年三・九%と激減する。なお、一九〇一年～一九〇二年においても、図4をみると大谷派の占める割合が高くみえる。しかし、この二年間は大谷派と本願寺派はまとめて「真宗」として統計書に表記されているため、大谷派が多いのか、本願寺派が多いのかは判然としないので、ここでは論じない。

(23) 一九一六年から一九三六年の間で、大谷派の全信者数に占める本島人信者の割合が五%を超えたのは一九一七年、一九一八年、一九二〇年、一九二三年、一九二四年、一九二五年の六回のみであった。

(24) 一九一五年の信者数は一六五六人、うち内地人信者が一〇五三人、本島人信者が六〇三人であった。それが一九二〇年には、内地人が五三四〇人、本島人が三五九人、合計五六九九人と増加した。

(25) 『台湾全台寺院斎堂名跡宝鑑』(徐寿編著、国清写真館、一九三二)。

(26) 大谷派による台湾布教の変遷についての詳細は、巻末の表3「真宗大谷派台湾布教関係年表(稿)」を参照。本年表は、『本山事務報告』(真宗大谷派本願寺寺務所文書科)、『常葉』(常葉社)、『宗報』(真宗大谷派本願寺寺務所文書科)などの真宗大谷派公報、および『宗門開教年表』(真宗大谷派宗務所組織部、一九六九)、木場[一九九五]などにより大谷派の台湾布教に関する主要事項をまとめたものである。

(27) 『本山事務報告』一九、一八九五年四月二九日、三頁。木場[一九九五:一三五]を参照。

(28) 『台湾仏化』一―一(台湾仏化青年会、一九三七)、一五―二〇頁には「内地仏教の台湾伝来と其現勢」と題する同様の文章の掲載があり、先行研究ではこちらから引用されることが多いが、出版は『台湾仏化』が一月五日、『南瀛仏教』が二月一日となっており、『台湾仏化』の方がほぼ一ヶ月早く発行されている。なお、本稿では、史料名および史料中の「佛」はすべて「仏」で記している。

(29) 『台北庁誌』(台北庁編、一九一九年)、二〇七頁。

(30) 『教報』一(大日本台湾仏教会、一八九六)、四一頁。

(31) 『台湾新報』一八九六年六月一七日、三面。

(32) 『浄土教報』二五九、一九八六年七月二五日、五頁。

(33) 『台湾総督府公文類纂』第一七八冊第二文書。なお、資料中には「布教師」と記載されている。

(34) 『本山事務報告』二〇、一八九五年五月二六日、一一頁。

(35) 『本山事務報告』二六、一八九五年一一月三〇日、一一頁。

(36) 『宗門開教年表』(真宗大谷派宗務所組織部、一九六九)、一四頁。

(37) 別院の管理・運営などを行う責任者のこと。
(38)『本山事務報告』二〇、一八九五年五月二六日、五頁。
(39)『本山事務報告』二〇、一八九五年五月二六日、五頁。
(40)『本山事務報告』号外、一八九五年九月一日、二頁。
(41)『本山事務報告』二六、一八九五年一一月三〇日、八頁。
(42)『本山事務報告』三五、一八九六年八月二五日、一二頁。
(43)『本山事務報告』三八、一八九六年一一月三〇日、七頁。なお、大山の名前については、史料によって「哉」と「成」、「城」など、表記が混用されているが、台湾総督府公文類纂に本人から嘉義県知事宛に出された届出（『台湾総督府公文類纂』第九七五八冊第一〇文書）があり、そこには「哉」と記載されているため、本稿ではすべて「哉」に統一している。
(44)『本山事務報告』四四、一八九七年五月八日、一〇頁。
(45)「告達乙第二十九号　台湾台北県ニ寺務出張所ヲ置キ台湾及澎湖列島全般ノ教学事務ヲ所管セシム」、『本山事務報告』四六、一八九七年七月三〇日、一頁。なお、『宗門開教年表』では、寺務出張所の設置は四月二三日となっている（一五頁）。
(46)『本山事務報告』四六、一八九七年七月三〇日、五頁。
(47)『宗門開教年表』（真宗大谷派宗務所組織部、一九六九）、一五頁。
(48)『常葉』一、一八九七年一〇月一一日、二七頁。
(49)「告達乙第五十八号」『常葉』八附録「宗報」、一八九七年一二月二五日、二頁。
(50)「告達乙第五十九号」『常葉』八附録「宗報」、一八九七年一二月二五日、二―三頁。
(51)『本山事務報告』四四、一八九七年五月八日、一〇頁。
(52)『台湾総督府公文類纂』第九七五八冊第一〇文書。
(53)『台湾総督府公文類纂』第二四八冊第四一文書。
(54)『台湾総督府公文類纂』中の日本仏教による台湾在来寺廟の末寺編入のあらましについては、温国良［二〇〇一］に詳しい。一方、大谷派側で確認できている帰属証を附与した寺廟の数は全部で三〇件以上あり、現在『台湾総督府公文類纂』で確認できる本末関係はその一部に過ぎないことは理解しておく必要がある。

(55)『常葉』一〇、一八九八年一月一五日、三八頁。
(56)『常葉』二〇、一八九八年四月二八日、三六頁。
(57)『常葉』一二、一八九八年二月五日、三三頁。
(58)『常葉』一四、一八九八年二月二五日、三二頁。
(59)「台湾巡視概況」、『常葉』一九、一八九八年四月二〇日、四六―四九頁。
(60)「台地教報」、『常葉』一九、一八九八年四月二〇日、四九―五二頁。同稿が和田らの視察の概要を聞いたうえで書かれたことは、「真宗大谷派本願寺より派遣せられし某氏か全島を周遊し子細に民情風俗等を調査の上復命せし意見の大要を聞得たり宗教家の観察また大に見るへきものあり左に其の概略を掲けん」と記していることからわかる。
(61)「台湾布教に就て」、『常葉』一九、一八九八年四月二〇日、四九頁。
(62)「台地教報」、『常葉』一九、一八九八年四月二〇日、四六―四九頁。
(63)『常葉』一五、一八九八年三月五日、三三頁
(64)『常葉』一四附録「宗報」、一八九八年二月二五日、三頁。「布教使在勤」『常葉』一三、一八九八年二月一五日、三五頁。
(65)「鳳山教報」、『常葉』二七、一八九八年七月五日、三七―三九頁。
(66)本多文雄「南翔記」(第一)、『常葉』二三、一八九八年五月二五日、一―五頁。本多文雄「南翔記」(第二)、『常葉』三一、一八九八年八月一五日、一―七頁。菅沼覚円「台湾紀行之一」、『常葉』二九、一八九八年七月二五日、四三―四四頁。山田哲司「台湾の記」『常葉』三三、一八九八年九月七日、二六―二八頁。
(67)「布教使木全義順師」、『常葉』一三、一八九八年二月一五日、三五頁。
(68)「台湾教況」、『宗報』一、一八九八年一〇月二三日、一〇―一二頁。
(69)『宗報』五附録、一八九九年二月一五日、一一頁。
(70)『宗報』五附録、一八九九年二月一五日、一四頁。
(71)本多文雄「南翔記」(第二)、『常葉』三一、一八九八年八月一五日、五頁。
(72)本多文雄「南翔記」(第二)、『常葉』三一、一八九八年八月一五日、六頁。
(73)『台湾総督府公文類纂』第六九六五冊第二五文書。

(74)『宗報』一四、一八九九年一一月一四日、一五—一六頁。
(75)『宗報』二三附録、一九〇〇年五月五日、一四頁。「告達十一号」(『宗報』二四附録、一九〇〇年六月二五日、一—二頁)などを参考にすると、史料中には「福建」の文字がみえないが、「台湾兼清国福建両広主教」のことと考えられる。
(76)『宗報』一七附録、一八九九年十二月二七日、三頁。
(77)「告達十号」・「告達十一号」、『宗報』二四附録、一九〇〇年六月二五日、一—二頁。
(78)『宗報』二四附録、一九〇〇年六月二五日、五頁。なお、史料中では「福建」が抜け、「台湾及清国両広布教監督」と表記されているが、石川が任命されたのは「台湾及清国福建両広布教事務規定」にもとづく「台湾及清国福建両広布教監督」と考えられる。
(79)『宗報』二四附録、一九〇〇年六月二五日、五—六頁。
(80)「連枝の巡教」、『宗報』二七、一九〇〇年一〇月五日、一五頁。
(81)『台湾総督府公文類纂』第四六〇九冊第四文書。
(82)『台湾総督府公文類纂』第四九〇一冊第一五文書、同第四九八四冊第一五文書、第五二五一冊第一一文書、第五四五五冊第八文書。
(83)地方官庁が行政報告のために作成したものであるため、宗教的事象への理解が高くないほか、届出のおくれやその他の理由により、布教使の名前や布教を行っていた場所などの情報が不正確であったり、各布教使の所属宗派に誤認があったりするので、使用するに当たっては注意が必要である。松金[二〇〇二a、二〇〇二b]を参照。
(84)調査の概要や頻度などについては、温国良[一九九九]を参照。なお、本節の典拠とした史料は以下の通りであり、とくに各部分の出所については明記しない。『台湾総督府公文類纂』第四六四四冊第二六〜三一文書。同第四六八一冊第一四・一五文書。同第四七四一冊第六・八・九文書。同第四七四二冊一・三文書。
(85)宗門の表記では「布教使」、総督府など行政機関の表記には「布教師」が多用される。本稿では、引用を除いてすべて「布教使」に統一する。
(86)『台湾総督府公文類纂』第四六四四冊第二六文書。
(87)宜蘭地域の仏教の発展と変化については、闞正宗[二〇〇四]に詳しい。
(88)『台湾総督府公文類纂』第六八一四冊二二文書。

(89)『宗門開教年表』(真宗大谷派宗務所組織部、一九六九)、六二頁。

(90)『台湾総督府公文類纂』第六九六五冊二五文書。

(91)「寺院建立願進達ニ付副申」(台北州知事)、一九二一年五月一八日、内教社第二一九号(『台湾総督府公文類纂』第六九六五冊二五文書)。

(92) 新本堂建立の詳細については、木下万渓「遷仏遷座法要を迎へて」、高木俊昌「新築本堂竣工に至るまでを回顧して」(『ひかり』四三「遷仏法要記念号」、大谷青年会、一九三六年一一月五日、三一四頁、一一―一二頁)を参照。

(93)『南瀛仏教』一五―一、南瀛仏教会、一九三七年一月一日。

(94) 小島勝は、「よく世間では、戦前の海外開教は本当の開教ではなくて、『追教』に過ぎなかったのではないかと言われる」[小島・木場 一九九二:七]と述べ、戦前の海外布教は、海外に移民・在留する日本人の求めに応じて、とくに自派の信者の多いところに開教使が赴いて、仏事や教育・福祉事業を行った邦人を追いかけるという意味で「追教」といわれることが多く、さらに戦時においては、日本国家の戦争遂行に「追随」した布教という意味で「追教」とされることがあるとする。しかし、小島はそれに続けて、「確かに、戦前の日本仏教ないし開教使の海外での言動の軌跡を一覧すると、この指摘は当っている。しかし、それでは全く『追教』に終始したのかというと、これもまた否定されなければならない」[小島・木場 一九九二:八]と「追教」という言葉で戦前の海外布教をひとくくりにする見解に疑問を呈している。

(95) 国防部史政檔案『東本願寺房地処理案』(三三二四三、三三二四四、三三二四五)国防部史政編訳室図書資料室蔵。

参考文献

江森一郎・孫伝釗
一九九四「戦時下の東本願寺大陸布教とその教育事業の意味と実際――主として『真宗』所載記事による」『金沢大学教育学部紀要(教育科学編)』四三:一八九―二〇七、金沢大学教育学部。

温国良
一九九九「日拠初期日本宗教在台布教概況――以総督府民政部調査為中心」『台湾文献』五〇(二):二一一―二三二。

二〇〇一「日治初期日台宗派訂約始末」『台湾総督府公文類纂宗教法規史料彙編（明治二十八年至昭和二十年）総督府檔案専題翻訳（十二）宗教系列之三』二八三―二九七、台湾省文献委員会。

加藤斗規
二〇一二「大谷光瑞と台湾」『アジア遊学』一五六：一一六―一二八、勉誠出版。

闞正宗
二〇〇四「蘭陽地区斎教与仏教的発展及転型」『台湾仏寺的信仰与文化』二三八―二七一、博揚文化事業有限会社（原載二〇〇一「蘭陽地区仏教与斎教的発展及転型」『宜蘭文献雑誌』四九：三―四七）。

北西　弘
一九九四「明治初期における東本願寺の中国開教」『仏教大学総合研究所紀要』一：三三一―三四九、仏教大学総合研究所。

木場明志
一九八七a「明治期における東本願寺の中国布教について」『印度学仏教学研究』三五（二）：三二四―三二六、日本印度学仏教学会。

一九八七b「明治期対外戦争に対する仏教の役割――真宗両本願寺派を例として」池田英俊編『論集日本仏教史八　明治時代』二四七―二六七頁、雄山閣。

一九九〇「東本願寺中国布教における教育事業」『真宗研究』三四：一四一―一五四、真宗連合学会。

一九九一「真宗大谷派による中国東北部（満州）開教事業についての覚え書き」『大谷大学研究年報』四二：四九―一〇三、大谷学会（小島・木場一九九二に再録）。

一九九二「真宗大谷派朝鮮布教と朝鮮の近代化」『大谷大学史学論究』五：二三―四七、大谷大学文学部史学科。

一九九五「日清戦後における真宗大谷派アジア活動の急展開――『本山事務報告』『常葉』『宗報』の記事から」『真宗総合研究所研究紀要』一二：一二七―一四〇、大谷大学真宗総合研究所。

二〇〇〇「真宗と海外布教」『現代日本と仏教〈二〉国家と仏教――自由な信仰を求めて』二三六―二四一頁、平凡社。

二〇〇二a「満州国の仏教」『思想』九四三：一九〇―二〇五、岩波書店。

二〇〇二b「『偽満州国』首都新京の日本仏教による満洲仏教組織化の模索――一九三五年（康徳二年）の様相」

二〇〇三『大谷学報』八一（四）：一—一一、大谷学会。
二〇〇三「開教——国威拡張に対応した海外開教事業」『宗門近代史の検証』（『宗報』等機関誌復刻版　別巻）一三一—一六五、真宗大谷派宗務所出版部（原載一九九〇ｂ「開教——国権拡張に対応した海外開教事業（一）、（二）、（三）」『真宗』一〇三四：一四—二〇、一〇三五：一〇—一九、一〇三七：二八—三三、大谷派本願寺）。
二〇〇五『植民地期中国東北地域における宗教の総合的研究』平成一三年度〜平成一六年度科学研究費補助金（基盤研究（Ｂ）—（一））研究成果報告書。
木場明志・桂華淳祥
一九八八「東本願寺中国布教史の基礎的研究」『真宗総合研究所研究紀要』五：一—四八、大谷大学真宗総合研究所（小島・木場一九九二に再録）。
木場明志・程舒偉編
二〇〇七『日中両国の視点から語る植民地期満洲の宗教』柏書房。
小島勝・木場明志
一九九二『アジアの開教と教育』法蔵館。
蔡錦堂
一九九四『日本帝国主義下台湾の宗教政策』同成社。
佐藤三郎
一九六三「明治三三年の厦門事件に関する考察——近代日中交渉史上の一齣として」『山形大学紀要』（人文科学）五（二）：二三一—二八〇、山形大学。
一九六四「中国における日本仏教の布教権をめぐって——近代日中交渉史上の一齣として」『山形大学紀要』（人文科学）五（四）：四三三—四八六、山形大学。
柴田幹夫
二〇一四『大谷光瑞の研究——アジア広域における諸活動』勉誠出版。
柴田幹夫編
二〇一〇『大谷光瑞とアジア——知られざるアジア主義者の軌跡』勉誠出版。

二〇一二『大谷光瑞――「国家の前途」を考える』勉誠出版。
二〇一八『台湾の日本仏教――布教・交流・近代化』勉誠出版。
真宗大谷派宗務所出版部
二〇〇三『宗門近代史の検証』(『宗報』等機関誌復刻版　別巻)、真宗大谷派宗務所出版部。
高橋　勝
一九八七「明治期における朝鮮開教と宗教政策――特に真宗大谷派を中心に」『仏教史研究』二四:三四―五六、龍谷大学仏教史研究会。小島・木場一九九二に再録。
都築　淳
一九八六「大正期大谷派『海外開教』の問題」『教化研究』九二・九三:三〇六―三一七、真宗大谷派宗務所。
一九八八「昭和初期大谷派『海外開教』の問題」『教化研究』九五・九六(合併号):六六九―六八三、真宗大谷派宗務所。
中西直樹
二〇一六『植民地台湾と日本仏教』三人社。
中西直樹・野世英水
二〇二〇『日本仏教アジア布教の諸相』三人社。
新野和暢
二〇一八「大谷派台北別院と土着宗教の帰属」『アジア遊学』二二二(台湾の日本仏教――布教・交流・近代化):七九―八二。
菱木政晴
一九九三『浄土真宗の戦争責任』、岩波書店。
一九九八「日本仏教による植民地布教――東西本願寺教団の場合」『解放の宗教へ』一二九―一五三頁、緑風出版(原載　一九九三「東西本願寺教団の植民地布教」大江志乃夫ほか編『岩波講座　近代日本と植民地』四「統合と支配の論理」一五七―一七五頁、岩波書店)。
藤井健志
一九九九「戦前における仏教の東アジア布教――研究史の再検討」『近代仏教』六:八―三一、日本近代仏教史研究会。

二〇〇〇「仏教の海外布教に関する研究」『現代日本と仏教』第Ⅱ巻「国家と仏教――自由な信仰を求めて」四五―五五頁、平凡社。

二〇一一「仏教者の海外進出」『新アジア仏教史〈一四〉日本Ⅳ　近代国家と仏教』一〇九―一五三頁、佼成出版社。

松金公正
一九九八「植民地時期台湾における日本仏教寺院及び説教所の設立と展開」『台湾史研究』一六：一八―三三、台湾史研究会。

一九九九「日拠時期日本仏教之台湾布教――以寺院数及信徒人数的演変為考察中心」『円光仏学学報』三：一九一―二二一、円光仏学研究所。

二〇〇〇「曹洞宗布教師による台湾仏教調査と『台湾島布教規程』の制定――佐々木珍龍『従軍実歴夢遊談』を中心に」『比較文化史研究』二：四五―六八、比較文化史研究会。

二〇〇一「日本統治期における妙心寺派台湾布教の変遷―臨済護国禅寺建立の占める位置」『宇都宮大学国際学部研究論集』一二：一三七―一六二、宇都宮大学国際学部。

二〇〇二a「日本植民地初期台湾における浄土宗布教方針の策定過程（上）」『宇都宮大学国際学部研究論集』一三：二一三―二三三、宇都宮大学国際学部。

二〇〇二b「日本植民地初期台湾における浄土宗布教方針の策定過程（下）」『宇都宮大学国際学部研究論集』一四：八七―一〇九、宇都宮大学国際学部。

二〇〇三「植民地期台湾における曹洞宗の教育事業とその限界――宗立学校移転と普通教育化の示すもの」台湾史研究部会編『台湾の近代と日本』二五九―二八九頁、中京大学社会科学研究所。

二〇〇四「殖民地時期日本仏教対於台湾仏教『近代化』的追求与模索――以曹洞宗宗立学校為例」『台湾文献』五五（三）：六三―九一、国史館台湾文献館。

二〇〇六「真宗大谷派台北別院の『戦後』――台湾における日本仏教へのイメージ形成に関する一考察」五十嵐真子・三尾裕子編『戦後台湾における〈日本〉――植民地経験の連続・変貌・利用』二五一―二八七頁、風響社。

二〇〇七「植民地期における日本仏教による台南地域への布教」崔吉城・原田環編『植民地の朝鮮と台湾――

歴史・文化人類学的研究』二八七―三三〇頁、第一書房。

二〇一四「植民地台湾における日本仏教に関する研究の回顧と展望」『近代仏教』二一：四四―六四、日本近代仏教史研究会。

二〇一六「台湾における日本仏教の社会事業――1895～1937」三尾裕子・遠藤央・植野弘子編『帝国日本の記憶――台湾・旧南洋群島における外来政権の重層化と脱植民地化』五三―九二頁、慶應義塾大学出版会。

二〇一八「『廟』の中に『寺』を、『寺』の中に『廟』を――『古義真言宗台湾開教計画案』の背景にあるもの」『アジア遊学』二二二（台湾の日本仏教――布教・交流・近代化）：一九―二六。

附記：本稿は、「真宗大谷派による台湾布教の変遷――植民地統治開始直後から台北別院の成立までの時期を中心に」『アジア・アフリカ言語文化研究』七一（二〇〇六）に加筆・訂正を加え再録したものである。

表３　真宗大谷派台湾布教関係年表（稿）

年	月	日	事項
1895 (明治28)年	4	5	従軍し澎湖島上陸の松江賢哲（従軍布教使）、連合艦隊司令長官伊東祐亨から感謝状を受ける。
		8	従軍し澎湖島上陸の伊藤大恵（従軍布教使）、混成枝隊長比志島義輝から表彰を受ける。
		17	日清講和条約に調印する。
	5	4	征清軍混成枝隊に従い澎湖島出張の伊藤大恵（従軍布教使）、褒賜を受ける。
		17	太田祐慶（録事・元釜山別院輪番）、台湾島兼澎湖列島布教主任を命じられる。
		25	太田祐慶（台湾島兼澎湖列島布教主任）、朝鮮支那両国布教主任を兼任する。
	8	7	征清軍混成枝隊に従い澎湖島出張の松江賢哲（特派布教使）、褒賜を受ける。
	9	29	太田祐慶、台湾島兼澎湖列島朝鮮支那両国布教主任を解かれる。
	10	3	太田祐慶（門跡代理）、慰問使として佐々木円慰（9月2日付、特派布教使）・本田良観（9月2日付、特派布教使）とともに台湾に赴き、葬儀および追悼の法会を行い、死体の火葬・埋葬を取り扱う。太田は11月2日、佐々木は同月19日に帰京する。
1896 (明治29)年	8	1	台湾人王志唐および紀晴波、真宗帰趨につき、誓約書を携えて来山し門徒に加入する。
	10	14	真言宗小山祐全ほか、浄土宗・浄土真宗本願寺派・曹洞宗・日蓮宗各派布教使より、「官有ニ属スル寺宮廟下賜ノ儀ニ付建議」が提出される〈総督府00178／02〉。
	11	14	松江賢哲（本局用掛）・大山慶哉（本局用掛）、台湾出張を命じられる。
	11	29	寺務所職制を改正し、教務部管下に新布教地として台湾を置く。
	12	7	門徒に加入した王志唐（総督府憲兵司令部雇員）、職務勉励のため褒賜を受ける。
1897 (明治30)年	1	13	聖王廟・湄洲宮・普済寺・平和廟、嘉義公務署の誓約により大谷派の管理に属することを出願する〈大山慶哉が持ち帰る〉。
	2	20	龍山寺、鳳山公務署の誓約により大谷派の管理に属することを出願する〈大山慶哉が持ち帰る〉。
	−	−	このほか、台南開隆宮静涛・同岳帝廟浄心・同城隍廟振慶・嘉義城隍廟家茂・媽宮城大媽祖宮兼関帝廟広心、各自誓約により、大谷派の末寺僧侶になることを出願する〈大山慶哉が持ち帰る〉。
	2	28	大山慶哉、危険を犯し台湾布教視察の任を果たしたことにより、褒賜を受ける。

	4	27	4月19日付で布教使試補に任じられた大山慶哉（台北在勤）・松江賢哲（台南在勤）、台湾出張を命じられる。
	5	12	嘉義県城隍廟を真宗大谷派本願寺末寺とし、平和廟・聖王廟・湄洲宮・普済寺を真宗大谷派の管理とする旨の誓約を締結する〈大山慶哉から嘉義県知事への報告は7月10日、総督府09758／10〉。
	6	25	台湾台北に寺務出張所をおき、台湾および澎湖列島全般の教学事務を所管させる〈告達乙第二十九号、『宗門開教年表』には4月23日とある〉。
		25	和田円什（東京寺務出張所長兼教学部出仕）、台湾寺務出張所所長を命じられる〈『宗門開教年表』には4月23日とある〉。
	7	24	嘉義県嘉義城内城隍廟・普済寺・聖王廟・湄洲宮・平和廟を末寺に加える旨、真宗大谷派管長大谷光瑩より嘉義県知事小倉信近に届け出る〈総督への報告は9月15日、総督府00178／04〉。
		30	台南説教場詰雲根恵教、鳳山説教場在勤となる。
	8	23	台湾総督府国語学校教授本田嘉種・書記井上武之輔・雇員郭廷献の3氏、生徒20名とともに本山拝礼に来訪する。
		31	台北説教場を開設する。
	10	1	事務統一のため教区を設け、教区教務所を置く。台湾は第25教区となる〈告達乙第四十号〉。
		8	栗本徳洲（栄泉寺住職）・小川静観（覚音寺衆徒）、教用につき台湾出張を命じられる。
		12	開教の便宜を図ったことにより王志唐（寺務所協商員）、黄谿堂（助成員・通訳）褒賜を受ける。
		27	台湾在来寺廟のうち帰属を願い出た仁海宮廟・五穀廟・景福宮・賜福宮・集応廟・田王廟・万慶岩に帰属証を附与する。
	–	–	大山慶哉（台北）、大谷派に帰属した滬尾鄞山寺・林口庄宝蔵巌・和尚洲観音廟に毎月1回出張説教し、各寺に真宗大谷派本願寺派出説教場と掲標する。
	11	20	栗本徳洲、台南説教場在勤となる。
		20	小川静観、鳳山説教場在勤となる。
		22	大山慶哉、台湾布教に精励なることにより、褒賜を受ける。
		27	台北県湧蓮寺・宝蔵巌・鄞山寺・仁海宮廟・五穀廟・景福宮・賜福宮・集応廟・万慶巌より、真宗大谷派末寺となったことが台北県知事橋口文蔵に届け出があった旨、台北県から総督府に報告される〈総督府00178／07〉。
	12	11	間藤文八（協商員）、台湾開教に功あるため褒賜を受ける。
		15	本多文雄（布教使）、教用につき台湾出張を命じられる。
		18	台湾に布教掛をおき〈告達乙第五十八号〉、台湾寺務出張所職制を定める〈告達乙第五十九号〉。

		24	嘉義県太子宮堡新営庄大廟が真宗大谷派本願寺の末寺となった旨、真宗大谷派管長大谷光瑩が嘉義県知事小倉信近に届け出る〈総督への報告は明治31年2月15日、総督府09823／23、総督府00291／9〉。
		25	岡本覚亮、台北事務出張所録事となる〈『宗門開教年表』には26日とある〉。
		25	林蘭芬（助成員）、布教拡張に斡旋尽力したため褒賜を受ける。
		27	加藤広海（専修坊衆徒）・広岡荷織（覚順寺副住職）、台湾布教掛となる。
		28	台北県八里坌堡渡船庄大衆廟が真宗大谷派本願寺の末寺となったことが台北県知事橋口文蔵へ届け出があった旨、台北県から総督府に報告される〈総督府00291／6〉。
	–	–	このころ大山慶哉の報告によると、1896年8月以来大谷派に加わる門徒は1,540余戸、信徒の員数は8,000人に達する。末寺に加わり、帰属証を附与し、県知事への通牒済みのもの14個寺。勧山寺・大衆廟・賜福宮・湧蓮寺・三山国王廟・宝蔵巌・祖師廟・景福宮・仁海宮・五穀廟・甘泉寺で各担当弁務署の認可を受けて月1回程度の派出説教を開始する。
1898（明治31）年	1	10	和田円什（台湾寺務出張所長）、布教使本多文雄・布教掛加藤広海・布教掛広岡荷織とともに京都を出発、11日相模丸にて台湾へ出発。16日基隆着。大山慶哉の迎えを受け、18日鉄路にて台北着。
		21	青山常丸（極楽寺住職）、台湾布教掛となる。
		25	台北説教場にて報恩講を開く〈～28日、和田・大山・加藤・黄豁堂が講師となる〉。
		28	栗本徳洲（栄泉寺住職）、台湾布教掛となる。
		28	鄭伯華（取締員）・驢旗（助成員）、布教拡張に斡旋尽力のため、媽祖廟住持明山とともに褒賜受ける。
	2	4	和田円什、大山慶哉とともに新竹・台中・嘉義・台南・鳳山・澎湖島へ視察を行う。
		8	台北県興直堡新庄国王廟が真宗大谷派本願寺の末寺となったことが台北県知事橋口文蔵へ届け出があった旨、台北県から総督府に報告される〈総督府00291／7〉。
		14	台北県桃澗堡霄裡街三元宮廟が真宗大谷派本願寺の末寺となったことが、台北県知事橋口文蔵へ届け出があった旨、台北県から総督府に報告される〈総督府00291／8〉。
		17	本多文雄（布教使）台南説教場在勤、加藤広海（布教掛）台北説教場在勤、広岡荷織（布教掛）鳳山説教場在勤となる。
	3	1	和田円什、巡教を終え、諸事協議のため帰京する。
	4	15	大山慶哉、慧燈大師四百回忌法要参加のため、台湾末寺総代開隆宮住持林静濤など11名とともに本山へ来訪する。

	5	15	鳳山説教場に語学学校開校〈鳳山説教場在勤広岡荷織からの報告〉。
		18	「本島在来ノ廟宇ヲ内地寺院ノ末寺ニ編入禁止之件」が公布される。〈内訓第十八号、総統府 00248 ／ 41〉。
		25	千田静諦（願教寺衆徒）・菅沼覚円（法泉寺住職）、台湾布教掛となる。6月 10 日台南丸にて出発する。
		31	加来享、台湾布教掛となる。
	6	－	31 年前半における帰属寺院 40、僧侶 7 、協力者 145。
		15	台北において大谷派本願寺学校開校する〈年表〉。
		27	千田静諦（布教掛）、彰化在勤、菅沼覚円（布教掛）、新竹在勤となる。
	7	23	山田哲司（善龍寺衆徒）、台湾布教掛となる。
		17	岡本覚亮、全島布教事務視察のため彰化へ出発する。
		－	田中善立〔愛知〕厦門布教所在勤となる。
	8	16	木全義順、台湾布教掛となる。
		17	木本香林・村井義明、台湾布教掛となる。
		28	厦門布教所開所式を挙げる。
	9	4	大谷勝信（慧日院連枝）・大谷瑩誠（能浄院連枝）中国開教を推進するため上海に至る。井沢勝什・川那部宗次郎・福永茂三郎ら随行する。
		24	明治 31 年度、教学費予算外歳出、清国布教費金 4,600 円、韓国布教費金 3,882 円、台湾布教費金 8,000 円。
	10	11	大谷瑩誠、福州を経て厦門に赴くため上海を出発する。石川馨・大山慶哉・川那部宗次郎随行する〔上海史〕。
	10	25	寺務所職制を改正し、北海道・台湾・沖縄および軍隊布教、その他外国の開教事務を開教事務局所管とする。
	11	18	大谷瑩誠連枝一行、厦門より淡水に到着する。
		19	大谷瑩誠連枝一行、台北に入る。
	12	5	台湾彰化説教場報恩講開催する〈～ 8 日〉。
		25	台北説教場報恩講開催する〈～ 28 日〉。
		28	明治 32 年度、甲部歳出予算中、同台湾事務出張所費金 14,542 円 80 銭、清国布教費 18,218 円、韓国琉球布教費 7,968 円。
1899（明治32）年	1	6	石川馨、台湾寺務出張所長となる。
		15	台南説教場にて「土匪」帰順入派式を行う〈本多文雄布教使〉。
		26	大山慶哉、台湾寺務出張所在勤となる。
	2	1	木本香林・永田純雄、台湾寺務出張所在勤となる。
		1	山内等、台湾開教用掛となる。
		7	石森教一・富田存証、台湾布教掛となる。
		8	寺務所職制を改定し、海外布教を布教局の所管とする。

		13	小笠原大賢、台湾布教掛となる。
	4	1	明治32年度、甲部追加歳出予算中、開教費金4,060円（うち千島開教費2,000円）。教務臨時費中、支那学堂費金400円、別に台湾寺務出張所費金2,200円。
		6	葦名慶一郎、台湾開教用掛となる。
	5		厦門地方の天主教徒、東本願寺排撃の檄文を貼布する〈上海史〉。
		27	小谷台潤、台湾開教用掛となる。
	6	3	寺島一之、台湾布教掛となる。
		12	吉崎霊淳、台湾布教掛となる。
		14	台湾寺務出張所録事大山慶哉より、台中在勤布教使試補木全義順および彰化在勤布教掛千田静諦の懇切な論諭により「土匪」が帰順した旨報告する。
		16	「社寺・教務所・説教所建立廃合規則」公布される〈布令第四十七号総督府00354／02〉。
	7	−	台中に彰化学堂を開設する。武宮環、彰化学堂長となる〈上海史〉。
		11	「旧慣ニ依ル社寺廟宇等建立廃合手続」公布される〈府令第五十九号、総督府00354／03〉。
	9	1	富田存証、台湾開教用掛となる。
		8	台北城内府前街2丁目27番戸に布教処設置の認可を受ける〈総督府06965／25〉。
		11	岡本幸雄・信国堅城・橘亨、台湾布教掛となる。
		14	市村堅正、台湾開教用掛となる。栗本徳洲、任を解かれる。
		17	台北説教場仮本堂落成、遷仏法要を行う。
	10	23	加藤広海（台湾布教掛）、任を解かれる。
	11	24	市村堅正（台湾開教用掛）、任を解かれる。
	12	6	大城義譲、台湾布教掛となる。
		19	明治33年度甲部布教局所管歳出予算中、台湾布教費金9,452円40銭、清国布教費金10,985円20銭、韓国布教費金6,657円。
1900 (明治33)年	3	10	議制局会議の議を経て教区を改正する。台湾は肥前・壱岐・対馬・肥後・日向・薩摩・大隈・琉球とともに第21教区となる〈条例第一号〉。
	4	5	大谷瑩誠（能浄院連枝）台湾兼清国両広主教を命ぜられる。
		7	木本昇、台湾布教掛となる。
		22	台湾知本学堂開校する。
		23	佐野即悟（布教使）、台北説教場在勤となる。
		27	内務省社寺局を廃し、神社局と宗教局を設置する。
	5	16	大谷瑩誠（主教）台湾内地巡教に出発。6月6日彰化に戻る。
		19	「台湾及清国福建両広布教事務規則」を公布する〈告達第十一号、6月1日施行〉。

		31	台湾寺務出張所を廃する。
	6	1	木本香林（台湾寺務出張所承事）、台湾布教掛となる。
		1	永田純雄（台湾寺務出張所承事）、台湾布教掛となり、台北説教場在勤となる。
		2	石川馨（寺務出張所長）、台湾及清国福建両広布教監督となる。
		2	大山慶哉（寺務出張所録事・布教使）、台湾南部布教管理となり、台南説教場在勤となる。
		2	佐野即悟（布教使）、台湾北部布教監理となる。台北説教所在勤となる。
	7	3	小島浄耀（釜山学院教授）、台湾布教掛となる。
		23	福田研寿（布教使）・内田諦道（布教使）・井波潜彰（布教使）、軍隊布教のため清国出張を命ぜられる。
	8	24	厦門布教所、焼失さる。
		29	金田武彦（勧令使補）、台湾布教掛となる。
	9	1	厦門布教所、仮教堂を設け再開する。
		29	木全義順（布教使）、嘉義説教場在勤を解く。
	11	15	明治 34 年度、甲部第 1 款教学費歳出予算中、台湾南清布教費金 8,292 円、清国布教費金 6,578 円、清国布教本部費 2,280 円、韓国布教費金 6,282 円。
	12	7	大谷瑩誠、台湾兼清国福建両広主教を解かれる。
		8	大山慶哉（布教使）、台湾南部布教監理・台南説教場在勤を、横山静諦（布教使試補）、彰化説教場在勤を解かれる。
		8	本多文雄（布教使）、清国厦門説教場在勤を解かれる。
1901（明治34）年	2	14	大谷瑩誠（能浄院連枝）台湾より下関に至り、同地より英国留学のため出発する。
	6	10	台中に在りし彰化学堂を泉州に移し、田中善立（泉州）学堂長となる（上海史）。
		10	厦門に病院を創設し、無我堂医院と称し、全徳岩蔵に院長を依嘱する。
		17	加藤広海・市村堅正、台湾布教掛となる。
		17	村井義明（埔里）、台南説教場在勤となる。市村堅正（布教掛）、埔里説教場在勤となる。
		20	菊田賢哲、台湾布教掛となる。
		25	加藤広海（布教掛）、台北説教場在勤となる。
	7	24	信国堅城（台湾開教用掛）・宮尾瑑秀（台湾開教用掛）、台湾布教掛となる。
	8	1	「海外布教者取締規則」を発布する。
	9	4	信国堅城（台南説教場在勤）、嘉義説教場在勤となる。寺本了天（勧令使補）、台南説教場在勤となる。
	11	1	円山陸軍合葬墓地墓標除幕式を挙行する〈年表〉。
		21	「海外布教者取扱規則」により布教従事者に証明書を交付する。

	12	27	明治35年度、甲部第1款教学費歳出予算中、台湾南清布教費金7,016円。清国布教費金6,300円。韓国布教費金5,055円。
		28	信国堅城（台湾布教掛）、彰化説教場在勤となる。
	–	–	宜蘭街に真宗大谷派布教所を設置する〈総督府06814／22〉。
1902（明治35）年	2	15	山内等（台湾開教用掛）、台湾布教掛となる。
		21	台湾にある各説教場を布教所と改称する。
		21	村上義明（布教使試補）、台湾守備混成第三旅団布教を命ぜらる。
	3	–	台南布教所、教勢の拡張とともに狭隘となったため、台南市府城城隍廟街より同市頂打石街32番戸に移転する。
		12	加藤広海（厦門・台湾布教掛）、宜蘭布教所在勤となる。
		15	草野本誓（布教使）、台南布教所在勤となる。
		29	広瀬龍道（教誨師補）、台湾布教掛を申し付けられ、台南布教所在勤となる。
	4	19	加来享（台湾布教掛）、彰化布教所在勤を解かれる。
		19	井上善海、台湾開教用掛となり、台南布教所在勤となる。
	6	3	高松誓（福建両広布教事務取扱）福建両広布教監理となる。
		4	草野本誓（台南・布教使）、台南守備隊布教を命ぜられる。
		4	佐野即悟（台湾北部布教監理・布教使）、台北守備隊布教を命ぜられる。
		12	小島由道、泉州彰化学堂教授となる。
	7	5	出雲路薫（台湾布教掛）、彰化布教所在勤となる。
	11	6	円山陸軍墓地にて第一回祭典を執行する〈年表〉。
		16	台北府前街本願寺において仏教大演説会を開催する〈年表〉。
	12	16	石橋六郎、福建省開教掛嘱託となる。
1903（明治36）年	3	23	河辺与之（上海）、台北布教所在勤となる。
	5	30	山内等（台湾布教掛）、台北布教所在勤を解かれる。
	6	23	河辺与之（勧令使補）、台北布教所在勤となる。
	7	15	河辺与之（勧令使補）、台北布教所在勤を解かれる。
		20	佐野即悟（布教使）、台湾北部兼南部布教監理を解かれる。
		24	草野本誓（台南布教所在勤）、台北布教所在勤となる。信国堅城（彰化布教所在勤）、台南布教所在勤となる。
		29	小島由道、泉州彰化学堂教授を解かれる。
	8	15	武田慧教（泉州）、臨時清国福建両広布教監理事務取扱となる。
		22	福建省紹安県銅山布教所（開設係石橋六郎）開所法要執行される。
		24	出雲路善祐（布教使）、台湾清国韓国教務改正掛を命ぜられ、台北駐在となる。

		28	福建省漳浦県雲宵布教所（開設係石橋六郎）開所法要執行される。
	10	30	三上乗円、台北布教所在勤となる。
	12	−	出雲路善祐（清韓台教務改正掛）、京城に出張、本山補助金全廃を告げる。
1904 (明治37)年	2	10	ロシアに対し宣戦し、日露戦争はじまる。
	3	17	菅原智言、台北布教所在勤となる。
	4	19	全徳岩蔵、厦門無我堂医院院長を解かれる。
	5	18	草野本誓、台北布教所在勤を解かれる。
		27	信国賢城、台湾布教掛・台南布教所在勤を解かれる。
	9	16	「公園墓地市場営造管理之件」発布される〈年表〉。
	11	−	日露戦後従軍布教師は、本願寺 38、東本願寺 3、浄土宗 5、興正派 1、日蓮宗 1、曹洞宗 5、真言宗 4、臨済・黄檗宗 3。
		9	出雲路善祐、台湾及清国韓国教務改正掛、台北駐在布教を解かれる。
		16	正木新〔長崎〕(布教使)、台北布教所在勤となる。
1905 (明治38)年	1	20	武田恵教（泉州布教所在勤）、厦門布教所在勤となる。田中善立（泉州彰化学堂長）、泉州布教所在勤兼務となる。
		28	正木新（台北布教所在勤）、上海別院輪番兼開導学校長となる。
	3	27	正木新（布教使）、上海別院輪番兼上海開導学校長を解かれる。
	6	2	三上乗円、台北布教所在勤を解かれる。
	9	3	円山陸軍墓地において領台当時および征露戦死者追悼大法会を執行する〈年表〉。
	10	17	北投湯守観世音開眼式を執行する〈年表〉。
1906 (明治39)年	1	12	竹島将法、台南布教所在勤となる。
		12	井上善海（台南）、任を解かれる。
	2	7	「墓地火葬場及び埋火葬場取締規則」発布される〈年表〉。
	6	13	台湾総督府において慈善・衛生・廟社保存を目的とする事業のため、彩票を発行することが定められる〈年表〉。
	8	13	伊藤賢道（杭州日文学堂長兼浙江布教監理）、中国僧学堂開設に尽力中のところ、出先日本領事より退去命令を受け、台湾に引き上げる。杭州開教頓挫する。
		25	従来の「海外布教者取締規則」および「台湾並清国福建両広布教事務規則」を廃止し、新たに「海外開教条規」を制定し、布教監督・開教使員、別院・支院・布教所・教社等、海外布教の根本法規とする。
1907 (明治40)年	3	−	出雲路薫（台北）、帰国する〈『宗門開教年表』には 2 月とある〉。

	4	8	蓬茨霊正〔石川〕（布教使）、台北布教所在勤となる〈『宗門開教年表』には17日とある〉。
		17	西光寺義章〔愛知〕（布教使補）、台北布教所在勤となる。
	9	17	武田恵教（開教使）、厦門布教所在勤を解かれる。
		17	田中善立（泉州布教所在勤兼泉州彰化学堂長）、厦門布教所在勤を兼務する。
		17	社寺廟宇公園等に記念碑又は形像を建設しようとする時は総督府の許可を受けなければならないことを定める〈年表〉。
	10	5	酒井賢静（開教員）、厦門布教所在勤を解かれる。
1908（明治41）年	2	3	谷了悟〔石川〕、厦門布教所在勤となる。
	3	5	長等珠琴、台北布教所在勤となる。
	5	8	松島艦遭難者追悼会を馬公にて執行する〈年表〉。
	10	3	川合進、台北布教所在勤となる〈『宗門開教年表』には6日とある〉。
1909（明治42）年	1	2	藤谷真瑞（漳州）、任を解かれる。
		2	谷了悟（厦門）、漳州布教所在勤となる。
	4	22	西光寺義章（布教使補）、台北布教所在勤を解かれる。
	4	23	蓬茨霊正（学師）、台北布教所在勤を解かれる〈『宗門開教年表』には22日とある〉。
1910（明治43）年	6	1	台北火葬場移転する〈年表〉。
1911（明治44）年	5	24	川合進（台北）、台湾蕃薯寮布教所〈阿緱庁甲仙埔布教所〉在勤となる。
	7	18	田中善立、泉州厦門両在勤兼南支布教監督事務取扱を解かれる。
		18	谷了悟〔石川〕、泉州厦門両布教所在勤となる。
1912（明治45）年	1	16	長等亮周、台北布教所詰となる〈『宗門開教年表』には長等亮園とある〉。
	6	6	川合進（阿緱）より願出のあった阿緱庁甲仙埔布教所の設置を許可する〈総督府05479／27〉。
	7	25	谷了悟（泉州）、任を解かれる。
		28	松本義成、泉州布教所在勤兼彰化学堂長となる。
1913（大正2）年	1	−	開教使員現在数、朝鮮：46、支那：10、台湾：6（開教使2、開教員2、布教所詰新任2）、布哇：4。
	10	5	故乃木希典大将遺髪到着する。三板橋の乃木母墓の側に墓碑を建立することに決する〈年表〉。
		19	故桂公爵追悼会、円山忠魂堂において執行される〈年表〉。
1914（大正3）年	1	−	開教使員現在数、朝鮮：44、支那：15、台湾：5（開教使2、開教員2、布教所詰新任1）、布哇：6。

	3	13	台北三板橋墓地において乃木大将夫妻の遺髪埋葬建碑式挙行される〈年表〉。
	10	24	野々山正夫〔愛知〕(10月24日付、布教使補)、宜蘭布教所在勤となる〈『宗門開教年表』には21日とある〉。
1915(大正4)年	1	−	別院布教所数、朝鮮:5別院33布教所、支那:3別院5布教所、台湾:4布教所、布哇:2布教所、ロシア領:1布教所。
	6	−	西来庵事件発生する。
1916(大正5)年	10	30	台北宗教家46名を総督官邸に招待し午餐会を開催する〈年表〉。
1917(大正6)年	1	−	海外布教所現在数、台湾:3布教所・1支所、支那:3別院・6布教所、朝鮮:1別院・37布教所・3出張所、布哇:2布教所、西比利亜沿岸:1布教所。合計:4別院・45布教所・1支所・3出張所。
	5	11	貴山淳慧〔滋賀〕、厦門駐留となる。
	11	16	大谷光瑞、来台し各地を巡錫する〈年表〉。
1918(大正7)年	1	−	海外布教所現在数、台湾:3布教所・1支所、支那:3別院・9布教所、朝鮮:1別院・40布教所・3出張所、布哇:2布教所、西比利亜沿岸:1布教所。合計:4別院・51布教所・1支所・3出張所。
		31	大谷派職員一覧によると、台湾の職員として、長等珠琴(台北)、加藤広海(宜蘭)、竹島将法(台南)が挙げられている。
	5	11	台湾生蕃観光団60名本山に参詣する。
	6	7	民政部地方部に「社寺課」を置き、初代課長に丸井圭治郎(翻訳官)を任命する〈総督府02876/80〉。
1919(大正8)年	3	7	竹島将法(台南)、死去〈52歳〉。
		31	台湾総督府編『台湾宗教調査報告書第一巻』発行される。
	4	6	台北新公園にて花祭〈釈尊降誕会〉挙行される〈年表〉。
	5	30	中臣雲照〔山口〕(布教使)、台南布教所在勤となる〈『宗門開教年表』には大正7年5月15日一度在勤となっている〉。
	8	1	真東止善〔滋賀〕(8月1日付、布教使補)、台北布教所在勤となる。
	9	10	宜蘭布教所を蘭陽寺と公称する。
		25	橘大祐(布教使補)、台北布教所在勤となる。
	11	3	明石前総督葬儀執行される。台北三板橋塋域に葬られる。全島各地において遥拝式挙行される〈年表〉。
1920(大正9)年	3	27	加藤智学(擬講)教用につき台湾に出張を命ぜられる。

	9	26	宜蘭庁長荒巻鉄之助より総督田健治郎へ、大谷派本願寺宜蘭布教所信徒総代佐藤徳治、二宮卯一、および布教使加藤広海より願出〈大正8年7月23日〉のあった寺院建立費のための寄付金募集が結了した旨通達する〈総督府06814／22〉。
	10	21	渡台中の久邇宮、台北別院建設地に樟楠樹二株を下賜する。
		26	故明石総督一年祭を三板橋塋域にて執行する〈年表〉。
1921(大正10)年	1	12	台北布教所、台北州艋舺後菜園街への移転認可される〈総督府06965／25〉。
	3	20	台北布教所を台北別院と称し、台湾一円を管轄せしめる。
		25	三山元樹（城端輪番)、台北別院輪番となる。
	4	25	真宗大谷派本願寺住職大谷光演、大谷派本願寺台北事務出張所〈台北州艋舺後菜園街171番戸〉の大谷派本願寺台北別院への改称を承認し、輪番者を長等珠琴とする旨の承認書を発行する〈総督府06965／25〉。
	5	6	三山元樹（開教使)、台湾へ出発する。
	5	7	真宗大谷派本願寺事務出張所主任長等珠琴、信徒総代西村武士郎・高松与吉・桜井貞次郎・中辻喜次郎・小松吉久より台湾総督田健治郎へ台北別院建立許可願が提出される〈総督府06965／25〉。
	6	2	総督府より台北別院の建立が許可される〈総督府06965／25〉。
	12	26	辻森要修、台北別院補番となる。
1922(大正11)年	11	21	河崎顕了（布教使）開宗記念講演のため、台湾ほかに出張する。12月17日帰山する。
	−	−	この年、台北別院に天牌下附される。
1923(大正12)年	3	−	台北別院本堂新築起工する。
	4	1	加藤広海〔愛知〕宜蘭布教所在勤となる。
	6	20	金井行円（布教使)、台北別院建築布教員となる。
	7	10	『南瀛仏教会会報』第1巻第1号発刊される。
	9	2	台北別院内に臨時義金募集事務所を開設し、金1,000円を募集し、総督府義金募集事務所宛納付する。
	10	1	在台北各宗連合関東地方大震災死亡者追弔会を本派本願寺別院において執行する。〈年表〉
1924(大正13)年	1	11	台北市本願寺派本願寺庫裡焼失する〈年表〉。
	2	−	台湾総督府理蕃課嘱託学師富田智城の主唱により、丸井圭治郎課長を会長として台湾仏教同志会が組織される。
	5	1	神田末清〔京都〕、厦門布教所在勤。
	6	15	古川徳信〔長崎〕(布教使)、台北別院補番となる〈『宗門開教年表』には5月15日とある〉。

	–	–	古塚文秀（学師）、台北駐在を任命される〈5 月乃至は 6 月〉。
	7	26	故明石総督五年祭を台北三板橋において執行する〈年表〉。
	8	4月	故佐久間総督十周年法要を円山浄土宗別院にて執行する。官民多数参詣する〈年表〉。
		13	藤永覚奨〔岐阜〕（布教使）、台中説教場在勤となる。
	10	6	武田顕道〔福井〕、桃園布教所在勤となる。
		29	本山映画班、台湾・南支を巡回のため出発する。11 月 30 日帰山する。
		30	新竹忠魂碑除幕式を新竹公園にて挙行する〈年表〉。
1925（大正14）年	3	7	金井行円（台北）、台北別院建築布教用掛を解かれる。
	4	16	黄江伝（台湾）ほか４名、蘭陽寺衆徒として得度する。
		30	澎湖島馬公にて三十年記念招魂祭を執行し、伊沢総督臨場する〈年表〉。
	5	2	厦門布教所教堂新築成り、遷仏法要執行される。
		30	武田顕道（桃園）、任を解かれる。
	7	1	竹中有信〔岐阜〕、桃園布教所在勤となる。
	8	7	中臣雲照（台南）、高雄布教所在勤を兼ねる。
	10	22	筧潮、宗教視察のため、南支・南洋・台湾へ出張を命ぜられる。
	11	13	本願寺派台湾別院、開教三十年法要を行う〈年表〉。
		17	本願寺派台北樹心幼稚園、開園式を挙行する〈年表〉。
		25	東亜仏教大会中華代表北京法源寺住持道階・中華全国仏教新青年会代表寗達・張宗戴来台し各地を巡錫する〈年表〉。
1926（大正15）年	4	17	本山にて開教監督会議を開催する。
	5	13	「宗教制度調査会官制」公布される。
	6	9	河野春静〔熊本〕、桃園布教所在勤となる。
	7	2	青木恵昇（台北）栄山浦布教所（朝鮮）在勤となる。
	9	16	坂上斉正〔大阪〕、台北別院在勤となる。
		29	芳原政信（青島）、南方開教監督兼台北別院輪番となる。
	10	–	本山、開教要員を募集。
	11	–	中国南部および台湾を南方開教監督の範囲として設置する。
		9	台湾台北工業学校生徒５０名、本山に参詣する。
	12	18	古川徳信（台北）、南方開教監督部録事となる。
		18	坂上斉正〔大阪〕、南方開教監督部承事となる。
		27	加藤智学（布教使）教用につき台湾に出張を命じられる〈昭和 2 年 1 月 18 日まで〉。
1927（昭和2）年	3	–	角倉誓〔京都〕、屏東布教所開教係となる。
		30	布教監督を開教監督と改称する。

		31	開教使員の衣帯を制定する。
	4	20	本庄薫〔長崎〕・月見臺男〔滋賀〕・高志龍雄〔佐賀〕、台北別院在勤となる。
		22	坂上斉正、監督部承事兼台北在勤を解かれる。
	5	11	神田末清（厦門）、泉州布教所並漳州布教所在勤を兼ねる。
		11	大内正雄（泉州兼漳州）、任を解かれる。
	6	−	河野春静（桃園）、大甲布教所開設にあたる。
	8	1	高志龍雄（台北）、台中布教所在勤となる。
		8	藤永覚奨（台中）、任を解かれる。
	10	16	台北別院本堂立柱式を行う。
		20	清水成鑒、桃園布教所在勤となる。
		20	竹中有信（桃園）、任を解かれる。
	11	30	高志龍雄（台中）、任を解かれる。
1928（昭和3）年	3	6	井上善頂〔熊本〕、台北別院在勤となる。
		17	宮原大安、台中布教所在勤となる。
		29	台湾特別伝道実施される〈～4月21日〉。
	4	1	柏原祐義（擬講）、4月21日まで台湾各地を巡講する。
	5	14	安藤源静（桃園）・安藤顕隆（布教使）支那出動軍従軍布教を命ぜられる。
		31	安藤源静（桃園）・本庄薫（台北）、任を解かれる。
	6	12	中臣雲照（高雄兼務）、任を解かれる。
		12	加藤有信〔福岡〕、高雄布教所在勤となる。
	7	−	河野春静（桃園）、蘇澳布教所を開設する。
	11	−	新本堂建立〈全台〉。
	11	23	加藤覈〔愛知〕、蘭陽寺在勤となる。
	12	10	中村信三、台北別院在勤となる。
1929（昭和4）年	4	1	経塚亮照〔新潟〕、台北別院在勤となる。
		27	藤沢宏澄（ブラジル）、台中布教所在勤となる。
		27	宮原大安（台中）、台南布教所在勤となる。
	11	9	元総督府技師田代安定記念碑、台北市三橋町墓地に建設され、落成式が挙行される〈年表〉。
1930（昭和5）年	1	−	真宗十派が声明書を出し、神社から宗教性を除くことを要求。
	2	27	北村正夫、高雄布教所在勤となる。
	3	25	東雷輔、台北別院在勤となる。
	4	11	「布教条例」を発布し、同条例内に開教地布教の条章を設け、従来の北米開教監督部を廃止し、北米は本部直属とし、新に青島別院内に北支開教監督部を置く。

	6	12	「布教条例」により、「開教条規」をさだめて発布する。
		12	芳原政信（台北）、南方開教監督兼台北別院輪番となる。
		12	古川徳信（録事）、南方開教監督部主事となる。
	9	20	本明龍貫（布教使）、秋期伝道のため、台湾に出張を命ぜらる。
		30	開教地在住の門信徒の調査を開始する。
	10	2	開教監督部役員の役袈裟条規を定める。
		15	嘉義布教所を開設。角倉誓（開設係）、在勤となる。
	12	14	台北東本願寺別院出火、全焼する〈年表〉。
		17	本明龍貫（布教使）、教用につき、台湾へ出張を命ぜらる。
1931 (昭和6)年	1	–	河野春静（蘇澳）、再び桃園布教所在勤となる。
		26	角倉誓（開設係）、嘉義布教所在勤となる。
	3	25	古川徳信、監督部主事兼台北補番を解かれる。
	4	9	木下万渓（釜山輪番）、台湾開教監督兼台北別院輪番となる。
		9	芳原政信、台湾監督兼台北輪番を解かれる。
		20	高橋忠雄、台北別院在勤となる。
		27	中村信三（台北）、金瓜石布教所在勤となる。
		27	東雷輔（台北）、蘇澳布教所在勤となる。
		27	雨森一恵（台中）、台北別院在勤となる。
	5	22	月見崟男（台北）・佐々木義憲（台北）、任を解かれる。
	6	20	竹中静海〔鹿児島〕、台北別院在勤となる。
	7	14	瀬味義祐〔岐阜〕、蘇澳布教所在勤となる。
	9	–	木下万渓（監督）・河野春静（桃園）・高橋忠雄（台北）一行、新竹州蕃地の視察・布教のため巡回する。
		1	渡部了応、台北別院在勤となる。
		18	満州事変勃発する。
1932 (昭和7)年	3	13	東本願寺主催にて満州・上海事変における本島関係戦死者の追悼会を同寺で開催する〈年表〉。
	4	–	台中布教所内に社会教化施設として慈光会を設立する。
		2	日支事変戦病死者追悼会を台北仏教各宗連合会主催で、西本願寺本堂にて執行する。総督・軍司令官等参列する〈年表〉。
	6	1	高抳用（台湾）、台北駐在となる。
	11	18	川村康円・杉浦顕成〔和歌山〕、台北別院在勤となる。
		25	旭賢雄（台北）、任を解かれる。
1933 (昭和8)年	5	22	台湾基隆市寿町に基隆布教所を開設する。
	6	6	経塚亮照（台北）、基隆布教所在勤となる。
	8	12	加藤誓円〔大分〕、高雄布教所在勤となる。
		12	畑文哲〔大分〕、台北別院在勤となる。

1934（昭和9）年	7	3	河東俊明〔佐賀〕、台北別院在勤となる。
	9	1	杉浦顕成（台北）、新竹布教所開設係となる。
	10	1	河野春静（桃園）、水汴頭布教所開設係を兼ねる。
	12	1	大平正夫〔岐阜〕、台北別院在勤となる。
1935（昭和10）年	1	12	台中布教所附設の簡易宿泊施設樹心寮落成、開所式挙行される。
		20	山口珗幸（台中）、彰化布教所開設係となる。
	3	24	渡部了応（台北）、城東布教所在勤となる。
	5	1	竹中静海（台北）、台湾開教監督部書記となる。
		20	石田正吉、台北別院在勤となる。
		25	高木俊昌〔奈良〕、台北別院補番となる。
	6	1	杉浦顕成（新竹開設係）、台北別院在勤となる。
		1	角倉誓（嘉義）、新竹布教所開設係となる。
		1	蒲池貞治、台中布教所在勤となる。
	7	7	東本願寺本堂、上棟式挙行される〈年表〉。
	8	24	梨谷了栄（密陽）、嘉義布教所在勤となる。
		24	雨森一恵（台北）、蘭陽寺在勤となる。
	9	1	雨森一恵（蘭陽寺）、宜蘭刑務所教誨となる。
		23	宮原一乗（仁川）、台南布教所在勤となる。
		23	竹中静海（台湾監督部書記）、大甲布教所開設係を兼務する。
		26	新竹州新竹市南門町に新竹布教所を設置する。
		26	高抿用（大甲開設係）、台北駐在となる。
	10	1	台中州彰化市北門165番地に彰化布教所を設置する。
	11	5	台北公会堂にて台湾仏教徒大会が開催され、1,000名の僧侶が参列する〈年表〉。
		12	児玉高任（布教使）、台湾開教監督部下へ出張を命じられる。
		30	出雲路康哉（屏東）、名古屋駐在となる。
	12	16	大滝昇道（大連）、桃園布教所在勤兼水汴頭布教所開設係となる。
		16	河野春静（桃園兼水汴頭開設係）、屏東布教所在勤となる。
		21	北畠静泰、台北別院在勤となる。
		21	津田順正〔滋賀〕、台中布教所在勤となる。
1936（昭和11）年	1	31	梨谷了栄（嘉義）、任を解かれる。
	2	18	角倉誓（新竹開設係）、新竹布教所在勤となる。
	3	18	末森尚治〔富山〕、台北別院在勤となる。
	5	22	東富輔（蘇澳）・中村信三（金瓜石）、任を解かれる。
	6	23	川村康円（台北）、任を解かれる。
		30	乙丸義夫〔石川〕、台中布教所在勤となる。

		30	山口珖幸（彰化開設係）、布教所在勤となる。
	7	3	開教地に三十代開教本尊を下附することとする。
	9	1	藤彼岸〔大分〕、台北別院在勤となる。
		10	長野忠雄（台北）・後藤祐教（台中）、任を解かれる。
		24	乙丸義夫（台中）・蒲池貞治（台北）、任を解かれる。
		25	経塚道雄〔北海道〕、台北別院在勤となる。
	11	7	台北別院遷仏遷座法要が挙行される。
		7	大谷瑩誠（能浄院連枝）、大谷派台北別院本堂落慶法要に法主台下代理として参向する。多田周嚴（堂衆）、随行する〈～8日、年表〉。
		9	基隆布教所、大谷瑩誠（能浄院連枝）を迎えて会館落成式が挙行される。
	12	20	津田禧丸〔福井〕、台北別院在勤となる。
1937（昭和12）年	2	2	畑文哲（台北）、台湾開教監督部主事となる。
		14	末森尚治（台北）、任を解かれる。
		16	加藤誓円〔大分〕、高雄布教所在勤となる。
		20	大平正夫（台北）、任を解かれる。
	3	8	河東俊明（台北）、任を解かれる。
		16	基隆布教所を金瓜石寺と公称する。
		16	台中布教所を本観寺と公称する。
	4	5	台北仏教会発会式が挙行される〈年表〉。
		7	古川徳信〔長崎〕、台湾開教監督兼台北別院輪番となる。
		8	笠井信順、台北別院在勤となる。
		22	安藤俊雄（布教使）、台湾開教監督部下へ出張を命じられる。
	5	10	竹中静海（台湾監督部書記兼大甲開設係）、嘉義布教所在勤となる。
		10	角倉誓（新竹）、大甲布教所開設係を兼務。
		10	井上健龍〔福岡〕、台北別院在勤となる。
	6	1	雨森一恵（蘭陽寺）、花蓮港布教所在勤となる。
		1	藤沢宏澄（台中）、沙山布教所開設係を兼務する。
		5	新貝利男、台中布教所在勤となる。
		10	木曾弘〔福井〕、台北別院在勤となる。
		14	萩泰道〔滋賀〕、台北別院在勤となる。
		15	宇都宮光〔長崎〕、台北別院在勤となる。
	7	24	服部一雄（サイパン）、彰化布教所在勤となる。
	8	2	竹中静海（嘉義）、大連別院在勤となる。
		2	山口珖幸（彰化）、嘉義布教所在勤となる。
		5	杉浦顕成（台北）、大連別院在勤となる。
		12	渡部了応（城東）、任を解かれる。

		12	橋本新作（台北）、城東布教所在勤となる。
	9	10	山香照縁〔京都〕、台北別院在勤となる。
1938（昭和13）年	1	18	高木俊昌（台北補番）、パラオ布教所在勤となる。
	4	1	小笠原徹（台北）、彰化布教所在勤となる。
		30	広瀬稽祐〔福岡〕、台中本観寺在勤となる。
	5	4	宮原一乗（台南）、台北別院在勤となる。
		5	深奥九十九（布教使）、台湾開教監督部下へ出張を命じられる。
		15	服部一雄（彰化）、任を解かれる。
	6	1	高扺用（台北）、大甲布教所在勤となる。
		1	河東俊明〔佐賀〕、台北駐在となる。
		1	角倉誓（新竹）、大甲布教所在勤兼務を解かれる。
		1	藤沢宏澄（台中）、本観寺住職となる。
		20	宇都宮光（台北）、清水布教所開設係を兼ねる。
	8	1	遠州稔〔石川〕、台北別院在勤となる。
	9	23	「布教条規」の一部を改正し、開教地における監督部の管轄区域を朝鮮・満州・北支（北部支那蒙彊）・中南支（中南部支那および英領海峡植民地）・台湾・布哇に分け、北米・南米・南洋・フィリピンは本部の直轄とする。
	11	16	大谷瑩潤（信正院連枝）、法主台下代理として台湾、南支方面巡教に出発する。館義順（教学録事）が随行する。（19日基隆、台北。21日台北。21日高雄。22-25日広東。12月6日上海。9日南京。引続き各地慰問等。27日帰山。）
		20	佐々木操〔福井〕、台北別院在勤となる。
		28	藤彼岸（台北）、任を解かれる。
	12	3	奥村高文（サイパン）、彰化布教所在勤となる。
		3	小笠原徹（彰化）、任を解かれる。
1939（昭和14）年	1	13	宮原一乗（台北）、台南布教所在勤となる。
		14	塩崎三郎、金瓜石在勤となる。
		20	本山にて開教監督会議を開催する。監督全員出席し、24日まで。
	2	1	佐藤初〔大分〕・山田寺三樹〔大分〕、台北別院在勤となる。
		20	金光譲、台中本観寺在勤となる。
	4	1	角倉誓（新竹）、新埔布教所開設係を兼務する。
		8	「宗教団体法」公布される〈翌年4月1日実施〉。
	4	9	本山支那事変戦死者追悼法要厳修中、京都丸物百貨店で興亜開教展覧会を開催し、各開教地諸資料を展観する〈～17日〉。
		14	木村義竟〔新潟〕、清水布教所開設係となる。
		16	黄江伝・楊滄海・荘金縁・張世棟（共に台湾）の4名、本山にて得度し、蘭陽寺の衆徒となる。

	5	1	東西本願寺共催にて開教使養成講習会を30日まで開催する。大谷派の受講者20名。
		1	新竹州新竹郡新埔庄に新埔布教所を開設する。
		3	中山隆（パラオ）、花蓮港布教所開設係となり、宜蘭刑務所教誨にあたる。
		3	雨森一恵、花蓮港開設係を解かれる。
		8	河東俊明（台北駐在）、台北別院補番となる。
		8	佐藤一雄〔京都〕、台湾開教監督部主事兼台北別院補番となる。
	7	−	井上健龍（台北）、任を解かれる。
	8	13	金光譲（台中）、任を解かれる。
		16	花蓮港庁花蓮港街花蓮港千石213に花蓮港布教所を設置する。
		16	中山隆（花蓮港開設係）、花蓮港布教所在勤となる。
		16	鷲尾法章〔新潟〕、台湾開教監督部書記兼台北別院在勤となる。
	10	19	大谷瑩韶（宣暢院連枝）、台湾開教監督部管内戦没者追悼並慰問のため法主代理として巡教する。増田円磨（興亜局出仕）・四辻龍瑞（堂衆）随行する。(22日基隆、台北。23日台北。24日台南。25日高雄、屏東。26日台中。27日基隆発。30日神戸着。)
		20	角倉誓（新竹兼新埔開設係）、新埔布教所在勤兼務となる。
	11	18	山田寺三樹（台北）、任を解かれる。
		30	開教現勢、台湾：別院1、布教所13、布教者28。全体:別院18、末寺9、布教所158、出張所2、学校4、布教者446。
1940(昭和15)年	2	2	小笠原賢順〔岐阜〕、台北別院在勤となる。
	3	20	鷲尾法章、台湾開教監督部書記を解かれる。
	4	1	雨森一恵〔愛知〕、台中本観寺在勤となる。
		10	皇紀二六〇〇年奉讃法要を機に本山にて開教監督会議開催される。
	5	1	中村一〔愛知〕、台北別院在勤となる。
		10	深奥九十九〔福岡〕、台湾開教監督兼台北別院輪番となる。
		22	渡部了応（釜山）、台北別院在勤となる。
	6	25	南瀛仏教会、台湾仏教会と改称される。
		30	中村一（台北）、台湾監督部書記となる。
	7	1	橋本新作（城東）、花蓮港布教所在勤となる。
		1	渡部了応（台北）、兼台北駐在となる。
		3	佐藤一雄、台湾開教監督部主事を解かれる。釜山別院補番となる。
		3	土肥浩〔茨城〕、台湾監督部主事兼台北別院在勤となる。
		10	開教条規の一部を改正し、開教監督部に司計を置き、会計出納事務に従事せしめる。
		16	小山保〔福岡〕、台北別院在勤となる。

	9	8	台湾東西本願寺で内台人の僧侶を養成すべく計画する〈日誌〉。
		15	小山保（台北）、城東布教所在勤となる。
		17	土肥浩（台湾監督部主事）、台北別院補番兼務となる。
	10	24	木曾弘（台北）、任を解かれる。
	11	1	佐藤慧澄、彰化布教所在勤となる。
		4	大谷派台北別院に台湾本島人僧侶養成所を開設する。
		5	中村一（台湾監督部書記）に監督部司計事務取扱を命じる。
		14	台北本願寺別院、本島人僧侶養成のため台湾仏教教師養成所を開く〈日誌〉。
		19	円山千之（教学課長）・武田香龍（地方課録事）、台湾開教監督部下に出張する。
	12	28	雨森一恵（蘭陽寺）、台北別院在勤となる。
		28	長崎昇道（桃園兼水汴頭）、蘭陽寺在勤となる。
		28	野村泰学〔岐阜〕、桃園兼水汴頭布教所在勤となる。
1941（昭和16）年	2	1	和田史夫〔熊本〕、台北別院在勤となる。
		1	雨森一恵（台北）、任を解かれる。
		19	禿顕澄〔愛知〕、台北別院在勤となる。
		20	木村義竟（清水）、悟棲布教所開設係兼務となる。
	4	8	台湾本島人僧侶養成所修了者18名、本山にて得度する。
	5	1	末広一麿〔大分〕、台北別院在勤となる。
		20	深奥九十九（台湾開教監督）、南支開教監督を兼務する。
		30	中村一、台湾開教監督部書記を解かれる。
	7	−	広瀬稽祐（台北）、彰化布教所在勤を兼ねる。
		1	雨森一恵（台北）、上海別院在勤となる。
		21	和田史夫（台北）、台南州新豊郡駐在関廟庄布教所開設係となる。
	8	1	深奥九十九（兼南支開教監督）、兼務を解かれる。
		1	藤波大円〔大阪〕、南支開教監督兼南方開教事務取扱となる。
		7	高振用（大甲）、七斗布教所在勤となる。
		12	末広一麿（台北）、台湾開教監督部書記となる。
	10	17	台北にて南方開教使会議を開催する。
		31	保倉一道（布教使）、教用につき台湾開教監督部下へ出張を命ぜられる。
	11	1	藤沢宏澄（台中）、大甲布教所在勤となる。
	12	8	布教使布教員・開教使開教員・輔導使輔導員補任宗則を発布する。
		9	山本義雄〔石川〕、台北駐留となる。
		11	本山において開教監督会議開催される。

		29	土肥浩（台湾監督部出仕兼台北別院補番）、臨時台湾開教監督事務取扱兼台北別院輪番事務取扱となる。
1942(昭和17)年	1	−	満州・中国における別院・布教所に在勤するべき開教使員および大谷派開拓布教者訓練所入所生、露語・ラマ・南方文化の研究志願者、中国内各大学留学生を募集する。
		9	新竹布教所所在地名を新竹州新竹市黒金町436-6に改める。
		22	秦龍勝〔福岡〕、台北別院在勤となる。
	4	1	小山宏明（台北）、彰化布教所在勤となる。
		1	森清司（台北）、清水口布教所在勤となる。
		2	「興亜宗教同盟」結成大会開催される。
		7	角倉誓（新埔）、新竹布教所在勤となる。
		16	木村義竟（清水口）、梧棲布教所開設係となる。
		16	服部佼、台北別院在勤となる。
		19	佐藤恵澄（彰化）、台北別院在勤となる。
		22	吉田龍三（布教使）に南方事情調査を依嘱する。
	5	1	台中州大甲郡梧棲街字梧棲363-3に梧棲布教所を開設する。
		1	経塚亮照（基隆）、左営教場開設係となる。
		22	渡部了応（台北）、大稲埕教場開設係となる。
	6	1	深奥九十九、台湾開教監督兼台北別院輪番を解かれる。
		1	末広愛邦〔京都〕、台湾開教監督兼台北別院輪番となり、南方開教参与を兼ねる。
		1	天野豊〔大分〕、台北別院在勤となる。
		2	河野春静（屏東）、東港街教場開設係となる。
		22	横山修道〔石川〕、台北別院在勤となる。
		25	木村義竟（梧棲布教所開設係）、梧棲布教所在勤となる。
		30	友松諦道（厦門）、任を解かれる。
	7	22	吉田俊雄〔富山〕、七堵布教所開設係となる。
		30	源貞、新屋布教所開設係となる。
		30	山本義雄（台北）、三峡布教所開設係となる。
	8	−	開教現状、台湾：布教者36、寺院5、布教所16。
		4	小山宏昭（彰化）、嘉義布教所在勤となる。
		20	生田光、彰化布教所在勤となる。
		20	多賀寛二郎、台中本観寺在勤となる。
		21	中村一（台北）、任を解かれる。
	9	−	広瀬稽祐（台中）、任を解かれる。
		1	鈴木賢遵（大連）、台北別院在勤となる。
		2	森田泰信・石上誓光〔鹿児島〕、台北別院在勤となる。
		6	杉生広照〔福岡〕・松田龍映、台北別院在勤となる。
	10	1	石野礼二〔滋賀〕、台湾開教監督部出仕兼台北別院補番となる。
		1	土肥浩（台湾監督部出仕兼台北別院補番）、教学部出仕となる。

		6	藤戸龍映〔山形〕、台北別院在勤となる。
		10	諸橋敬太郎（南支監督部）、台湾開教監督部書記となる。
		15	藤原正円（布教使）、教用につき台湾開教監督部管内に出張を命じられる。
		15	服部佼（台北）、任を解かれる。
		22	香田勉〔愛知〕、台北別院在勤となる。
	11	1	前田天海〔福岡〕、台北別院在勤となる。
	12	1	生田光（彰化）、任を解かれる。
		1	台北市大平町3丁目55番地に真聖布教所を開設する。
		1	多賀寛二郎（台中）、彰化布教所在勤となる。
1943（昭和18）年	1	11	本山において開教監督会議開催される〈～12日〉。
		18	藤林了詮（布教使）、台湾開教監督部管内に出張を命じられる。
	2	1	長尾哲夫〔広島〕、台湾開教監督部出仕となる。
	3	19	長尾哲夫（台湾開教監督部）、台北別院在勤を兼務する。
		31	前田天海（台北）、桃園布教所在勤となる。
		31	松田龍映（台北）、城東布教所在勤となる。
	4	13	渡部了応（台北）、真聖布教所在勤となる。
	5	10	俵実〔神奈川〕、大甲布教所在勤となる。
		20	加藤有信（高雄）、台湾開教参与となる。
	6	30	長尾哲夫（台湾開教監督部出仕）、台北別院補番を兼務する。
		30	石野礼二（台北別院補番兼務）、兼務を解かれる。
	7	29	太藤順雄（パラオ）、左営布教所並幼稚園開設係となる。
	8	23	中村健城〔熊本〕、台北別院在勤となる。
	10	11	小林謙忍、台北別院在勤となる。
		15	吉田俊雄（七堵）、桃園布教所在勤となる。
		15	前田天海（桃園）、台北別院在勤となる。
		15	森清秀（清水）、新埔布教所在勤となる。
		15	横山修道（台北）、清水布教所在勤となる。
		20	木村義竟（梧棲）、清水布教所在勤を解かれる。
1944（昭和19）年	2	1	末広愛邦、台湾開教監督兼台北別院輪番を解かれる。
		1	楠田覚真（ハワイ監督兼ハワイ別院輪番）、台湾開教監督兼台北別院輪番となる。
		10	末広一麿（台北）、奉天別院在勤となる。
	3	1	竹内浄観〔石川〕、台北別院在勤となる。
		25	鈴木賢遵（台北）、任を解かれる。
	4	21	高雄市堀江町顕徳寺を高雄別院と称する。
	7	1	斎藤義賢〔島根〕、台北別院在勤となる。

1945 (昭和20)年	3	1	宮原一乗（台南）・加藤有信（高雄）・長崎昇道（蘭陽寺）・橋本正円（花蓮港）・河野春静（屏東）・藤沢宏澄（台中）・和田史夫（関廟）、従軍布教使を命ぜられる。
1946 (昭和21)年	4	4	河野春静（屏東）引き揚げ、大竹に上陸。
		10	藤沢宏澄（本観寺）引き揚げ、大竹に上陸。
		21	楠田覚真、台湾監督兼台北輪番を解かれる。
1947 (昭和22)年	2	1	森田泰信（台北）引き揚げ。

註１:(　)内は役職名または任地名など、〔　〕内は出身地を示す。また、〈　〉内は注釈・出所等を指す。なお、月日が不明の場合は、「-」で示すこととする。

註２:出所については以下の通り。なお、木場1995を参照した。

無印　真宗大谷派公報(下記１.～４.)および『宗門開教年表』(真宗大谷派宗務所組織部、1969)より

1.『本山事務報告』1893(明治26)年9月～1897(明治30)年9月、真宗大谷派本願寺寺務所文書科

2.『常葉』1897(明治30)年10月～1898(明治31)年9月、常葉社

3.『宗報』1898(明治31)年10月～1925(大正14)年4月、真宗大谷派本願寺寺務所文書科

4.『真宗』1925(大正14)年5月～現在、大谷派本願寺宣伝科

〈総督府〉『台湾総督府公文類纂』(国史館台湾文献館蔵)。なお、数字は、「冊号／文号」

〈上海史〉『東本願寺上海開教六十年史』(1937年)、高西賢正編著、東本願寺上海別院

〈年表〉『台湾大年表』(1925年)、緒方武雄編、台湾経世新報社

〈日誌〉『台湾日誌』(1944年)、台湾総督府

〈全台〉『台湾全台寺院斎堂名跡宝鑑』(1932年)、徐寿編著、国清写真館

植民地下の「グレーゾーン」における「異質化の語り」の可能性
――『民俗台湾』を例に

三尾裕子

はじめに

植民地主義と人類学との関係性という問題は、昨今の人類学をめぐる批判や反省、再構築や革新の試みといった動きを生み出している。たとえば、植民地支配者と植民地支配下に置かれた人々を邪悪な加害者と無垢の被害者とに明確に区分し[1]、支配された人々を、唯々諾々と支配に甘んじ、現実に適応して支配者文化を受容しようとするか、あるいはそれに背を向けて伝統に固執しようとする、という二分法に基いて描く事への批判がなされている。このような描かれ方に対し、松田素二［一九九七］に代表されるように、植民地状況において一方的な被害者とされた人々の多くが、支配者文化に屈服して受容しながらも、その中に巧妙に自らの主体性と創造性を滑り込ませて来たことを明らかにすることで、このような人々をソフトな抵抗実践主体として立ちあがらせる試みがなされてきている［山下・山本編　一九九七、山路・田中編　二〇〇二など参照］。

一方、人類学者及びその営為と植民地主義との関連については、以下のような批判がなされてきた。即ち、植民地支配の拡大に寄り沿う様に被支配者の社会に入りこんで他者の表象に関わってきた多くの人類学者は、植民地支配がもつ権力性、またそのような支配権力を背にした人類学者の権力性に無自覚のまま、他者をそのような支配のもつ権力性や暴力性とは無縁の存在であるかのようにみて彼等の「伝統文化」を掬い上げてきた、と指摘された。あるいは、人類学者は彼等の文化を文明に導くために、積極的に他者の文化に介入するための科学的根拠を提供してきた、というのである。しかし、植民地化された社会が「そんなにうまく植民地支配されたわけではない」［Parry 1994: 172］ように、植民地支配者のサイドにたっていた人々も、そんなに単純に植民地支配を肯定していたわけではないのではないだろうか。つまり、当時の人類学者の側にも「権力に無自覚な、しかし結果的に植民地支配に貢献する」か、あるいは「植民地支配に積極的に貢献することを目指す」以外のスタンスのありようがあったのではないだろうか。

もちろん、筆者は以上の様に述べる事で、植民地宗主国の人間にも現地の人々に理解のある好い人がいた、ということを主張して、宗主国の人間を慰めたいわけではない。彼らがいかに被支配者を理解し、彼等の状況を改善しようと振舞ったところで、「植民地支配という絶対悪に寄生する存在であることに変りはなかった」［松田　一九九七：二七八］ことは厳然たる事実である。また、他者を表象する人類学及びその周辺領域の学問のもつ権力性を自覚し、反省的である必要があることも間違いなかろう。その意味で、人類学における植民地主義批判が重要な意義を持つことも、筆者は否定しない。

しかし、それでも敢えて、筆者は次のように問いたい。構造的加害者の側に立つ人間にあっても、彼らには多様な思いや植民地支配に対する不合理性への懸念などがありえたのではないだろうか。またそのような思いを注意深く語る言説があったのではないだろうか。こうした揺れる内面は、植民地支配という「絶対悪」を根本から突き崩す力を持たなかった。だからといって、これをすべて「植民地支配に貢献した」という評価に還元してしまうことができるほど、植民地支配者の側に区分けされた人々の思考は単純であったとは言い切れないだろう。人類学における植民地主義批判が有効な力を持つとするならば、それは、植民地における強大な権力の前に個人の力のみで変革を推し進めることが不可能な状況の中で、被支配者との接触の最前線に位置してきた生身の人間が、いかに悩み苦しみつつ、ある判断、ある表現を見出していくのか、ということを、当時の歴史的文脈に基づいて、ていねいに吟味することではないか。即ち、後世の人類学者が彼あるいは彼女の属する時代の支配的なイデオロギーに依拠して過去の人類学者の営為を是か否かの二分法で断じる事ではなく、そのような判断軸自身を相対化していく努力を自らに課すことではないだろうか。そして、そのような作業の基礎の上に、かつて被支配者側に置かれてきた研究対象だった人々及びその子孫たちが、過去の人類学者やその研究成果を如何に記憶し、とらえ、彼らの文化的な営為の中にどのように位置づけているのかを、把握していくことではないだろうか。

本論でとりあげるのは、以上のような支配者側にたった研究者に関わる問題である。即ち、戦前の日本による台湾に関する人類学的あるいは民俗学的な研究と植民地統治との関係について、特に、『民俗台湾』という雑誌をめぐって最近比較的論じられる機会が増えている問題についてである。

『民俗台湾』は、日本が太平洋戦争を戦った時期にほぼ重なる時期に発行された半学術的雑誌であり、主に台湾漢人の民俗を収集し、これに関する研究論文、記事を掲載する事を目的としていた。参加していたメンバーは、学者だけではなく、作家、写真家、版画家など多様であり、また民族構成も日本人だけではなく、台湾漢人も多く見られた。

『民俗台湾』に関わった人々は、戦後になって当時を回想した記事などにおいて、『民俗台湾』が戦時期において、厳しい言論統制というぎりぎりの環境の中で精一杯の良心を同雑誌に表明してきた、と述べてきた。また台湾の人々にもそのように評価されてきた。しかし、このような評価が一変したのが一九九〇年代後半、主に人類学・民俗学以外の研究者からの日本植民地期の人類学・民俗学批判である。これ以降、台湾における戦前の人類学・民俗学は、良心を装いつつ（意図的に）植民地支配へ貢献した、との批判にさらされている。しかし、当の人類学者の間からのこのような批判に対する反応は、否定、肯定を含め、はなはだ鈍いと言わざるを得ない。

そこで、本報告では、『民俗台湾』批判を再検討し、「『民俗台湾』の意図」をめぐる解釈の多様な可能性を提示する。ここで筆者が「多様な可能性」と述べるのは、おそらく文字に書かれた文章からは、いくつかの可能性は指摘できても、「真実」を突き止めることは不可能だと考えるからである。しかし、かなり控えめな言い方になるが、この作業により、筆者は、『民俗台湾』の筆者たちが植民地を肯定し植民地統治に加担するために雑誌を作ったとする最近の論者の主張が、説得的ではないことは示せると考える。そして、本論文で、過去の植民地支配を分析する今日の研究者側も、今日の価値観を特権的にふるうことによって過去を判断するという「見る者」の権力性から脱却することの必要性を指摘したい。

一　『民俗台湾』

1　『民俗台湾』の概要(3)

『民俗台湾』は、一九四一年七月号から一九四五年一月号まで全四十三号(4)発行された半学術的雑誌であり、主に台湾漢人の民俗を収集し、これに関する研究論文、記事を掲載する事を目的としていた。当時、日本植民地下の台湾では、皇民化運動等によって強力に台湾漢人を同化しようとしていた総督府の方針があったが、『民俗台湾』では、当局から見れば取り上げる価値が低い、あるいはむしろ害になる台湾の伝統的な民俗についての紹介と研究が目的とされていた。創刊当時の『民俗台湾』発行部数は、五百部とも千部とも言われ、確かなことは不明であるが、最も売上げが多かった時期には、三千部以上を刷ったこともあったという(5)［池田　一九八二：一四四―一四五］。日本語で書かれた雑誌ゆえに、台湾漢人の誰もが読めたという雑誌ではないし、また時局柄、半学術的な雑誌を求める購読者にはそれなりの経済的余裕やこれを求める好奇心、積極的な動機も必要とされたであろう。これらの点から考えれば、最高で三千部という数字はこの雑誌の健闘ぶりを示していると言えるだろう(6)。

この雑誌の特徴のひとつには、参加者の多様性が挙げられる。最も核となった雑誌の中心人物は、台北帝国大学医学部解剖学教授の金関丈夫、台湾総督府情報部の池田敏雄であるが、金関は形質人類学的な分野が専門である。また池田は、台北の艋舺（萬華）に住み、艋舺の風俗習慣を集めていたが、いわゆる学者ではない。この他の主な参加者には、中村哲（台北帝大　政治学）、岡田謙（台北帝大　社会学）などのほかに、版画家の立石鉄臣、写真家の松山虔三など、学者以外の参加者も多かった。当時の台湾では、人類学（民族学）の分野での研究は、原住民研究については蓄積が進みつつあったが、漢人研究においては必ずしも人材もそろっていなかった。[7] そこで、台湾の民俗を愛する人々を広く民間から糾合し、有能な研究家が出現するような機運を醸成しようという目的があったという［金関　一九四一b：四五］。また、研究に偏るのではなく、民俗、歴史、地理などの紹介、寄稿者や読者の間の談話室的な役割も持たせていた。[8] このように、『民俗台湾』は、台湾の文化に関心を抱き、あるいはこれについて記録、研究をする人々の裾野を広げることがもくろまれた。[9]

参加者の多様性という点でもうひとつ特筆しておくべきことは、民族構成が日本人に限らず、陳紹馨（台北帝大土俗人種学教室副手）、黄得時（台北帝大卒　文学評論家）、楊雲萍（作家）など台湾漢人も多く見られたことである。むしろ、本当に有能な研究家は、台湾本島出身者以外のものでありえない［金関　一九四一b］との認識から、台湾漢人の積極的な寄稿を促した。池田麻奈が整理した寄稿者の名簿［池田麻奈　一九九八］から筆者が推論したところでは、おそらく全体の三分の一の寄稿者が台湾漢人であったと思われる。

更に、掲載された記事の多様性も指摘しておく必要があるだろう。各号には、実地調査に基づく研究論文的な文章だけではなく、様々な寄稿者による身の回りの風習などについての紹介、立石鉄臣による版画と短い文章からなる「台湾民俗図会」、松山虔三の写真に金関が解説をつけた「民芸解説」、この他、書評や文献紹介、会員の人事消息、台湾の風俗習慣に関する動向消息、「乱弾」[10]と題した読者による台湾の風俗習慣や生活全般に関わる短評を掲載するコーナーがあった。池田鳳姿によれば、このコーナーは、正面から批判できない皇民化を風刺することが目的であったと言う〔池田 一九九〇：二九〕。また台湾だけではなく、中国大陸やフィリピン、ボルネオ、ブーゲンビル島などについても取り上げられていることから、戦時体制における日本の南方進出と雑誌の取り扱う範囲との重なり合いも見て取れる。(11)

2 『民俗台湾』への評価――戦時期の良心

すでに述べてきたように、当時の台湾では、台湾漢人の皇民化が叫ばれていた。このため、総督府では、彼等の風俗習慣を日本的なものに改め、彼等を日本人に同化させることが至上命題であった。それゆえ『民俗台湾』では、民俗を採取、記録することと皇民化との関係が常に問われていた。つまり、民俗の記録・保存は、皇民化の妨げになるのではないか、という懸念があったのである。(12) このため、『民俗台湾』誌上においては、皇民化を正面から反対する文言は一切なく、皇民化の必要性を一応認めた形をとりつつ、主に以下の二点が強調された。

まず、台湾の民俗を記録、保存することの意義が紙面のあちこちに示されていることを挙げておきたい。たとえば、創刊号の巻頭語で、金関丈夫は、「われわれは記念物を愛護しよう。しかし、その存続が若し天意ではないならば――その如何は時の解決にまかせてせ《ママ》――めてその完全な記録を遺すことに努めよう」と述べている。この巻頭語では、記念物の消失を時に任せることの是非はともかくとしても、台湾の民俗を価値判断せずにまず記録を残すことが重要との意識が示されている。続く岡田謙の「民俗について」では、この点を更に明確にしている。即ち、民俗の変化には、一定の法則があると述べ、その法則をとらえなければ民俗の意識的な改善の道は開けないので、性急な主観的解釈を廃し、まず事実を叙述することが必要だ〔岡田 一九四一：三〕、というわけである。つまり、皇民化の推進のためには、民俗の改善が求められるが、それを行う前に、まず事実を叙述し、民俗の変化の法則性を捉えるべきである、ということになる。第三巻第四号の「『民俗台湾』編輯座談会」の「今のところは民俗採集の報告さへ出てくれば良い。それを整理したり、結論をあたへたりするのはいまのところしない方がい丶」という中村哲の発言からは、台湾の民俗を改変する事を拒否する姿勢すら読み取れる[13]〔編輯部一九四三：一四〕。

第二には、皇民化の行き過ぎた押し付けについての批判である。たとえば、T・I（池田敏雄）による一巻三号の編集後記には、「生活様式の改善の如き重大なる問題は、習俗に対する深き理解の上に立ってこそ、はじめて合理的なる改善が施せるのである。伝統を無視したゞ徒らに全ての旧慣[14]を打破することのみを以て生活改善だと考へるが如き無責任なる態度は、この際断乎として排すべきである」と述べられている。更に、同編集後記では、採るべきものと排すべきものは区別し、事をなすのに冷静にかつ暖かい愛が必要だ、としている。

『民俗台湾』の中心人物達が、緊迫化する政治情勢の中で、台湾の民俗を愛し、これを保護しようとした、との意識は、日本が戦争に破れ、台湾を手放して以降の彼等による回想の中でもしばしば語られてきた。たとえば、池田鳳姿によれば、『民俗台湾』が検閲によって発行停止となるのを免れるために、池田敏雄は総督などの訓示を読み漁り、適宜編集後記に挿入した、という。その一方で検閲で削除された部分を遅れて出版される合訂本ではこっそり復活させる、というようなこともしていたという[15]〔池田一九九〇：三二〕。

また、このような当事者の回想に寄り沿う様に、戦後の台湾では、おおむね『民俗台湾』が植民地、戦時下という環境の中で、台湾の人々の側に立った運動であったとの評価を受けてきた。たとえば、一九六一年の『台湾風物』における金関丈夫を囲んだ座談会では、『民俗台湾』に参加していた黄得時が、金関は進んで台湾人の生活圏に入り込んで、台湾人を理解しようとしていたと主張している〔劉一九六一：六〇〕。王詩琅も、『民俗台湾』を現在の台湾における「経典」と評価している(16)〔王一九八一〕。『民俗台湾』創刊当時、その「趣意書」に反発した楊雲萍は（内容については後述）、一九八一年の池田敏雄への追悼辞では、日本の台湾統治には多くの恥ずべき事柄があるが、ただ『民俗台湾』だけは日本人の良心が表われていた、と述べた〔楊一九八一：二〕。また、更に、別の論考で、当時の楊自身は若かったため、金関らの苦心の言説を素直に受け取れなかったと顧みている〔楊一九八三〕。

3　『民俗台湾』評価のコペルニクス的転回

ところが、一九九〇年代後半、それまでの『民俗台湾』に対する好意的な評価が、主に人類学・民俗学以外の研究者からの日本植民地期の人類学・民俗学批判によって覆されるようになった。これ以降、台湾における戦前の人類学・民俗学は、良心を装いつつ（意図的に）植民地支配へ貢献した、との批判にさらされている。

このような批判の口火を切ったのは、川村湊である。彼は、著書『「大東亜民俗学」の虚実』で、『民俗台湾』において最も大きな影響力をもっていた金関丈夫を、台湾の人々に対し、植民地主義的な差別意識を持ち、総督府による皇民化を容認し、台湾の民俗文化に対して冷たい態度をとったと、厳しく批判した。

発刊当時、金関の台湾の民俗に対する「冷たい」態度を感じ取ったのは、金関と近しい関係にあった楊雲萍であった。『民俗台湾』一巻二号では、「本誌発刊の趣意書を繞る論争の始末（上）」と題して、金関による「『民俗台湾』発刊に際して」（以下、「趣意書」）とともに楊による「趣意書」批判、更にそれに対する金関の反論がのせられており、同雑誌に関わる中心人物間の見解の相違が読者にすべて開示されている。その中で楊雲萍は、金関が『民俗台湾』の「趣意書」において台湾の旧慣を研究する前から、それが湮滅することを惜しむのではない、と述べていることを取り上げて、金関の台湾の民俗への態度には、「愛」がなく「冷たい」と批判している［楊　一九四一a：四三］。

これに対し、金関は反論として、「湮滅を惜しむのではない」というのは、「われわれは湮滅を惜しむ立場から事を始めたのではない」という意味だ、と釈明している。また、「台湾の民衆を愛し、その民俗を理解せんとする熱意に至っては、われわれは決して人後に落ちないつもりである。ただその愛と熱意を趣意書の文面に吐露するを適当とするか否かの判定はまた自ら別問題である。われわれは惟ふ所あって、台湾民俗研究の責務と実用性とを強調するのみにとどめるのを適当と認めたに過ぎない」と反論している［金関　一九四一b］。つまり、台湾への愛を「趣意書」に書くことが適当ではないので、敢えてこれを伏せた、と読める。

川村は、『民俗台湾』は金関の影響力が最も強かったと主張するとともに、上記両名の論争から、金関は意図的に台湾の民俗への愛を伏せたのではなく、そもそも金関の研究を含む当時の人類学に、人間を研究の客体的な対象としてみる「冷たい」視線があった、と主張した［川村　一九九六：

一二三二、一九九七：一三九〕。

金関による『木馬と石牛』〔金関　一九七六〕の中の「わきくさ物語」は、戦前に書かれた『胡人の匂ひ』〔金関　一九四三〕の三編の体臭に関する随筆の書き直したものだが、川村によれば、もとの三編は、人種、民族によって匂うか匂わないか、という問題の設定の仕方をしており、その前提が非常に人種差別的であるという。ところが、戦後の『木馬と石牛』では、その部分が削除されている、という。金関は、科学的なものを装った「文化論」として、体臭と人種の問題を扱っており、また戦後これらの文章を削除したことから、自分がレイシストであったことを自覚していた、という[17]〔川村　一九九六：一二三―一二七〕。

川村は、更に金関の台湾に対する冷たさが最も端的に現れたのが、金関の「大東亜民俗学」構築への熱意であったという。川村は、『民俗台湾』一九四三年十二月号でとりあげられた「座談会　柳田国男氏を囲みて　大東亜民俗学の建設と『民俗台湾』の使命」を通して、『民俗台湾』の中心人物であった金関丈夫には、柳田の「大東亜民俗学」に呼応するような、植民地主義的な志向があった、と指摘している。川村によれば、柳田の「大東亜民俗学」とは、彼の率いる日本民俗学を中心に、金関丈夫・国分直一の台湾民俗学、秋葉隆の朝鮮民俗学、大間知篤三の満州民俗学によって構築されるものであり、日本という中心から放射状に広がる民俗学研究の輪によって、中心―周縁をつなぐネットワークを作り上げようとする「「日本民俗学」の組織図」が柳田にあったのだという〔川村　一九九六：七―一〇〕。柳田は各地域に自立した方法論（主に現地語による調査）、主題、課題を持った民俗学を想定していないし、金関もまたそうした柳田の見方を共有してきた、という。

川村を引き継いで、金関批判を展開したのは、小熊英二［一九九七、二〇〇二］である。ただし、小熊の論点は、金関の学問には優生主義的な思考がその核にあった、という点であり、「大東亜民俗学」については、川村よりももう少し柳田に同情的であるとともに、金関のこれに対する姿勢は「共栄圏構想に肯定的」と断じる事で当然の前提と見ている。小熊が述べるように、金関が柳田よりも「大東亜民俗学」に対して積極的であったらしいことは、たとえば『民俗台湾』の二巻七号に掲載された金関による柳田の「方言覚書」についての書評［金関　一九四二：四六］に既に表われている。本書評で金関は「柳田先生の一国民俗学の立場は筆者もまた充分に尊重し、理解してゐるつもりであるが、然しその他に、東亜民俗学と云ふやうなものの立場を固める必要がありはしまいか」と述べている。そしてその理由として、金関は時局を持ち出している。つまり、東南アジアへの日本の軍事的進出による占領・統治に関連付けて、台湾の民俗研究がその枠にとどまらず、南洋の統治にも役立つ、という視点を打ち出している［金関　一九四二（『民俗台湾』二巻一号の編集後記も参照）］。

一方、小熊によれば、柳田の一国民俗学の理想を追求すれば、これが各国のナショナリズムに火をつける危険性を増大させることになるし、植民地支配を正当化して共栄圏の民俗調査の旗振りをすれば、柳田が人種差別的であると非難した白人的な差別思想に回帰する。このジレンマを解決できなかった柳田は、戦中、中途半端でおざなりな姿勢に終始したのだという。つまり、「大東亜民俗学」を掲げた座談会に招かれれば、適当に調子をあわせ、朝鮮民俗から寄稿を頼まれれば、おざなりな文章を書いたというのである［小熊　一九九七：一四六―一五〇］。

一方、小熊は金関の植民地主義的な姿勢や優生思想については、厳しくこれを批判している。例えば、『民俗台湾』は「時局的言辞を弾圧よけとして交えながら学術的な調査を行っていたとも解釈できるが、むしろその逆に、意図としては民族政策への貢献を指向していながら、調査能力がそれに伴わなかった結果とみたほうが適切な側面もあると思われる。なぜなら後述するように、国分のように「良心」からの参加者と異なり、金関は彼なりの民族政策観のなかに調査を位置づけていたからである」［小熊二〇〇一：二九］と主張する。

『民俗台湾』が皇民化政策と抵触した背景には、同化主義と差別的思考の一体性、優生学などが関わっている、と小熊は言う。一般には、優生学者は、混血を忌避する傾向があり、これゆえ異民族の結婚による同化主義に反対であったという。一方金関論文［一九四一a］では、「異種の皇民化を促進するために、混血によって優秀な子孫が期待できるか」という問題を立て、混血が種族の退廃と没落を招く場合には、これは皇民化の手段としては落第だ、と述べている。しかし、台湾の場合、常識的に考えれば日台間の通婚によって重大な支障が生じるとは思われないが、科学的に判断して有益かどうかを決定するためには、台湾漢人の形質調査が決定的に不足している、とする。また、優生政策によって、台湾漢人の人種の改造などが可能になるかどうか、という点においても、まず民俗調査を行って、彼等の婚姻慣習を知るべきである、と述べている。また、同姓不婚のような陋習を打破して、良質の配偶選択の範囲を拡張する必要があること、聘金、無知などの犠牲になって不合理不健全な結婚生活を送る女性に保護と指導を与えるべき、といったことを論じている。

小熊は、このことから、金関が調査研究に手足となる台湾人協力者と組織が必要だと考えた、という。そこへ、折り好く池田が『民俗台湾』の企画を持ってきたので、金関は「渡りに船」と思っただろう、と述べる。国分や池田をはじめとする『民俗台湾』のスタッフは、金関が参加の意図を隠していたために、彼の沈黙に対して自己の「良心」を投影し、それを疑わぬまま協力していた、と推論する〔小熊二〇〇一：四三―四四〕。小熊は、このように金関と池田や国分との間には『民俗台湾』に参加する動機に相当の乖離があったと推測している。つまり、池田の場合には、「本質を顧みず、形式的一致を以って能事終れりとする如き見方こそ、実は真の内台一致を阻害するもの」(『民俗台湾』一巻四号、編輯後記)という主張のように、当局が許容する範囲内での表現によって、この雑誌が皇民化を阻害するという非難へ反論し、台湾の民俗文化を一定程度の範囲内で保存しようとした、と考えられるが、金関は、これとは異なる論理をもっていた、ということになる。つまり、皇民化の行き過ぎに抵抗するためのカモフラージュとして、民俗調査が統治に有用である、と述べたというよりは、そもそも、統治に活用されることを前提として、台湾本島人の結婚の風習や形質的な特徴を調査する必要があった、ということになる。以上、小熊の議論では、池田や国分は皇民化に対して消極的に追随するなかでナイーブな良心を持っていたのに対し、金関は共栄圏構想を肯定して、台湾人の皇民化のために混血政策と優生政策を押し進めようとし、そのための基礎的なデータの収集のために『民俗台湾』を利用した、と区別された。つまり、金関とそれ以外の人間はいわば同床異夢であった、ということになる。

本節では、最後に最近『民俗台湾』の植民地主義性を強く批判した坂野徹〔二〇〇三、二〇〇五〕の議論を取り上げておかねばならないだろう。坂野の論考では『民俗台湾』だけではなく、日本植民地期に行われた広い意味での人類学的研究全般が取り上げられ、「他者」(漢民族、原住民)の「文明化」が、「日本化」の強制という問題と分かちがたく結びついてきた、というスタンスから人類学と植民地統治の関係について批判的な検討が加えられている[19]。

さて、坂野は、台湾における原住民の場合には、「皇民化」を推進する事が、原住民の文化の「日本化」であるとはいえ、「文明化」という目標に繋がるものである、と信じられていたが、他方中華文明の伝統に生きてきた漢人の場合には、「文明化」＝「皇民化」＝「日本化」という図式が当てはめにくい危うさがあった、述べている。このことについては、坂野は以下の二点を挙げている。一点目は、寺廟整理である。「皇民化」政策の一環として寺廟整理が行われた際、台湾の慣習を無視してあまりに性急に民間信仰を抑圧しようとしたため、日本人の間からさえも批判がなされた。この事態を収拾するために宮本延人が実態調査を命じられたが、この調査によって寺廟整理が「文明化」の内に「日本化」の強制を滑り込ませていたことが顕わとなり、植民地統治を前提に「他者」の「文明化」を推し進める事の欺瞞が露呈した。二点目が『民俗台湾』である。この場合にも、「文明化」という理念が適用されながら、実はそこには、「皇民化」即ち「日本化」である、という破綻した論理が隠されており、「不合理な民俗」があれば、それは「日本化（皇民化、文明化）」することによって改善してもよいとされた、という。それゆえ、例えば三巻一一号（一九四三年）に組まれた「養女・媳婦仔制度の再検討」特集を、単なる時局への妥協の産物とのみ捉えることはできず、むしろ媳婦仔を積極的に批判することで「文明化（即ち皇民化）」に役立てようという雑誌の意図があった、という[20]。

こうして、坂野は、戦前の日本人人類学者の研究の展開を跡付けてみると、一貫して「文明化」というイデオロギーと寄り添うようにして研究を推し進める人類学者の姿が見えてくる、と結論付けた。ただし、漢人研究の場合に見られるように、「文明化」と「皇民化」の間には軋轢があったため、「文明化」

が「皇民化」に直結しにくいという齟齬が生まれる事になり、人類学者はその間のつじつま合わせに悩むことになった。これと同様の悩みは、日本が南洋に軍事的に拡大し、占領地を統治していく場合にも発生したという〔坂野　二〇〇三：六三―六五〕。

二　『民俗台湾』の再検証

1　人類学的知の実践者の責任

以上見てきたように、『民俗台湾』は、川村湊による批判以降、従前の肯定的な評価が全面的に覆った。しかし、このような『民俗台湾』評価のコペルニクス的転回に対しての反論は、それ以前の肯定的評価と比較すると、非常に鈍い。その理由の一つは、当時の参加者の多くが既に亡くなっているか、相当の高齢になっており、もはや反論することがむずかしくなっている、ということにもあるだろう。例外的なものは、国分直一による川村湊への反論〔国分　一九九七〕のみである。国分は、以下の三点を指摘した。まず、金関の思い出を語りながら、金関がエスノセントリズムを持たないヒューマニストであったことを述べ、第二に『民俗台湾』がエキゾシズムやコロニアリズムに耽溺したのではなく、戦時下という限界的な状況の中で、台湾の文物をなんとかして保存、記録したい、という情熱に動かされていた、と主張した。更に最近の台湾でも『民俗台湾』が肯定的に評価されていることを淡々と述べている。ただし、国分の挙げた前二点については、既に従前の『民俗台湾』への評価においても語られており目新しい見解ではない。第三点目については、後に呉密察が具体的な著作の名前などを挙げて、国分の申立てを裏付けている[21]〔呉 二〇〇二〕。呉によれば、戦後生まれで『民俗台湾』をリアルタイムに経験していない世代も、「民俗台湾」には肯定的な評価をしているという〔王 一九九一、戴 一九九九、陳 一九九七など〕。いずれにしても、総じて言えば、国分の反論は、そう呼ぶには相応しくないほどささやかな抵抗であり、川村の事実誤認を正した他は、金関や『民俗台湾』を愛しむ想いを、訥々と語るにとどめている。

他方、当事者以外からの『民俗台湾』批判への反論は、ほとんどないといってよい。僅かな例外として、鈴木満男による川村批判があるが、鈴木の書の意図は『民俗台湾』を論じることではないので、この件については、鈴木の著作中のある注で言及されている程度であるし、それも『民俗台湾』批判への反論であるというよりは、川村湊が学者として不誠実であると鈴木が考えていることを、いくつかの事例を取り上げて暴露することが中心となっている[22]〔鈴木 一九九九：三一七―三二二〕。

残念ながら、『民俗台湾』批判に対して、数少なくなった当事者からの異議申立てがあったとはいうものの、それはあくまで当事者の主観的な解釈、あるいは自己正当化、と受け取られる危険性が高い。もちろん、その著作物を今日消費、利用する台湾の人々がこれを肯定的に評価し、自らの伝統文化の再評価に繋げているのであれば、当時の当事者の思惑がどうであったか、また『民俗台湾』に植民地主義性があったかどうか、はさほど問題にはならないのかもしれない。

しかし、今日の人類学者が台湾漢人の研究を行ううえで、『民俗台湾』に掲載された記事の中には、貴重な民俗資料となりうるものが少なからず見られる。特に、今日では失われた民俗、日本植民地支配によって変化を遂げた民俗についての記述は、『民俗台湾』が趣旨どおりであったとすれば、まさに偏見や政治的イデオロギーに毒されない生の形に近いものとして、今日我々も知る事ができるのである。

それゆえ、『民俗台湾』を貴重な資料として利用する人類学者・民俗学者には、残された資料の記述に滑り込んだかもしれない植民地主義的な権力性や偏見などに、注意を払わなければならないことは当然である。その意味で、『民俗台湾』を引き継ぎ人類学的な知を構築している人類学者にとっては、『民俗台湾』に投げかけられた人類学的知を論評する立場からの批判に対して、何らかの応答を行う事が課せられているといわざるをえない。

そこで、本論では、前節で川村らから指摘された『民俗台湾』及びその中核的人物であった金関の思考、更に金関に代表されたところの人類学的な知について、以下、四点にわたって、再検討することにしたい。

2 皇民化への関与

上記、三者の論考における『民俗台湾』批判に共通しているのは、同誌が皇民化政策に対して、部分的な抵抗を見せながらも、大枠においては、皇民化に役立てる事を念頭においていた、という批判である。池田敏雄が、当局からの検閲を逃れるために、弾除けとして総督訓令などに意識的に触れていた、ということが事実であったかどうかは、厳密に言えば戦後の後付けである、といえなくもない。文章として残された雑誌の編集後記などからは、皇民化を全面的には否定しない雑誌の態度しか見えないのも事実である。しかし、編集後記以外の雑誌の構成などを見ると、ことは書かれている額面どおりに受けとっていい、と想えるほど単純でもないようだ。

例えば、台湾漢人の投稿を積極的に促していることを考えておかなくてはならない。民俗を語るへゲモニーを植民地側の人間だけがもつのではなく、むしろ当事者を研究者として育成しようとした態度は、今日から見れば、先進的であったとすら言える。また、小熊の述べるとおり〔二〇〇一：四五〕、このことによって、結果として『民俗台湾』が漢人に文化的アイデンティティを確認させる機能を果たし、ナショナリズムのはけ口になった、という点も見逃せない。もし、皇民化を推進することが雑誌の目的であったとするならば、確かに、皮肉にも、その意図とは逆の効果を雑誌がもたらしたことになる。この民俗とナショナリズムの結合は、戦後もナショナル・アイデンティティを構築するための資料として、戦前の日本語雑誌の中で最初に『民俗台湾』と『台湾慣習記事』が台湾で復刻された〔池田　一九八二：二二四〕という形で、植民地後の台湾へとつながっていく。

ところで、このような効果を、小熊は「意図せざる結果」と判断しているが、本当にそうだろうか。民俗への関心が、ナショナリズムを喚起する可能性がある、ということに金関や池田が気がつかなかったとすれば、相当鈍感だったといわざるをえない。

確かに、国分は、「『民俗台湾』の運動には、行き過ぎの皇民化運動へのチェックを加えようとする意図と植民地日本人のひとりよがりには反省を、漢系の人々へは、自らのアイデンティティを確かめることによって自信をもってもらうことなどの意味が含められていたのだと、筆者には考えられた」〔国分　一九八八：二五三〕と述懐しても、これが「あの緊迫した当時のことであるから、その思いは深く、金関の胸の奥に秘められたままであった」（同上）としたら、その国分の推測も、思いこみに過ぎない、と言われても反論のしようはないかもしれない。しかし、実際には「言論活動を弾圧されている民族運動や社会運動をやったりして、つかまって郷里に帰っていた人達がみんな書くようになった。

だからいくらか戦時下の民族運動のはけ口のようになった」〔座談会　一九九〇：三九二―三九三〕ということがあったらしい。だとすれば、金関に台湾を思う気持ちがあったという国分の推測は、単なる思いこみとは言えなさそうである。つまり、国策に協力するための雑誌だったと結論付けるには、当時の執筆者の中に植民地当局にとって好ましくない人間が多すぎたのではないか、という疑問が湧くのは当然だ。つまり、『民俗台湾』にこうした人々が寄稿する意味を、編者達も理解していたのではないだろうか。

「言論活動を弾圧されている民族運動や社会運動をやったりして、つかまって郷里に帰っていた人達」が誰を指すのかは明示されていないが、おそらく、陳逢源、朱鋒、楊逵などを指していたものと思われる。[23]彼らは、台湾文化協会メンバーだった。台湾文化協会は一九二一年、林献堂を総理として一〇三二名の会員によって成立した文化啓蒙団体で、台湾議会設置請願活動を支持していた。一九二七年以後分裂し、林献堂らは合法手段により台湾地方自治を実現することを主張して、後に台湾民衆党を設立したが、陳逢源、朱鋒は、この台湾民衆党にも参加している。彼らの活動は、しばしば警察に介入されており、例えば、陳逢源は一九二三年に逮捕され、四ヶ月拘束された経歴を持つし、日本統治時代の末期には何度も当局の金融政策を批判した。民俗学者の朱鋒（荘松林）の場合には、一九三二年に日本の警察から十年間出国禁止処分を受けている。[24]作家の楊逵も、一九二九年、一九三一年に逮捕された経歴を持っている。[25]以上の事から考えれば、『民俗台湾』の中心メンバーが、寄稿者たちによって見出された当該誌への意味付けを看過していたとは、到底思われない。

3 「皇民化」と「文明化」の矛盾

さて、「皇民化」への雑誌の関与という点については、更に坂野徹の論点も検討しておかなければならないだろう。坂野は、金関の「趣意書」にある「台湾本島人の皇民化は是非とも促進せしめなければならない。（中略）その為めに本島旧来の陋習弊風が速かに打破せられて、島民が近代文化の恩恵をより多く享受することの出来るやうになることは甚だ歓迎すべきことである」という部分から、金関には「皇民化」を「文明化」と同義と捉える発想があった、と述べている〔坂野 二〇〇五：二六九〕。なお、上記の趣意書で金関が使っているのは、「近代文化」であるが、坂野はこれを「文明」と言い換えている。(26) また、池田についても、『民俗台湾』一巻三号（一九四一年）の編集後記（筆名「T・I」）で、皇民奉公運動の盛り上がりを歓迎するとともに、習俗に対する深い理解があってこそ、はじめて生活様式の合理的な改善が可能であるといった趣旨を述べていることを取り上げて、「風俗習慣の再検討」による「文明化」は「皇民化」と同義であると池田が考えていたと解釈している〔坂野 二〇〇五：二七一―二七二〕。更に、既に述べたように、三巻一一号（一九四三年）で特集としてとりあげた媳婦仔について、これを積極的に批判することで「文明化（即ち皇民化）」に役立てようという雑誌の意図があった、としている。つまり、坂野によれば、「金関たちは、「皇民化」を「文明化」という観点から捉えることによって、文明化イデオロギーに隠された他者の「日本化」の強制（＝「皇民化」）自体の問題性に目を向けることはなかった」ということになる〔坂野 二〇〇五：二七六〕。

もちろん、坂野も、金関らが「文明化」と「皇民化」の乖離に気がついており、またあらゆる旧慣打破を支持していたわけではないことを注記している。例えば、上記の一巻三号（一九四一年）の編集後記

（筆名「T・I」）では、民俗への理解を欠いたまま徒に旧慣を打破することが「皇民化」の暴力であることが指摘されている。しかし、それは、「文明化」によって「皇民化」という本当の目的を達成しようとする意図が金関らにあった、という議論を覆すには至らない、というのが坂野の主張であろう。

では、この徒な旧慣打破と徒ではない旧慣打破は、いったいどのように区別すべきものと認識されていたのだろうか。この点は、「趣意書」や編集後記を見るだけでは理解されない。つまり、『民俗台湾』における具体的な民俗の記述及びそれに対する個々の著者の評価を丹念に見ていく必要がある。

もちろん、台湾には、日本人から見ても、またある場合には台湾人から見ても、確かに打破することが合理的であると考えうる旧慣もあったようだ。それは、たとえば、上述の媳婦仔がそうであり、また童乩もそのような対象であった。童乩とは、いわゆるシャーマンであるが、治病行為を行ったり、神がかりになって神の託宣を行ったりして、人心を惑わせる迷信の最たるものとみなされてきた。国分直一は、童乩の行為を詳しく紹介したのち、童乩がはびこる理由を、海を越えて移民してくる際のリスクの高さや、伝染病の蔓延、械闘と呼ばれる武力を用いた抗争に求めている。しかし、こうしたことは、衛生局による衛生指導や医療の質の向上、土壌の改良などによって、改善されつつある、と結んでいる［国分 一九四一］。童乩は陋習であって、これは文明的な方策――具体的には、近代医療、衛生学、自然科学などの近代科学――などによって打破されるべきものである、という論理の立て方は、「文明化」の一つのモデルにするには理想的であった。ただ、ここにおいて提示されているのは、「文明化」であり、「日本化」ではない点には注意をしておく必要があるだろう。即ち、医療や衛生などは、明治期の日本にとっても外来のものであり、日本も取り込むことを必要とした。あえて言えば、「文明化」の点では日本が台湾よりも少し先にこれを経験した、ということにしかならない。しかし、それゆえにこそ、「文明化」を「日本化」と言い換えても、それほど抵抗なく受け入れられる部分であるといえよう。再度確認すれば、媳婦仔や童乩が陋習として打破の対象になりうるのは、「文明化」という尺度から見ても合理的（科学的）だと当時の執筆者たちが考えたからであり、このことは「日本化」ではないにしても、「日本化」と読み替えたとしてもさほど不都合はないのである。

しかし、一方、日本の慣習であっても、文明的ではない習慣であれば、否定すべきであり、むしろ台湾の習慣のほうが正しいという見解も表明されている。台北帝国大学助教授の淡野安太郎は、「現代台湾内地人風俗所感」において、台湾において内地人が日本式の家屋を建てることの不合理を説いている。彼によれば、日本式の木造家屋は、高温多湿で雨が横殴りに吹き付ける台湾には不向きであるという。そして、日本人は、台湾で生活するためには、台湾を趣味の対象とするのではなく、台湾を生きなければならない、と述べる。つまり、台湾において内地延長主義的な考えを持つのではなく、台湾にあった習慣や風習を身に着けることの必要性を説くのである［淡野　一九四四：七―九］。また、『民俗台湾』には、その表向きのスローガンとは別に、各所に、それとあい矛盾するような意見が、さりげなく織り込まれていることが多い。たとえば、金関は、台湾とは一見無関係な村山智順著の『朝鮮の郷土娯楽』についての書評欄の最後に、台湾の娯楽についての指導の行き過ぎをやんわりと批判している。この頃、台湾では、皇民奉公会の中に娯楽委員会が結成されているが、金関はこの成立を慶祝すると記しながら、その一方で、真の娯楽とは、生活と不可分の自然発生的なものであるべきであって、都市文化人が与えるものは代用物に過ぎない、と切って捨てている［金関　一九四一c］。

このほか、世事の短評を掲載する「乱弾」には、意外と雑誌のスローガンに反するような意見が載せられていることが多い。一巻二号二六頁には、黄鶏というペンネームで、台湾在来の下駄の使用を禁止する学校に対する批判が掲載されている。投稿者は、台湾在来の下駄は、内地の三分の一の値段で買えるばかりではなく、水に強く、鼻緒も切れる心配がないにもかかわらず、これを在来のものだからといって、禁止することは、経済という面でも合理性という点においても道理がないと主張する。そして、内台文化の交流を真面目に言うならば、台湾のよい面をもっと取り上げるべきだ、と締めくくっている。また、一巻三号の「乱弾」三三頁には、閃那婆というペンネームで、次のような批評が載っている。即ち、この投稿者は、台湾漢人の眼から見た日本の風習として、家の中で主人が裸になって座敷で雑誌を読んだり食事をしたりすることが、たとえ家族同士の間であっても、失礼にあたる、と批判している。つまり、日本の習慣や日本の事物であっても、文明的でなかったり、不合理なものもあるのであって、やみくもな「日本化」が無意味であることも表明されているのである。

以上のような事例は何を指し示しているだろうか。これらからは、金関らが「文明化」の名の下に台湾の人々の「皇民化」を隠蔽し、台湾の風俗習慣を「日本化」しようとした意図を持っていたことを読み込むことは難しいのではないだろうか。むしろ、台湾の旧慣のうち、日本のたどった「文明化」とも矛盾しない改変であれば、推し進めることを許容するとしても、あらゆる旧慣を「日本化」することが「文明化」の視点から見ても妥当であるとは考えられなかったのではないだろうか。つまり、「文明化」という観点から合理性のない改変を強要することは、徒な旧慣打破であり、「皇民化」の暴力である、と考えたのではないだろうか。この意味では、雑誌の中心人物たちは、「文明化」イデオロギーを「日本化」の強制に過ぎないことをみえなくするために用いたのではなく、「文明化」という観点から合理的な部分を「皇民化（＝日本化）」と強調することによって、雑誌の正当性を確保し、かつ不合理な部分までが「日本化」されることへの歯止めとしたのではないだろうか。すなわち、「皇民化」を一定程度許容することによって、「文明化」とは無関係な「日本化」を排除する意図を隠蔽しながら台湾の民俗を守ろうとしたと考えられよう。

4 金関丈夫と楊雲萍

金関の「趣意書」の「冷たさ」を批判した楊雲萍は、日本留学時代に民族意識に目覚めた作家である[27]。金関より九歳年下の楊雲萍は、一九〇六年生まれで、数え年一六歳で台北州立第一中学校に入学した。当時、台湾人でこの学校に入学したのは、楊と謝振声のみであったというから、楊は台湾でも優秀なエリートであったと思われる。卒業後は、一九二六年に日本大学予科に留学し、留学に前後して、『台湾民報』を中心に、白話文で小説や詩を発表した。塚田亮太によれば、日本留学中、楊は台湾青年会や社会主義研究団体である台湾新文化学会に参加していたと言う。そして、文学者としても「光臨」「黄昏的蔗園」「加里飯」などの社会矛盾の存在と解決に人々の注意を喚起する「政治性」を有した作品を発表した。特に、これらの作品には、植民地において抑圧された立場に置かれた台湾人の悲哀と苦悩、また権力者への揶揄や冷笑、抗議などが表現されていた。しかし、一九二八年の三一五事件で日本共産党に対する大規模な検挙が行われた頃から、楊の創作活動は沈黙へと向かって行った。楊の身近な友人には、日本共産党台湾民族支部のメンバーが少なくなかったが、彼等の中にも官憲に検挙され、獄死した者がいたという。こうした中で、楊は政治からの離脱あるいは回避を余儀なくされたという。

検挙、弾圧から逃れるべく政治から撤退した楊をはじめとした台湾知識人が次に活路を見出したのが、台湾史、台湾民俗研究であった。塚田によれば、「楊雲萍にとって精緻をきわめた台湾民俗学や台湾文化の研究が、可能な条件の中でもっとも台湾と台湾人のためになる実践であった」[28]［塚田 二〇〇〇：一二］という。

以上のような、楊の思想信条を背景に、楊と金関の間の「趣意書」を巡る論争をもう一度振り返ってみると、両者の間の齟齬について、より理解し易いように思われる。楊は、金関による「湮滅を惜しむのではない」の意味解釈についての弁明を受けて、「なるほど、「湮滅を惜しむのではない」といふ言葉は説明されてみると（実は説明されなくとも）「湮滅を惜しむ立場から、事を始めたのではない。それ以上の積極的立場から事を始めたのだ」といふ「真意」である事は理解出来る。だが、此の「真意」が必然に「愛と熱意」或ひは「湮滅を惜しむ」「湮滅をいたはる心」を已に内包（吐露せずに）して居るとは読み取る事が出来ない。何故なら「湮滅などどうでもよいといふ心」「冷い心」を感じてもよいからだ」と言っている[29]［楊雲萍 一九四一b：三九―四〇］。どうやら、金関の意図は前からわかっていたけれど、それと、台湾の民俗をできれば保存したい、なくなっていくものを惜しむ気持ちを持っていてほしい、という楊の気持ちとの間には温度差がある、と楊が感じたと思われる。更に、注目すべきは、川村らが取り上げていない以下の楊の反応である。楊は、『民俗台湾』の「趣意書」が公表される前に、実は手紙で金関から協力を依頼されていたことを記し、それに対して「僕は感傷的な位に「民俗台湾」の刊行を喜んだのであり微力を顧みず協力を申し出たのである。然るにその一日後か二日後に（僕の手紙を投函した）始めて「趣意書」に接したのである」と述べている〔楊雲萍　一九四一b：四二〕。このことから、おそらく金関の私信には、消え行く危機にある台湾の民俗への愛、熱意が書かれていたために、楊が「感傷的な位に」喜んだことが察せられる。しかし、そこでの熱意や愛と「趣意書」にはギャップがあり、楊は金関の私信が真心からのものであったか否かを確かめずには居られなかったのだろう。このあたりに、支配者の日本人（金関）と被支配者の台湾人（楊）との心情の越えがたい溝が存在していると考えられる。楊が、日本留学時代に民族意識に目覚めながらも、帰国後は社会情勢の急展開の中で、社会の不合理、植民地支配の不当性を真正面から告発する創作活動を半ば放棄し、台湾民俗学や台湾文化の研究に活路を見出したという塚田の分析に沿うならば、金関の「趣意書」は、楊にとって自分の存在をかけた仕事を守り抜けるかどうかの瀬戸際であったのだろう。金関にとっては、「趣意書」の書き方が総督府の監視から逃れて雑誌を船出させるための彼流の方便だったとしても、それは楊には、その真意を正さざるを得ないと思うほど深刻な問題だったといえる[30]。

以上のことから、金関には、楊が涙を流すほどの台湾の民俗への愛があった、とも考えられるし、あるいは楊が落胆するように、楊と同じ程度の愛がなかったともいえる。たとえ、金関に台湾民俗への愛があったとしても、そこに台湾人としての尊厳のよりどころを求める以外に方策のなかった楊にとっては、金関の姿勢は、やはり同じ側に立って権力に抵抗している、という共感を百パーセント得られた、とは言えなかったのはやむをえなかったかもしれない。裏を返せば、金関の台湾への愛がどんなに自己意識として深いものだったとしても、楊には所詮は自らの文化が圧殺される心配のない植民地統治側の人間の第三者的な愛に見えてしまったのかもしれない。

5　人類学とレイシズム、優生思想

前項では、金関丈夫と楊雲萍の関係を軸に、金関の個人的な台湾民俗への姿勢を検討した。しかし、川村の批判は、金関個人に対するものではなく、人類学という近代的知のもつ原罪に対するものであるという〔川村　一九九七〕。であるならば、当然、金関という個人によって顕在化する人類学という近代的知の問題性を考察しておかねばならないだろう。

川村が金関をレイシストと判断した根拠の例として[31]、「わきくさ物語」及び「アイヌの腋臭」「胡人の匂ひ」という随筆がある。戦前に出版された『胡人の匂ひ』に収録された上記三作品には、確かに今日の基準からいうと、人種差別的といわれても仕方のない表現が散見される。たとえば、人種によっては大変に匂うものがあると強調されている。また、人間の腋臭は動物的形態の遺残であって、進化学上からいうと下等な特徴である、と金関は言う〔金関　一九四三：一五〕。戦前の人類学では、まだ人種による進化の度合いの違い、といったことがまじめに議論されていたのであろう。この点では、金関は、時代的な拘束を受けていた。しかし、金関の場合には、欧米人がもっとも進化した人種である、という一般常識を覆したい、という意図があったものと思われる。なぜなら、金関によれば、腋臭を基準にすれば、高等な人類は欧米人ではなく、日本人や中国人（漢人）になるからである。このような西欧中心主義を排する金関の思考は、同書に掲載された「人類及び人種は多源か」と題する随筆では、次の様に表現されている。「人類の起源に関して（中略）いづれの時代にも多源説よりは単源説が、より真らしい印象を与へたのである。これは判定者が古来の基督教的単源説の思考法に慣れ、その影響を完全に脱却してゐなかった為めであらうと思はれる」〔金関　一九四三：八八〕と。このことから、次のような事が考えられる。つまり金関は、人種の違いによって進化の度合いが異なるという思考自体には批判的ではなかったものの、これを西欧中心主義的な進化思想に還元する事への批判があった。また日本人と台湾人について身体的な特徴を進化と結びつけて優劣を論じる、という発想はなかったと思われる。

日本人と台湾漢人を区別しない姿勢は、優生思想に関しても基本的には維持されていたと思われる。金関〔一九四一a〕は、日本人と台湾漢人の混血が何か重大な生物学的な問題を生み出すということはないだろう、と推論しているし、筋肉的労働能率の向上などの点で、日本人のほうが優っている、と示唆してはいるものの、これをもって、台湾漢人との混血を否定し、日本人の「優秀性」を保持しようと考えていたと断定する根拠も見当たらない。

優生学という言葉は、一八八三年にイギリスのフランシス・ゴールトン卿が作り出した、遺伝子を利用して人間を「改良」することを目指す「科学」である。近代社会では病者や身体的欠陥のあるものが治療され、保護されるようになったが、このことによってかえって人類は自然界とは異なる逆淘汰的な影響をこうむるようになり、悪の遺伝が人類を退化させる、という議論が一九世紀末から欧米を中心に勃興した。そして優生学は、悪の遺伝を阻止するために、積極的優生学、すなわち適応者の生殖率を増加させ、人間を改善する、という方向性と、逆に不適応者の出生率を抑制するために、断種や隔離を行う消極的優生学という方向性へと進んだ。優生学は容易に人種差別と結びついたということも見逃すことはできない。アメリカでは、移民の制限政策を推進する根拠として、最初にヨーロッパから移住したピューリタンや北欧系の人々は優秀だが、それ以外の人種は「劣等人種」であると考えられた〔トロン

ブレイ　二〇〇〇〕。日本でも欧米の優生思想が持ち込まれた。一九三〇年に設立された日本民族衛生学会では、劣等民族にアイヌを位置付けた。一九四〇年には、「国民優生法」が成立し、戦争を戦い抜く人的資源として利用できない病者や障害者の断種が可能とされた〔藤野　一九九八〕。金関が上記の文章を発表したのは、このような時代背景にも関係があるだろう。ただし、金関の論調からは、消極的な優生学の思考は希薄であるし、人種による遺伝的優劣、という問題の立て方からは抜け出せなかったものの、台湾漢人を差別すべき対象とまで見ていたと考えられる確たる根拠は見出せない。(32)

三　グレーゾーンの言論空間における異質な語りの許容

前節では、主に金関を軸としながら、『民俗台湾』を巡って最近繰り広げられた批判を再検討してきた。金関に主に焦点を当てたのは、『民俗台湾』関係者の中で、参加者達から金関が中心人物として一目置かれていたこと、また金関が他の関係者と比べて植民地政策への寄与という点で積極的であったと批判されたこと、また大東亜民俗学へも積極的に関わろうとしていたと指摘されたことに起因している。つまり、池田や国分には良心的抵抗があったかもしれないが、金関には、植民地統治への積極的関与があった、という指摘がなされ、金関が「民俗台湾」の植民地主義性を代表していた、と考えられた。

しかし、筆者の見る限り、金関に台湾漢人に対する差別意識があったと断じる積極的根拠は見出せなかった。ただ、台湾の民俗に対する愛に、植民地統治者側のいわば「余裕」のようなものがあったことは確かかもしれない。どんなに金関が台湾の文化や工芸を愛で、台湾青年を賞賛しても、やはり民俗の改変を迫られているのは台湾の民俗であって日本の民俗ではない。『民俗台湾』誌上では、日本人の民俗の台湾での変化についても雑誌では取り上げるべきである、といった議論もなされているが[33]、これも所詮は改変を強制されない構造的な強者の「余裕」あるいは自由な選択肢でしかない。台湾漢人の側の文化は、当局の抑圧を如何に和らげるかという策を弄さない限り、同化の高波に飲み込まれる危険性が大なのである。このあたりの危機意識の差のひとつの現われが金関と楊のズレであったとも考えられよう。どんな良心も、それが構造的強者の側から示された限りでは、弱者には気休めに聞こえてしまう可能性は大である。

しかし、このような「強者―弱者」の構造の存在を認め、金関ら日本人の運動がこうした構造的権力の上に寄生した営みであることを免れ得なかったことも認めた上で、それでもその権力性を、逆に台湾漢人の民俗の保存と彼等の民族的尊厳の維持に役立たせようと努力したと考えることも可能である。しかも、彼等自身がよって立っていた支配者側の権力性も全く自由な権力性ではなく、彼らの上にはより大きな軍国主義的な権力が覆い被さっていた。それゆえ、日本人であっても彼等の活動が当局の嫌疑の対象となり、それから免れるためには弾除けのような時局迎合的な語りを連ねなければならなかったことを想起すべきだろう。そのため、彼らなりの愛があって、台湾の民俗を守ろうとしても、それをストレートに表現することはできなかった。そこで、その意味で、『民俗台湾』では、合理性のある民俗の改善は肯定しながら、皇民化の不合理な押し付けに対しては反対する、という形で台湾の文化を守る戦術を採った。つまり、この運動において金関らは、植民地暴力の傘を着ながらも同時にその権力に抑圧された中で、自らの言論空間を維持しようとした、考えることは可能だろう。

また、金関の場合には、科学者あるいは広い意味での人類学者としてのアカデミックな教育を受けていた事もあり、関心の核には、台湾というローカルな事象への愛着だけではなく、むしろ東アジアあるいは東南アジアを含めた広い地域における台湾の人類学的な位置付け、人類の進化の歴史があった。このような彼の興味関心故に、おそらく台湾の民俗に対する愛は、池田や、ましてや楊と比べた場合、淡白にならざるをえなかったといえるかもしれず、日本の軍事的な支配領域の拡大を、自らの学問的活動の拡大のチャンス、ととらえる視点があったといえるだろう。金関に自身の学問成果を植民地統治に活用しようという意図がどのくらいあったかは明らかではないとしても、その営為のあり方自体、植民地の拡大と表裏一体であったという側面があったことは否定しえないだろう。

金関には台湾漢人を差別する意識が無かったとしても、台湾を植民地のくびきから解放しよう、という意志があったわけではない。『胡人の匂ひ』に採録された「B君とG君」〔金関　一九四三：二〇九—二一六〕では、西洋の植民地下で侵略、抑圧に苦しむ印度、アフリカからパリにやってきた研究者のB氏とG氏との出会いについて語っているが、そこではパリで研究にいそしむ現地出身の研究者が抱える矛盾や苦悩に接した金関の心情が吐露されている。しかし、このような状況を記す金関には、わが身を振り返って自らが台湾において抑圧する強者の立場に立っていることに思い至る、ということはなかったようだ。おそらく、金関には、自身が台湾の人々に対して抑圧したり偏見を持ったりといった意識が無かったために、自らがその一部となっている台湾の人々との構造的な関係について、思いが及んでいなかったのだろう。むしろ、『民俗台湾』運動において、自己認識としては被抑圧者の方に近い、と規定していたとも考えられよう。このことから、彼が自らの権力性に無自覚であった、という非難を受けたとして、反論する術は無いだろう。

つまり、金関は、日本による台湾統治そのものを否定してはいなかった。また、『民俗台湾』の成果は植民地統治に役立たせることができることも述べている。ただし、その役立たせ方は、日本人の統治に資するためというよりは、台湾人の現実を無視した植民地政策―皇民化―を批判するためであったと考えることも可能だろう。(34)

以上は金関を中心とした場合であるが、金関と池田、金関と楊という個別の人間、あるいは日本人と台湾漢人とでは、『民俗台湾』との関わり方の動機は、もちろん必ずしも一致していなかった。楊を含む台湾漢人は、構造的に弱い立場の被抑圧者であり、民俗文化を記録し保存することによってのみかろうじて自己アイデンティティを保持する術を確保しようとしていた。

他方、池田は、日本人であったため、楊のように台湾の民俗の研究を自らのアイデンティティと結びつけて考える必要があったわけではないが、台湾の萬華に生きており、興味の基点はあくまで台湾の萬華であり、萬華への深い愛着があったことは、『民俗台湾』を含めて彼が寄稿した諸々の文章に占める萬華関係の分量の多さにも表れている。(35) その意味で彼の発想は台湾における民俗の保存、保護が第一義としてあったといってよいし、日本人でありながら台湾漢人へのシンパシーを非常に強く持っていた、と言えるだろう。

金関及びその他の『民俗台湾』参加者の一人一人の間には、『民俗台湾』への思い入れに違いがあったことは容易に想像できる。池田による後の回想にはなるが、当初『民俗台湾』に参加しながら、次第に雑誌から遠のいて行った東方正義のような人の場合には、支配者意識が過剰であったために、『民俗台湾』に溶け込めなかった、と論評されている〔池田敏雄　一九八二：一三二〕。しかし、逆にいえば、楊をはじめとし、台湾の社会運動に関わった台湾漢人、萬華をこよなく愛した池田、考古学、民俗学者として『民俗台湾』にかかわり、多くの回想を残している国分らが、金関の元を離れなかったことは想起しておくべきだろう。彼等の間にも思惑の違い、台湾の民俗に対する愛情や意味付けに温度差があったとしても、当初の楊の批判以外には『民俗台湾』の存続に亀裂を生むような事態は発生しなかったことは特筆すべきことであろう。

『民俗台湾』が存続した理由は、確かに同床異夢的な部分があったことは否めない。しかし、これまで見てきたことからでは、同床異夢の異なる夢の一方を植民地権力への同一化、植民地政策への貢献のベクトル、他方を「民俗」を武器にした抵抗へのベクトルにクリアに区分することは不可能である。なぜなら、継続的に参加したメンバーは、だれもそのどちらかにのみ軸足を置いた著作姿勢を持っていなかったからである。あるいは、どちらかにのみ軸足を置いている、と明言して著作活動を行っていたわけではなかったからである。どの参加者も、皇民化政策に総論としては賛成することが、雑誌の存続の最低条件であることを受け入れざるを得なかった。しかし逆に言えば、皇民化を推進することに賛意を表する、という表の踏絵を踏んでおくことによって、それぞれの真意を表明することを避けておくことができたのである。それゆえ、参加者の中には、より植民地支配に肯定的な見解を持つもの、より否定的な見解を持つものがいたとしても、一定程度の台湾の民俗への愛着がある限り、雑誌を空中分解させない程度の範囲内であれば、雑誌への参加が暗黙のうちに許容された。『民俗台湾』は、このような危うい薄氷を踏むようなバランスの中で維持されてきたといえる。また参加者達は、植民地政策への貢献のベクトル、「民俗」を武器にした抵抗へのベクトルの双方をない交ぜにした「グレーゾーン」の中に、それぞれの自らの参加の意図を滑り込ませたのであり、自分とは微妙にズレを見せる他者の『民俗台湾』への参加のスタンスを受け入れたと考えられる。

おわりに

以上、本論では、『民俗台湾』運動の中に生み出された「グレーゾーン」へ、各参加者が相互に微妙に異なる自らの意志を潜り込ませたことを指摘した。このことから筆者は、植民地主義と共犯関係に有る民俗学者・人類学者、というステレオタイプ化された植民地主義批判に対して、より異質化された語りの可能性を提起したい。何故なら、その生まれゆえに支配者側に立つことが先験的に規定された知識人であっても、支配者側の、植民地的な抑圧について疑問を感じていたものもあったからであり、中には日常的な実践の中で、被支配者への抑圧に対する抵抗、あるいは抑圧緩和への助力を試みたものもいたからである[36]。我々は、とかく明確な立場表明を行った抵抗以外の言説を植民地主義的である、と断罪しがちであるが、自分とは違った体制下の人の行動を、現在の分析者が属する社会が持つ一般的価値観で判断することは、自らを安全な高みに置いたまま、「見る者」の権力性に無意識であるという点において、植民地主義と同じ誤謬を犯している、といわざるを得ない[37]。

しかし、付け加えて置けば、本当に問題とするべきは、『民俗台湾』や金関丈夫に植民地主義思想や優生主義思想があったかなかったか、と言う点について「真実」の所在をつきとめることではないと考える。なぜなら、金関らが残した資料や周囲の人々の証言から再構成される「過去」は、その作業を行う人の見方によって異なることは十分ありうるからであり、それぞれが、確からしい証拠に基づいて持論を展開すれば、議論は水掛け論に終わる可能性が高くなる。もちろん、「過去」の「真実」に近づこうとする仕事は大事であるし、本論でもその作業を行った。そのことによって、より説得的な「過去」を再構成しようとしたのが本論である。しかし、そのことによって、『民俗台湾』及びそれを受け継いだ今日の人類学が植民地主義から完全に逃れられるわけではないだろう。では何をもって判断すればよいのであろうか。筆者は、それは考察の対象となっている台湾の文化を生きてきた当時の人々及びそれを受けついで今日生きている人々にとって、当該雑誌がどのような意味を持つ雑誌であると受け止められているかという面が評価されることによると考える[38]。

先に、『民俗台湾』は、戦後、日本人のみならず台湾の人々によっても良心の表れた雑誌であったと評価された、と述べた。しかも、当時『民俗台湾』に関わった人ばかりではなく、戦後世代の研究者によってもその評価が引き継がれているという。このことは、『民俗台湾』が当時の政治的なイデオロギーを差し引いたとしても、戦後の台湾の人々にとって十分な学問的或いは資料的な価値を有している、ということであろう。もちろん、このような人々の思考を、日本植民地統治によって飼いならされたため、と断じることもできるだろう。しかし、たとえそうであったとして、『民俗台湾』という事象やその関係者が、台湾の人々によって肯定的な過去として記憶され、またそれが個体から個体へ、世代から世代へと伝達されて共同化されているのであるとするならば、そのこと自体が、植民地主義という批判に打ち克つ基礎になるのではないだろうか。『民俗台湾』が戦後何度も復刻出版されている事実一つをとっても、同誌が政治的なイデオロギーの紆余曲折を越えて資料として歴史の風雪に耐えうる価値を持ちつづけている証左であろう。今後は、金関の弟子たちへのインタビュー調査を通して、彼らにとっての金関や『民俗台湾』の持つリアリティを記憶の中から浮き彫りにすることを通して、植民地期の日本の人類学と植民地統治の関連について、さらに考察を進めていくことが必要だろう。(39)

謝辞：本論は、二〇〇四年三月開催のワークショップ用に用意した原稿を大幅に加筆修正している。本論の執筆にあたり、故金関丈夫教授や故楊雲萍教授と縁故の深かった宋文薫台湾大学教授、蔡錫圭台湾大学教授、曹永和中央研究院院士ほかから貴重なお話をうかがった。直接本論でお名前を挙げて個々の方々のご発言に言及しているわけではないが、金関教授や楊教授の人となりを理解するうえで大変参考になった。紙面をお借りして、厚く御礼申し上げたい。（以下、二〇二〇年八月追記）宋教授は二〇一六年、蔡教授は曹教授は二〇一九年、曹教授は二〇一四年に逝去された。心から哀悼の意を表したい。

注

（1）場合によっては、その間に、コラボレータが存在している場合もある。

（2）台湾の漢人は、日本時代「本島人」と呼ばれていた。本論では、当時の引用などで「本島人」と書かれているとき以外には、基本的に「台湾漢人」を用いる。また、「台湾人」と呼ぶときには、先住民と本島人の総称として用いる。

（3）『民俗台湾』の概要については、既に池田麻奈による詳しい紹介があるので、詳細は当該論文を参照されたい［池田　一九八二］。

（4）四四期までゲラがあったが、戦局の悪化で発行されなかった。一九九八年の復刻版［台北：南天書局］に、それが収められている。

（5）金関丈夫の回想によれば、毎号の発行部数は二千部で、内千二百〜千三百部が売れていたという［劉

一九六一：五八］

（6）ただし、洪茂榕によれば、読者は日本人より台湾人の方が多かったと言う［洪　一九八一：一一］。また、四巻四号の編集後記では、広東出張中だった香坂順一から、現地で中国人と接している人々から雑誌が好評なため、毎号一〇〇〇部を送ってほしい、との要望があったと記されている。また、四巻九号の「点心」欄で、池田敏雄は、『民俗台湾』が、前線の兵士にとって時局ものではないゆえに慰めになっている、と述べている。このようなことから、雑誌の流通先は、台湾島内だけではなく、大陸や戦場にまで及んでいたことが推察される。

（7）清水昭俊は、原住民と異なり、漢人の場合は、複雑な社会文化を有するため、当時の人類学が漢人を研究対象に扱うには、まだ成熟していなかった、と述べている［Shimizu 1999: 135］。

（8）各号の目次には、必ず五点の雑誌の趣旨が付記されていた。それらの内容は、一．本誌は台湾本島及びこれに関連ある諸地方の民俗資料を収集記録する。二．単に民俗だけではなく、郷土の歴史、地理、自然等についても記載する。三．記録、研究雑誌であると共に、紹介、連絡または談話室の役目を果たす。疑問があれば、本誌を通じて一般読者から解答を得られるようにすることが望ましい。四．会員、同人の機関誌ではなく、一般読者の利用を歓迎する。五．国策上無用の印刷を避けるため、定期講読を原則とする。

（9）池田麻奈によれば、池田敏雄は三〇以上の筆名を用いて執筆していたというが、それは、民俗研究者のような専門家ばかりではなく、様々な層の人々が雑誌に自由に参加できる雰囲気を作るための演出であったという。特に女性名を多用したのは、広く一般の読者を獲得したいと考えたためという［池田　一九九八：四〇］。また池田鳳姿によれば、池田敏雄が女性名を多く使用したのは、当時上海で出版された説話集の編者である「林蘭」が一人の女性による仕事と思っていたところ実は多数の男性の共同執筆であることが分かったことを楽しんでいたので、それを逆手にとったのであろうと推測している［池田　一九九〇：二五］。

（10）第二巻五号から「点心」に改名した。

（11）『民俗台湾』と南方あるいは大東亜共栄圏との関係については、［三尾　二〇〇五］を参照されたい。

（12）このため、『民俗台湾』は、毎号台湾総督府保安課による検閲を受けていた［劉　一九六一：五八］。池田鳳姿によれば、『民俗台湾』は、創刊号で池田敏雄による「有応公の霊験」及び第四号で記事四本の八頁分が検閲削除、一四号で『性と諺』が減頁になるなど［池田　一九九〇：三二］、当局が有害と判断したものが削除された。また、一巻四号の編集後記では、『民俗台湾』が日本人と台湾人の心の交流をもたらしているのに、「本島人風俗をいまさらに取上げるものは恰も内台一致を阻害するかの如き非難をなす徒輩が、しかも文化人と自称するもののうちに今も絶えないのは、甚だ奇怪なことである」と記されているように、『民俗台湾』は総督府から見れば、警戒すべき雑誌であった。

(13) ただし、時局がよりいっそう緊迫した一九四四年の九月号に採録された「座談会　奉公運動と台湾の民俗研究　八月四日・台北にて」では、物資の不足などの物理的な制約も増え、雑誌の存続自体が危ぶまれるようになり、雑誌の存続意義として時局の要求にこたえる必要がある、という見方が出てきており、単なる民俗の記録から、民俗の改変すべき方向などについても提案するべきである、といった意見が出されるようになった［座談会　一九四四：一〇―一九］。

(14)「旧慣」とは、台湾が日本に領有される以前から台湾漢人が持っていた慣行、慣習、信仰観念などを指す。

(15) 国策に反対しているわけではない、ということを明示する語句は、台湾の民俗の記録の重要性を述べるときには、常に枕詞のように付加されていた。例えば、一巻二号のT・I（池田敏雄）による編集後記（四八頁）には、以下のようにある。「皇民奉公運動の積極的な展開とともに、近時本島在来の風俗、習慣再検討の気運が、全島各地に亘って澎湃として湧き上って来たことは喜ばしい限りである。（中略）この意味に於ても本誌のもつ使命は愈々重く、われ〱は職域奉公の一端として、あらゆる面に亙るいつはらない民俗資料を一つの事実として記録報告し、以て識者の参考に供する次第である。これらの資料に基き、台湾の生活をより明るくするための、活発なる検討の行はれんことを希望してゐる」

(16) ただし、王の一文が掲載された『台湾風物』誌三一巻第二期は、池田敏雄を追悼する特集を組んだ号であるので、当然故人及び故人の業績に好意的な文章が並んでいることは、多少割り引いて考えざるを得ない。

(17) ただし、一九八〇年の『お月さまいくつ』（法政大学出版局）では、もとの三編のうち、「わきくさ物語」と「アイヌの腋臭」が、ほぼそのまま再録されている。「胡人の匂ひ」を採録しなかった理由は不明である。ただ、筆者は、これら三編のうち、最も人種差別的でないのが「胡人の匂ひ」であるとの印象を受けた。

(18) 金関と共に『民俗台湾』に深く関わっていた国分直一は、金関が自分の思いを胸の奥に秘めていた、と述べている［国分　一九八八：二五三］。

(19) 坂野は「皇民化」と「日本化」の二つの語彙を使っているが、両者の意味の違いについてはあまりはっきりとは説明していない。おそらく、時間的な意味で狭義の「日本化」つまり、一九三〇年代後半から終戦までの時期における「日本化」を「皇民化」としているのではないかと思われる。なお、坂野は、「皇民化」「日本化」「文明化」をすべてカッコつきで記述しているので、本論でも、坂野の論考に言及する際には、これを踏襲する。

(20) 媳婦仔とは、将来自家の男子の妻とするために養入する異姓の少女を言う。しかし、池田敏雄によれば、萬華では、将来の配偶者を決めずに養入する女子についても、媳婦仔と呼ばれた。前者を「有頭対」、後者を「無頭対」と呼ぶ［池田　一九四三：一二一一五］。媳婦仔の聘金（結納金）は非常に低額で、売婚的性格が強いこと、幼いうちから養家で酷使されがちであることなどから、問題視された。また、媳婦仔と将来の夫が幼少時から同居するため、互いに欠点を知りすぎて、結婚しても嫌悪しあう場合が多いとも考えられていた。媳婦仔を娼妓として稼業させる場合もあった［黄　一九四三：一〇］。媳婦仔は、一般的にさげすまれる傾向もあった［池田　一九四三：一五］。

(21) ただし呉は、『民俗台湾』を大東亜民俗学の中に位置付けて判断する必要があると述べている。

(22) このほか、鈴木の当該注には、国分が川村の批判に答えるための論考を用意しながら、なかなか取り上げてもらえる媒体が見つからなかったことが記されている。今日の言論界において、川村のような戦前の人類学に対する告発のみが受け入れられている傾向があることが示唆されている。

(23) 彼等のプロフィールについては、［楊碧川編著　一九九七］を参照した。

(24) 尚、彼は、戦後、中国国民党に入党している。

(25) 光復後、彼は一九四七年、二・二八事件にかかわり禁固四ヶ月となった。また、一九四九年に和平宣言が原因で一九六一年まで火焼島に収監された。

(26) 『民俗台湾』誌上において、「文明化」という言葉はほとんど使われていない。坂野は、これを分析概念として持ち出している。

(27) 楊のプロフィールについては、［塚田　二〇〇〇］を参照した。

(28) 楊が台湾の文学や文化を守り抜く事を重視していたことの現われとして、塚田は一九四〇年に出版が試みられた李献璋編の『台湾小説選』での序文、一九四一年刊の『文芸台湾』第二巻四号に掲載された中村哲の「台湾の文学について」への批判、一九四三年の第二回大東亜文学者大会での発言、一九四四年の『文芸台湾』第七巻二号に掲載された「台湾決戦文学会議」での発言等を挙げている［塚田　二〇〇〇：一一一一二］。

(29) この論理が、多少屈折しているように思えるのは、筆者だけであろうか。楊を知る台湾漢人の多くは、金関—

楊の論争には、多分に楊の個性が関係している、と述べている。楊は、生涯を通じて、他人と論争することの多い人物であったという。

(30) 池田敏雄は、当時の『民俗台湾』の発起人のひとりとして、金関の側から、この問題を論じている。彼によれば、金関は、楊が民俗に関心を寄せていたのを知っていたが、楊が『文芸台湾』に関わっていたこと、金関が『文芸台湾』の編集方針に偏りがあるとの疑問を持っていたことなどから、『民俗台湾』の創刊について「趣意書」の公表の直前まで楊に相談しなかった、と推測している〔池田敏雄 一九八二：一四二―一四四〕。金関の側から見れば、楊の民俗表象に対する考え方と金関のそれとの間には一定程度の距離があると判断されたと思われ、この距離感が、楊には冷たさとして映ったとも考えられる。

(31) より厳密に言えば、人類学がレイシズム的思想を持つ事のひとつの表現形が金関の思考である、というべきであろう。

(32) 小熊は、優生思想に基づいた調査研究の便のために、金関が台湾人の協力者や組織を必要としたと指摘したが、その証左は提示していない。『民俗台湾』を利用して、台湾漢人の形質人類学的、優生学的調査を行った（あるいは行おうとした）形跡は、誌上からはほとんどうかがえない。『民俗台湾』誌上では、「甲状腺腫」について、本島人の間での呼称、それについての俗信や観念、民間での治療法について、読者から資料を提供してほしい旨の広告が出されたことがある（一九四一年　一巻一号四七頁）。しかし、それに対して寄せられた回答は、非常に少ない（例えば、一巻三号四六頁など）。また、『お月さまいくつ』〔金関　一九八〇〕に収録された「「古」字」、「嬰児」「台湾の瘰疾文献」などから考えると、金関には、甲状腺腫と漢字との関係に興味があったことが知れる。「腋臭」についてもそうであるが、金関には、自然科学的な興味だけでなく、民族、人種によって、人間の身体的特徴が文化や文学にどのように反映されるのかにも興味を抱いていたようだ。

(33) 例えば、四巻九号の「奉公運動と台湾の民俗研究」と題する座談会で、領台当時からの内地人の五十年の生活変化過程を取り上げる提案が中村哲からなされている。彼は、日本文化が台湾文化の長所を取り入れる場合を想定し、それによって更によい文化が生まれ、台湾での経験が、日本が大東亜を背負っていく上で役に立つだろう、という論理を立てている（一六頁）。

(34) 金関が台湾の風俗習慣の現状を記録することによって、植民地に於ける現実的な諸問題の解決――特に、被統治者への適切な施策に貢献しようと本気で考えていたのであれば、彼の姿勢は、ある意味マリノフスキーのそれに近似しているかもしれない。マリノフスキーは、遡源的に植民地化以前の手付かずの社会を類推するサルベージ人類学、純粋に科学的な諸問題の追及に明け暮れる人類学を痛烈に批判していた。この点については、清水昭俊氏から御教示いただいた［清水　一九九九］。

(35) 末成道男編『池田敏雄台湾民俗著作集』全二巻（二〇〇三年）は、池田の主要な著作を網羅しているが、そのほとんどは萬華における調査をもとにしている［上水流　二〇〇三］。

(36) 池田敏雄は、文芸協会の発会式のようなフォーマルな場所で、あるいは街中を自転車で走るときに、故意に中国風の衣服を着て、日本の国防服への反抗心を示したりもしたという［洪　一九八一：一一―一二］。

(37) 塚本はこのような行為を「まるで紅衛兵によるつるしあげと同様の幼稚で粗暴な行為」［塚田　二〇〇〇：一一三］と指摘している。また、清水は、後世の時点から時間を遡って行う歴史批判は、批判の時点での歴史認識に依拠するものであって、当時を生きていた行為者には参照することが出来ない点を批判している。即ち、「歴史の批判は、未来が未確定な過程のさなかにある者と視野を共有しつつ行うべきもの」である、と述べる［清水　一九九九：五九八］。

(38) 信頼できると思われる資料をもとに、「事実」を再構成して非難の応酬をすることの不毛性については、［内田　二〇〇三］を参照されたい。

(39) なお、戦後台湾で発刊された『台湾風物』という雑誌は、『民俗台湾』を継承したものとの指摘を笠原政治氏より頂いた。確かに、『台湾風物』の初期の編集には楊雲萍が関わっている。また、曹永和は、発刊が計画されていたとき、それ以前にあったのは『台湾風土』と戦中の『民俗台湾』であったと回顧している。即ち、楊らは、新雑誌を作るうえで『民俗台湾』を参考にしたのであろう［本社　一九八二］。

参考文献

〈日文・中文〉

淡野安太郎
　一九四四　「現代台湾内地人風俗所感」『民俗台湾』四（三）：七―九。

池田敏雄
一九四三「台北市艋舺に於ける媳婦仔・養女制度」『民俗台湾』三（一一）：一二―一五。
一九八二「植民地下台湾の民俗雑誌」『台湾近現代史研究』四：一二一―一五一。
池田鳳姿
一九九〇「『民俗台湾』創刊の背景」『沖縄文化研究』一六：一一三―一三四。
池田麻奈
一九八二「『植民地下台湾の民俗雑誌』解題」『台湾近現代史研究』四：一〇九―一二〇。
一九九八「『民俗台湾』執筆者別作品一覧」復刻版『民俗台湾』附録、台北：南天書局。
内田　樹
二〇〇三『ためらいの倫理学――戦争・性・物語』東京：角川文庫。
王詩琅
一九八一「台湾民俗学的開拓者池田敏雄兄」『台湾風物』三一（二）：六―七。
王昭文
一九九一『日治末期台湾的知識社群（一九四〇―一九四五）――『文芸台湾』、『台湾文学』、『民俗台湾』三雑誌的歴史研究』清華大学歴史研究所修士論文。
岡田　謙
一九四一「民俗について」『民俗台湾』一（一）：二―三。
小熊英二
一九九七「柳田国男と「一国民俗学」」『AERA Mook　民俗学がわかる。』一四六―一五〇頁、東京：朝日新聞社。
二〇〇一「金関丈夫と『民俗台湾』――民俗調査と優生政策」篠原徹編『近代日本の他者像と自画像』一一四―一五二頁、東京：柏書房。
金関丈夫
一九四一a「皇民化と人種の問題」『台湾時報』一月号：一二四―一二九。
一九四一b「民俗への愛　楊雲萍君に答ふ」『民俗台湾』一（二）：四三―四五〔台湾日日新報六月二日付け夕刊学芸欄からの転載〕。

一九四一c 「村山智順著「朝鮮の郷土娯楽」」『民俗台湾』一（四）：三一。
一九四二 「柳田国男著「方言覚書」」『民俗台湾』二（七）：四六。
一九四三 『胡人の匂ひ』台北：東都書籍。
一九七六 『木馬と石牛』東京：角川書店。
一九八〇 『お月さまいくつ』東京：法政大学出版局。

上水流久彦
二〇〇三 「解題」末成道男編『池田敏雄台湾民俗著作集』下：五八五—六四八、東京：緑蔭書房。

川村 湊
一九九六 『「大東亜民俗学」の虚実』東京：講談社選書メチエ。
一九九七 「植民地主義と民俗学／民族学」『AERA Mook 民俗学がわかる。』一三六—一四〇頁、東京：朝日新聞社。

呉密察（食野充宏訳）
二〇〇二 「『民俗台湾』発刊の時代背景とその性質」藤井省三・黄英哲・垂水千恵編『台湾の「大東亜戦争」——文学・メディア・文化』、二三一—二六五頁、東京：東京大学出版会。

黄啓瑞
一九四三 「台湾に於ける養女媳婦仔制度雑考」『民俗台湾』三（一一）：九—一二。

洪茂榕
一九八一 「懐念連襟兄 池田敏雄先生」『台湾風物』三一（一）：八—一六。

国分直一
一九四一 「童乩の研究（下）」『民俗台湾』一（三）：七—九。
一九八八 「金関丈夫」綾部恒雄編『文化人類学群像3—日本編』、二四三—二七二頁、京都：アカデミア出版会。
一九九七 「『民俗台湾』の運動はなんであったか」『しにか』八（二）：一二二—一二七。

坂野 徹
二〇〇三 「漢化・日本化・文明化——植民地統治下台湾における人類学研究」『思想』九四九：四二—六九。
二〇〇五 『帝国日本と人類学者』東京：勁草書房。

清水昭俊

一九九九　「忘却のかなたのマリノフスキー――一九三〇年代における文化接触研究」『国立民族学博物館研究報告』二三（三）：五四三―六三四。
鈴木満男
一九九九　『「帝国の知」の喪失』東京：展転社。
戴文鋒
一九九九　『日治晩期的民俗議題與台湾民俗学――以『民俗台湾』為分析場域』国立中正大学歴史研究所博士論文。
陳艶紅
一九九七　『領台時代的臺灣文化與日本――以『民俗台湾』為中心』東呉大学日本研究所博士論文。
塚田亮太
二〇〇〇　「楊雲萍初期作品の検討――所謂社会主義憧憬をめぐって」日本台湾学会第一回学術大会論文（口頭発表用）。
トロンブレイ、スティーブン
二〇〇〇　『優生思想の歴史――生殖への権利』東京：明石書店。
藤野　豊
一九九八　『日本ファシズムと優生思想』京都：かもがわ出版。
編輯部
一九四三　「『民俗台湾』編輯座談会」『民俗台湾』三（四）：二―一四。
本社
一九八一　「林本源中華文化教育基金会研究奨助頒奨典礼暨台湾風物創刊三十週年紀念会紀実」『台湾風物』三一（四）：一―一二。
松田素二
一九九七　「植民地文化における主体性と暴力――西ケニア、マラゴリ社会の経験から」山下晋司・山本真鳥編『植民地主義と文化――人類学のパースペクティヴ』二七六―三〇六頁、東京：新曜社。
三尾裕子
二〇〇五　「『民俗台湾』と大東亜共栄圏」貴志俊彦・荒野泰典・小風秀雅編『「東アジア」の時代性』一四四

—一六〇頁、広島：渓水社。
山下晋司・山本真鳥編
一九九七　『植民地主義と文化——人類学のパースペクティヴ』東京：新曜社。
山路勝彦・田中雅一編
二〇〇二　『植民地主義と人類学』西宮：関西学院大学出版会。
楊雲萍
一九四一a　「研究と愛」『民俗台湾』一（二）：四三。
一九四一b　「文脈と語気　金関丈夫先生に答ふ」『民俗台湾』一（三）：三九—四一。
一九八一　「池田敏雄先生追悼辞」『台湾風物』三一（二）：一。
一九八三　「金関丈夫先生の思い出」『えとのす』二一：四七—四九。
楊碧川編著
一九九七　『台湾歴史辞典』台北：前衛出版社。
劉枝萬（記録）
一九六一　「台湾民俗研究的回顧　金関丈夫博士歓迎座談会」『台北文献』一〇（一）：五五—六〇。
〈座談会〉
一九四三　「座談会　柳田国男氏を囲みて」『民俗台湾』三（一二）：二—一五。
一九四四　「座談会　奉公運動と台湾の民俗研究　八月四日・台北にて」『民俗台湾』四（九）：一〇—一九。
一九九〇　「座談会　中村先生を囲んで」『沖縄文化研究』一六：三七七—四三一。
〈英文〉
Parry, B.
1994　Resistance Theory: Theorizing Resistance or Two Cheers for Nativism, in F. Barker, P. Hulme & M. Iversen (eds.), *Colonial Discourse/Postcolonial.* Manchester: Manchester University Press.
Shimizu, Akitoshi

1999　Colonialism and the Development of Modern Anthropology in Japan, in Jan van Bremen and Akitoshi Shimizu (eds.), *Anthropology and Colonialism in Asia and Oceania*, Richmond: Curzon Press, pp.115-171.

宗主国の人間による植民地の風俗記録
――佐倉孫三著『臺風雑記』の検討

林 美容（上水流久彦・訳）

一 『臺風雑記』と佐倉孫三、及びその構成

一九九七年八月、知人の祖運輝教授が京都から『臺風雑記』[1]の写しを筆者に送ってきた。『臺風雑記』は一九九二年に東京で見ており、筆者自身も複写していたことをその時思い出した。ただ、所在不明となっていたため、再度入手できたのは喜びであった。『臺風雑記』は台湾の民俗習慣への専門的な関心からだけではなく、遠い昔への一種の懐かしさの点でも筆者は気になっていた。

『臺風雑記』は一九〇三年に東京の国光社より出版され、著者は佐倉孫三である。本文に先だって佐倉の上官である後藤新平の序と、佐倉の漢文教師であった三島毅（三島中洲）の題詩とがある。また本文の後ろには佐倉の友人である橋本武の跋文がある。全部で一一〇頁あり、本文は一一〇の話からなるが、最後の話である「生蕃」には附則として四つの話が書かれてあり、結局全部で一一四の話が掲載されている。全ての話に題目があり、各話の最後には「評曰（評して曰く）」がある。中には「又

曰（又曰く）」が付け加えられているものもある。これらの評は佐倉孫三の友人橋本矯堂（橋本武）、細田剣堂、山田済斉及び『台湾新報』の台湾人記者（佐倉はその名を記していない）が書いたものであり、佐倉孫三が述べる内容に対する論評となっている。だが、誰がどの評を記したかは全くわからない。筆者は本書を読んでいると、最初、評を著者自身が書いたものと誤解した。本書の最後の二行の注釈を見て先に述べた佐倉の友人たちが書いたものだということがわかった。評を書いた四名全員が台湾での佐倉の友人であったと思われる。例えば、橋本武はその跋文のなかで「この地に長く、育英に従事する」とあり、橋本が台湾で教育に携わっている人物だとわかる。山田済斉は三島毅の門下生として佐倉孫三とともに学んだ人物である。『臺風雑記』は佐倉が書いたものではあるが、この書を彼とともに構想した人物は後藤新平、三島毅、橋本矯堂、細田剣堂、山田済斉ら主に日本人であり、おそらく佐倉孫三は日本人の手によるという点を強調したかったようで、評者の一人の台湾人の名前は故意に伏されている。

佐倉孫三は、号を達山といい、福島県の二本松で一八六一年に生まれ、昭和一六（一九四一）年に八一歳で亡くなっている。大審院の検事佐倉強哉の弟であり、一八六八年に二松学舎に入学している。静岡警察署長や山梨県南都留郡長を歴任し、その後、中国の福建で中学堂及び福建省警察学堂で教官を八年勤めた後[2]、日本に戻り、早稲田大学講師及び二松学舎の塾頭を務め、多くの学生を育てた。明治から大正にかけて、佐倉孫三は中国問題の評論家として活躍し、書や剣道にも秀でていた[3]。

明治二八（一八九五）年五月、佐倉孫三は三四歳の時に台湾の地を踏んだ。橋本武の跋文には佐倉は「一般の人々よりに先に台湾に赴いた」と記してある。佐倉自身の記述によれば、もともと東京府に任職していた。台湾割譲後、樺山海軍大将が戦功褒賞として台湾総督に任命され、水野衆議院書記官長が民政局長官となった。その水野の二人の門人から一緒に台湾に行くことを勧められ、佐倉は職を辞し、台湾行きの準備をした。洗濯や散髪をする職人や裁縫師、大工、井戸の掘削者など一八〇人余りを命を受けて募り、体格検査を行い、それぞれ手配した。その後、南京より広東に向かい、年齢を重ねてはいるものの武人たちを次々に成員に加え、満州から戻ってきた中国語通訳者も加えた。佐倉は多くの文官、武官を従えて樺山総督と一緒に横浜丸に乗船し、五月二四日に宇品港より出発した。二七日に琉球の中城湾に着き、近衛師団と会った。二八日には淡水港近くに到着したが、上陸は危険だと聞き、しばらく三貂角と澳底湾の間を行ったり来たりした。六月一日になって清国代表の李経芳が乗船してきて樺山総督と面会し、初めて領台する旨の公文書を交わしたという[4]。このように佐倉は台湾に最初に赴いた官員の一人である。彼が赴台した時にはそれなりの年齢であったことは『臺風雑記』からもわかる。この本の最後の「生蕃」の評で、佐倉に関して、「中年になって官吏になり奔走しているが、詩文や書物をなすことを未だ止めていない」と述べられており、彼が中年期に台湾に来て官員になったことがわかる。

佐倉は、当初は学務部員であり、その後、警保課の高等警務掛長に転じ、明治三一（一八九八）年には鳳山県打狗警視に昇進し[5]、台南弁務署長を務めた。彼は台湾での警務の仕事について、ある時は「新附の民」に告げるべき公文書を起草し、ある時には土匪の巣窟を探り、民衆をその被害から守り、危険な目に遭うことはしばしばであったと述べている[6]。本書の内容から見るに、佐倉は台北（景美、大稲埕）、宜蘭（羅東）、澎湖、安平、高雄等を回っている。彼は総督府の民政局の官員であった時に、公務の間をぬってこの書を完成させた。その目的は施政の助けとするためであった。本書の最後の「生蕃」では、自ら「僅か三年しか台湾にいなかった」、「遂には糟糠の妻の死に面した」、「その時からすでに六年が過ぎた」と述べている。これらの点から、彼が台湾で三年しか奉職しなかったこと、台湾滞在中に妻をなくしたこと、羅東で民家や生蕃を巡視してから六年経ってこの「生蕃」を書いたことがわかる。また、「その間に書いたものは、この話だけだ」と述べるように、おそらく「生蕃」以外の話は台湾で任官していた折に書いている。離台六年後に「生蕃」のみを記した時、彼が日本で本書の出版準備をしていたか、あるいは福建で任官していたかは現時点では明らかではない。

佐倉は漢文に精通しており、彼の師は三島中洲である。彼がどのように漢文を学んだかを筆者は知る術がないが、当時のほとんどの知識人が漢文を学んでおり、佐倉もおそらくそのような知識人の一人であった。漢文に対する学識が豊かであり、この『臺風雑記』は彼の漢文に対する造詣の深さを示している。例えば、「蓄財」では、台湾人は「惜陰之風、不待陶侃之言（光陰を惜しむことは、陶侃の言葉を待つまでもない）」と記している。また古典にも精通しており、例えば、「蓄財」では『論語』から「礼、與其奢也、寧倹（礼はその費用がかかるよりは慎ましいほうがよい）」の一文を引いている。

最後の話以外は、佐倉が台湾にいた一八九五年〜一八九八年の三年の間に書いたものである。その一部は明治二九（一八九六）年一二月五日の『台湾新報』第七八号に「稱史」の筆名で発表されており、第七八号には「纏足」、「鴉煙」、「不潔」、「愛爪」、「娶妻」、「葬典」、「婦女修飾」の話がある。これらは彼が最初に記した作品である。その時には評はなかった。初稿と後に出版された文章との間には僅かだが違いがある。「葬典」を例にとると、最初の原稿では最後の一句が「是全虚礼非真情也、與聖訓無相反歟（全て虚礼であり本当の感情ではない、聖人の教えと相反しないだろうか）」とあるが、一九〇三年の国光版の最終稿では「全屬虚礼、可笑也（すべて虚礼に属するもので、滑稽である）」とかなり簡潔になっている。

『臺風雑記』の他に佐倉孫三は『日本尚武論』（一八九二年、日本教育社出版）や『武士かたぎ』（一九二六年、日東之華社出版）を記し、『山岡鉄舟伝』（一八九三年、普及舎出版）を編集している。一九三七年にはそれらの著作は達山会出版より『達山文稿』として出版された。一九三二年に出版された『台湾大観』では、「三十七年前の夢」という一文を書き、彼が一八九五年に台湾総督府民政局長官水野の門下生吹野などの勧めにより台湾に赴いた過程や、台湾に赴任する人々を日本で募集する作業に協力したこと、初代総督樺山総督とともに横浜丸に乗って台湾に向かったことが記してある。

本書の序を記した後藤新平は、一八九五年に台湾総督府衛生顧問になった人物であり、一八九八年三月には総督府民政長官に就き、在台期間は八年八ヶ月に及んだ。彼はその間、台湾の近代化を推し進めた。彼はその序文の中で「聞君曾奉職茲土（かつて台湾の地に奉職していたと聞く）」と記している。そこからは後藤が序を書いた時、佐倉がすでに台湾を去っていたことがわかる。かつおそらく既にその時は後藤の部下でもなかったと思われる。したがって、後藤は彼がかつて台湾で任官していたと聞くと書いたのであろう。

本文の前にある三島中洲の詩は七言絶句が八首あり、一八九五年の八月に書かれ、佐倉に贈られたものである。その内容は主に当時の台湾の見聞に対する感想である。その中の一首は「四處戦争流血腥、頑民抗敵戸皆扃、天然村落好城堡、篁竹森林遶宅青（いたるところ争いで血が流され、頑な民衆は敵対し皆戸を閉め、自然の村のつくりは良い城壁となり、竹やぶはそびえ立ち家の周りを囲み、青々としている）」というもので、「竹籬」の話で評者が引用している。

三島毅は一八三〇年に備中の窪屋村中島村に生まれた漢学家で、一九一五年に没している。重野成齋、川田甕江と並んで明治の三大文宗と称されている。明治一〇（一八七七）年に職を辞し、東京で私塾を開いた。その二松学舎は慶應義塾や同人社と並んで三大塾[7]と称えられ、その後東京高等師範学校及び東京帝大古典科で教えた。著作は多く、門下生も非常に多かった〔竹林編　一九二八：一三四六—一三五〇〕。

橋本武は本書の終わりで跋文を記しており、評者の四人の中で最も重要な友人であったと思われる。跋文で彼は台湾にいる間、台湾の風土人情について「記して忘れることに備えることは久しいが、筆は意に従わず、目を傷め心を刺すような思いをして努力してもいまだに実現するに至っていない」と書いている。文人の多くは奇異な風俗を記録したいと考えるが、筆の遅速が鍵であったようだ。

評者の一人山田準は、字が士表、号が済斉、岡山の人間である。明治元（一八六八）年生まれの漢学者で昭和二七（一九五二）年に亡くなっている。三島毅の門下生すなわち著者の佐倉孫三と同門である。山田はかつて王学会を作り、王守仁『傳習録』を講義した日本の陽明学者である〔竹林編　一九二八：一九一八〕。「土匪」の評では、王陽明の話が出されており、おそらく山田済斉が書いたと推察される。

『臺風雑記』は一九〇三年に出版された後、三つの版本が台湾で復刻されている。一九六一年に台湾銀行の経済研究室が句読点を新たにして、百吉[8]による「弁言」と、三枚の図及び目録を加えて『臺灣文献叢刊』一〇七号として出版した。一九八七年だと思うが、大通書局が『臺風雑記』、『臺遊日記』、『臺灣遊記』及び『臺灣遊行記』の四書を一冊にして、『臺灣文献史料叢刊』第九輯として出版している。一九九六年には台湾省文献会が台湾銀行の再版本に基づいて、『臺灣歴史文献叢刊』として本書を出版している。理屈から言えば、台湾の学界でこの書を知る人間は多いはずだが、実際には若い学者で知る者はおそらく少ない。知る者が少ないとはいえ、日本と台湾の文化交流史及び日本の植民地主義の問題を考察するうえで、本書は詳細に研究する価値が高いものと筆者は考える。

二　日本統治期最初の台湾風俗記録

『臺風雜記』は日本植民地期最初の台湾に関する風俗記録である。日本が台湾を統治した五〇年の間（一八九五〜一九四五年）において書かれた台湾に関する風俗記録は少なくないが、主な著書は六つである。ひとつはまず佐倉孫三の『臺風雜記』、それから一九二一年の片岡巖の『臺灣風俗誌』、一九二九年の西岡英夫の『臺灣の風俗』[9]、一九三〇年の山根勇蔵の『臺湾民族性百談』、一九三四年の鈴木清一郎の『臺湾舊慣冠婚葬祭と年中行事』、最後に一九四二年の東方孝義の『臺湾習俗』である。内容量から言えば、片岡巖の『臺灣風俗誌』が最も記述の多いものであるが、時期的には佐倉孫三の『臺風雜記』が最も早く、その意義は深い。

これら戦前の風俗記録の構成はほぼ似ており、項目ごとに分ける様式をとっている。『臺風雜記』では一一四の話に分けられ、評が全てにある。『臺灣風俗誌』は一〇〇〇項目余りあり、『臺湾風俗』では二一二の話がさらに分けられて三五八項目となっている。『臺風雜記』は内容によって項目が大きく分類されていないが、後の二冊は分けられている。『臺灣民族風物雜記』[10]は実際には五六篇からなる随筆であり、それ以上は分けられていない。『台灣舊慣冠婚葬祭と年中行事』はとても細かく分けられ、一項目が短い内容となっている。いずれにしても、これらの五冊は見聞したことは全て記録しておくという日本人の百科全書的な知識のあり方を表している。『臺灣の風俗』の構成は上記の書物とは異なって比較的まとまっており、細かく膨大に分けられていない。著者の主な目的が「台湾人（漢族）」と「生蕃（高砂族）」の習俗を簡明に概略することにあり、詳細に記録するにはさらに時間が必要であり、後日を待たなければならないと考えていたためである〔西岡　一九二八：二〕。

戦前のこれら六つの台灣の風俗に関する著者のなかで、佐倉孫三は漢文ができ、鈴木清一郎は台湾語に精通していた。二人はともに警察に勤めていた。片岡巌は裁判所の通訳である。東方孝義は高等裁判所の検査局、文教局の嘱託であった〔池田　一九八二：一一三〕[11]。西岡英夫と山根勇蔵については分かっていない。佐倉の『臺風雑記』は台湾風俗に関する最初の総説的な記述であるが、それは漢文で出版されたため、その後の台湾風俗に関連する著作においてほとんど参考にされることはなかった。例えば、鈴木清一郎は著作の序言で片岡巌の『臺灣風俗誌』などの書を参考にしたと述べているが、『臺風雑記』はその中に挙げられていない。

佐倉孫三は日本の文官の中で最も早く台湾に接触した人物であり、その風俗記録は日本文化と台湾文化の最初の接触（first encounter）の代表的なものである。著者はその前言で、『臺風雑記』は「我が本土と異なる百余りの事をかいつまんで記したものである」と述べている。したがって本書は二つの文化が初めて出会った時、日本文化という自文化から台湾文化という異文化を佐倉がどのように見ているかをうかがい知ることができるものとなっている。そして彼が記している台湾の風俗は清末の風俗であり、日本の植民地統治の影響を受ける前の台湾本来の様子でもある。現在の台湾文化はすでに日本の統治時代にもたらされた日本文化と国民党によってもたらされた中国大陸の文化の影響を受けている。だが、一八九五年以前の台湾文化は基本的に中国の福建及び広東から移民がこの地に適応する中で生み出した海洋性の島嶼文化の色彩を有したものであり、日本の知識人の目に映った台湾の姿ではあるが、その文化の真実の姿（authentic configuration）は『臺風雑記』に表れている。日本の知識人の目に映った台湾の姿は中国の文官や学者によって記された地方誌の記述にみる台湾の様子とも大きく異なっている。最も大きな違いは前者が日本文化から見て台湾文化を記述した点であり、比較する意図が表れているのに対し、後者の記録は中国文化の周辺、化外の地という目で台湾を見ている。

『臺風雑記』の最大の特色は戦前に日本人が書いた台湾に関する風俗記録のなかで、唯一漢文を用いて書かれた点である。著者佐倉孫三が漢文に精通していただけでなく、評者もまた漢文に精通していたと思われる。「鹽田」の評では「余曾讀鹽鉄論（私はかつて塩鉄論を読み）」とあり、評者は漢代の漢籍にさえも通じていた人物であった。現在の中国の人でもそのような人物は多くあるまい。漢文に通暁することは一九世紀の多くの東アジアの知識人にとって基本的な素養であった。いわゆる「漢字文化圏」の「非中国圏」の漢文作品を整理分析することができるならば、東アジアにおいて個々の民族がどのように漢字を通じてどの側面の異なる漢文化（中国文化）を消化吸収したか、各文化の中でどのように位置づけたか、あるいは漢字を用いてその文化の内容をどのように示しているかを探ることができよう。そのような研究は人類学的にも意義のある研究である。佐倉の『臺風雑記』は漢字を通じて多くの日本の伝統文化を表している。確かに第一層として描かれているのは台湾の伝統文化であるため、それは第二層としてしか現れない。しかしながら、第一層に示された台湾の伝統文化と第二層の日本の文化とを相互に参照することで、人類学的比較研究としてより豊かな意味を持つことができる。

三　植民者文献の解読

『臺風雑記』の最初の頁に明瞭に述べられているように、本書は著者が「台湾総督府民政局にいた折り、その公務のあいまに」成したものであり、「施政の資料に供するものである」。このように本書は明らかに植民の目的のために記されたものであり、総督府民政局長後藤新平が佐倉に代わって序を書いたのであり、その時期も出版した年の二月のことであった。本書はまさしく「植民者の文献」であった。著者が植民地官僚であっただけでなく、その執筆の意図も植民のためであった。

既述した多くの日本統治期の台湾に関する風俗記録も当然ながら植民者の文献と見なすことができ、宗主国側の人間の植民地に対する意識を示している。それは自著のなかで述べる出版の目的から知ることができる。例えば、鈴木清一郎はその書の目的を「台湾及び台湾人を正確に知るため」だと述べている。正確な認識があるならば、台湾の統治管理及び各種事業の運営において助けになり、さらに言えば「日中親善」を実現でき、迷信の打破と民俗の改善が可能となるという。したがって、鈴木清一郎にとって正確に台湾を理解する目的は主に統治及びその方便のためであったと言えよう。また西岡英夫は台湾の漢人や平埔族、高砂族を「新附之民」とする視点から台湾の風俗を記録した。

佐倉孫三が漢文を用いて台湾に関する風俗の記録を書いた理由を仔細に検討するならば、それは彼自身が述べるように施政の参考とするためであった。推察するに一九世紀末から二〇世紀初頭において、台湾で植民地統治に係わる日本の官僚の中で漢文がわかる者は少なくなかったであろう。そうでなければ、施政の参考にするためのものとして『臺風雑記』が意味を成さないからだ。しかしながら、日本人に見せることとは別に台湾人に見せる意図もあったと思われる。漢文の使用は台湾人との疎通という目的以外に、漢文に対する造詣の深さの顕示や、台湾人知識人の人心に対する求心力を得るためであったであろう。

既述したように、本書は著者以外に後藤新平、三島中洲、橋本矯堂、細田剣堂、山田済斉が共同に構想し成した書物である。したがって『臺風雑記』を解読することでこれらの日本人の文才の思想を認識することが可能となる。佐倉はさらに多くの日本人を本書に登場させている。例えば、漢方医の佐藤（進）、橋本（綱常）、池田（謙斉）、松本（順）、青山（名前不詳）、佐佐木（東洋）らである。彼らは日本で西洋医学を学んだ初めての世代で、日本人が誇りとする名医であった。このほか『桟雲峡雨日記』を著作した儒学家竹添井井などや、さらに台湾に金鉱開発に来た日本の豪商藤田（傳三郎）や大宮（名前不詳）など当時の日本のエリートと言える人物である。それに対して本書で取り上げられる台湾人は寂しいほどである。一人は台湾の鉄道建設に係わった清王朝の役人であった劉銘傳、それから高雄の富豪買弁陳某という人物（彼はお金を払う時に領収書をもらわなかったが、これは台湾人が他人を信用する場合の一例である）、最後にアヒル飼いで清初に反乱を起こした「鴨母王」朱一貴である。

本書は台湾が初めて日本の版図に入った時の記録であるため、日本植民地政府の台湾統治初期の多くの具体的な施策を示す資料でもある。その点は台湾の風俗記録に付帯して簡略に述べられているに過ぎないが、日本の施策の中で一般の人々の生活に関係するいくつかの具体的なものを知ることができる。例えば、「学房」では「現在も我が総督府は国語学校を設置しており、大いに教育の進歩を図るものだ（『臺風雑記』一八頁、以下同じ）」と記し、台湾の人々が日本語をある程度わかるようになることを早急に望んでいる、治台当初の総督府の様子が述べられている。「不潔」の話では「日本人が本島に来て街を清潔にすることに大いに力を尽くし、新たに下水道を造り、道に砂利に敷き詰め、見渡す限り道は平らとなり、人の往来も安心できるものとなっている。また新たに井戸を掘り、清水がわき出て、暑さをしのぎ、洗濯もできるようになり、その姿は昔、通りに塵埃が溢れていたころと甚だしく違う。この違いはどういうことだ（二八頁）」と述べ、日本人が台湾に来た当初、街道をきれいにし、道路を平らにし、井戸を掘り、清潔にした様子を描いている。また「火車」では当時劉銘傳が鉄道を敷設したことをあげ「途中、獅嶺の険しさのため、進むのは困難を極め、滞り、車を降りて推し、漸く嶺の上に到達する。今は大いに土木を起こし、トンネルを掘り、曲がりくねっているものを竹のようにまっすぐにし、乗客は満員となり、昔とは趣が大いに異なる」と述べ、日本の台湾における鉄道敷設の貢献を讃えている。「醫生」では「本島が我が版図に入り、総督府はまず先に医院を各地に設け、その術を施し、回復した者の数は数え切れないほどである」と述べ、日本の政府が医院を設け、西洋医学の医療施設の設置を推し進めている状況を説明している。「市場」では「近年我が警察は市場を監督する法を設け、衛生風俗のことに最も意を注ぎ、市場は秩序だったものになったという（五五頁）」とある。佐倉は警務工作に従事しており、大衆と最も密接な関係を結んでいた。日本人が台湾に来て市場を監督し、衛生を指導したという話は日本人の清潔好きをかなり明確に示している。「大甲筵」では「現在の我が総督府はその生業を大いに奨励しているという（八〇頁）」とあり、「樟脳」では「現在総督府は樟脳署を設置し、重視している」とあり、植民地政府が産業振興を図り、その政策実施が急務であったことがわかる。「新高山」では「我が皇帝《ママ》陛下が新高の名を授けた新高山は、まさしく新しい版図のなかの高峰である（一〇一頁）」と記され、台湾で最高峰の玉山が新高山という名前に改められたことが看取できる。

日本は台湾を治めた当初意気揚々であったが、佐倉のような知識人には少なくとも謙虚さがあった。台湾の豊富な産物を見て、驚きのあまり、「天が授けたもの」としか言えなかった。例えば「樟脳」の評では、「天は我らに肥沃な地を授けたが、これは祖先の徳によるものに違いない（八三頁）」と記されている。「橄木覧（シナオリーブ）」（実際は文旦）の評では「我が国は古来台湾を高砂島と称してきたが、まさしくそこは宝にあふれ豊かではないか（八四頁）」とし、また「芭蕉實」では台湾のバナナが美味しくお腹がいっぱいになることを述べ、「天賦の恵みでなければ、なんであろうか」と述べている。

佐倉の目から見て台湾には当然好ましくない習俗もあった。例えば、婦女の纏足であり、阿片の吸引である。しかもそれらは意図的であったかどうかはわからないが、『臺風雑記』の出だしの二つの話となっている。佐倉が改めるべきだと考える習俗としてこのほか「二次葬」や、タンキー（シャーマン）のような迷信的な習俗があった。

当時日本は文明開化の途上にあり、佐倉は台湾が学ぶべき点を日本が持っていると述べている。それは医術や女子教育、消防設備、さらには清潔さを大切にする習慣などであり、それらの点は全て台湾よりも日本が優れているとされ、そこには台湾がこれらの点を学ぶべきという意味が込められていた。しかしながら、日本と台湾とを比べ台湾の風俗を低くみなす文章を読むと台湾の人間として悲しい気分にさせられる。

四　比較民俗学の意義

『臺風雜記』の最も特徴的な点は、比較民俗学の意義を持っている点である。本書は台湾の風俗を記録することを主とするものではあるが、本文や評で日本の風俗にも触れている。そのような記述がないのは一一四の話のなかでほとんどない。日本と台湾の最初の遭遇という観点から見るならば、そこに台湾文化に対する日本人の珍しさ、賞美、詠嘆、疑念、不可解、批判などの様々な感情を見いだすことができる。戦前の台湾の民俗に関するその他の書籍と比べて、このような点は非常に異なり、本書の最大の特色である。

一般的な風俗習慣の他、日本の地方の風俗や物産にも言及している。例えば、宇治のお茶、東京の庭園、横浜の「焙茶場（茶を焙る所）」、高野山、奈良、京都の寺廟、佐倉の「わさび」（実際は大蒜）、鹿児島の芭蕉、青森や長岡の町並みなどであり、台湾の読者の興味を非常にそそるものである。台湾において日本の風俗に関する紹介が非常に少なかったためだけではなく、台湾と日本の風俗が対照されており、関心がわく。

『臺風雜記』の台湾の風俗を記す基本的な態度は、佐倉がその前言で「台湾の人々の人情、習俗、家庭、産物などや、我が国との違いを摘録する」と述べるように台湾と日本との違いを記すというものである。そのため、日本と台湾に共通する習俗を挙げ、その相違点を指摘する。例えば、台湾の歌妓は日本の芸妓と同様に笛を吹き、琴を弾き、その姿は揺曳で魅力的だが、客と一緒に食事をする点や手で鼻水を拭く点が異なると述べている（三四頁）。また台湾の烏龍茶については宇治や狭山の茶と「色合いや味は異なるが、気品は同じである（三四頁）」とし、大稲埕の茶房と横浜の「焙茶場」については其の熱気と雑多な雰囲気について触れ、その違いは非常に大きいと述べる（三五頁）。加えて台湾の「講古師」と日本の「講釈師」や「軍談師」を取り上げ、その相違点も論じている。このほか、当時台湾人が使っていた財布について日本の「金嚢」と似ているが、腹の下にただ掛けるだけで、歩く時お金の音が財布の中ですることが不思議だ（九五・九六頁）と述べている。このような比較は枚挙にいとまがない。台湾独特の習俗に関しては、似かよった日本の習俗を挙げている。例えば、台湾の婦女の纏足では、日本女性のお歯黒を挙げ（二頁）、台湾の火鉢を置いた竹かごである「火籠」ではその形が日本のお寺にある花籠に似ていると述べている。

佐倉は異文化から出発し、日本文化を省み、その中で台湾人のどこがよく、日本も多くを学ぶべきだと反省的思考をすることも少なくない。例を挙げれば、「婦女修飾」では台湾女性のおしゃれが日本女性よりも優れていると述べ、台湾女性は本当に幸せで、日本女性はより不幸で、すなわち台湾男性は幸せで、日本男性はより不幸だと記す。冗談ではあろうが、佐倉は台湾の女性が毎日髪をすき、化粧をし、ネックレスをすることを日本の女性も学んでほしいと述べている（三一・三二頁）。「飼鴨」では台湾の人々が鶏、鴨、家鴨をよく飼っていることを述べ、評では「家禽は国の利益や民の幸福に大きく関わり、家禽類を飼うことを見苦しいといって台湾の人々を侮るべきであろうか」とあり、その点を日本人がもっと学ぶべきだと述べる。「農制」では「台湾の農制の規模は大きく、我らに勝る」

とし、「台湾の水田ひとつひとつが隣接してとても広く、日本のように狭くてごたごたしているのとは異なる（八八頁）」と記している。

『臺風雑記』の本文の様々なところで日本人の百科全書的な、また経験を主とする民俗的知識の傾向を見ることができる。これは日本の知識のあり方と西洋の知識のあり方において大きく異なる点であろう。生活化する、経験的知識であり、詳細な記述であり、微細に研究する姿勢であり、系統化、抽象化はされていないが、実用的な価値を持ち、一般の人々の共鳴を容易に招き、知識が共有される程度は相当高い。

五　再植民地化された者の思考

筆者が編集し、二〇〇七年に出版した『白話図説臺風雑記——台日風俗一百年』の序を筆者に代わって記した先学の民俗学者劉枝萬博士は日本の台湾統治と国民党政府の初期の台湾統治とを比較し、次のように述べている。

（1）人材の問題：日本が最初台湾に送った多くは、優秀なエリートであり、その多くが日本では非主流の東北の人間が多かったが、逆に台湾はその能力を発揮する場となった。本書の著者佐倉孫三も漢文に精通し、良心的な知識人であり、台湾の風俗を偏ることなく論じている。そこに征服者の優越感はなく、日本の悪い面もまた客観的に認めており、得難い人物であった。序を記した後藤新平も台湾統治において大きな功績を残した人物であり、後には満鉄の調査の企画実行を行い、相当な見識がある人物であった。これに対して、陳儀が台湾に寄越した人物は玉石混淆であり、賄賂を受け取り、法をゆがめた。

（2）法治の問題：日本は大津事件以降、法をもって国を治め、台湾も日本の統治を受け、法治の基礎を築いた。しかしながら、国民党政府は逆にその法治を破壊し、人治を採用した。

（3）give and take の問題：日本はその統治においてまず投資を行った。その投資は大変重く、一部中央政府の不満を引き起こした。一方、国民党政府が台湾に来た当初、戦勝国の態度で取れる物を先に取り、台湾の米を大量に上海に運びこんだ。これは戦後初期の台湾での物価の暴騰を招き、インフレの重要な原因となった。

（4）文明と野蛮の問題：台湾は日本の統治の初期、確かに文明開化を受けいれたが、その程度は日本には及ばなかった。異民族統治を甘んじて受けなかったからだが、日本の良い部分はできるだけ学んだ。だが、中国は戦争が続き、光復の初め文明開化の程度は台湾に及ばなかった。しかしながら、台湾はその統治を受けた。その苦しみと両者の考えの違いは逃れようもなかった。

劉枝萬自身、戦前と戦後の政府の統治を受けており、以上の四点は実感から生まれたものであり、決して根拠のない言葉ではない。彼の言葉は二度植民地を受けた世代の心の声を象徴している。

筆者の世代は戦後のベビーブームに生まれた世代であり、国民党の教育体制のもと成長した世代である。国民党のミルクには実際にはアメリカ援助の粉ミルクが混ざっていた。国民党政権は外来政権であり、台湾とは政治的立場が異なっていた。筆者が思うに蒋介石政権下の国民党統治は一種の内部植民地主義（internal colonialism）であった。一九九六年の中華民国大統領直接選挙の後、この内部植民地主義の体制は理論上存在し得なくなった。だがその後、台湾内部の問題として政治制度とその機構をどのように調整するかという問題が生じた。ただ、この「ポストコロニアリズム」の状況が生まれてまだわずか十数年で、一般の人々は必ずしもポストコロニアリズムに深い認識を持っていない。多くの人々がこの状況の前の段階を植民地化されたと意識していないからである。ポストコロニアリズムの段階において前段階の植民地統治を、さらにはその前の植民地統治をどのように評価するのか、この問いは台湾の人々が向き合わなければならない歴史認識における大きな問題である。

再び植民地化されない状況にはあるが、我々は植民地にされたという悲しみ、遠くはなってしまったが、日本の統治を受けたという悲しみを取り除くよう努めなければならない。蒋介石らの高圧的な独裁政治を受けたという悲しみは現在も多くの台湾人にとって過去のものとはしがたいが、過去のものにする努力をしなければならない。蒋介石は中国を代表する合法的な政権であると揚言したが、このような政権はすでに過去のものであり、我々台湾の人間はこの政権の観点から日本の植民地統治の功罪と意義をはかる必要は当然ない。ましてや蒋経国が自分も新台湾人であると強調したその晩年においてはなおさらである。現在の台湾人の立場から過去の植民地の歴史がどのようなものであったかに向き合い、現在のポストコロニアリズムの状況を正視し、新国家の将来の青写真を展望することは、歴史意識を持つ改革者が真剣に向き合うべき問題である。

悲しみを捨てる他に、さらに積極的な態度が我々には必要である。植民地にされたことは変更不可能な歴史事実である。その植民地統治を受けた経験の中から我々が学ぶべき点は何かと考えるだけではなく、直接植民者から学び、さらに重要なことは自身の経験からも学び、あるいは植民者が私たちから様々なもの（生命、財産、知慮、尊厳）を奪ったことと正面から向き合い、彼らが何を私たちに有用なものとして残したか、好意であったか他に意図があったのかにかかわらず、どのような良いものを残したかなどを、見極めることが必要である。その成否は我々の眼力による。我々が探求するならば必ず見つけられると筆者は信じている。私たちが植民地統治の悪い側面だけ見るならば、悪いものしか映らず、私たちの心理にも悪くしか作用しない。これは私たちが必要とするものでは決してない。悪い側面のみを見るのであれば、ポストコロニアリズムの状況において植民地支配を受けたという暗い影だけを抱き続けるのであり、そこから抜け出すことはできない。

したがって、筆者はこの『臺風雜記』という約一〇〇年前に日本人が書いた書物をあらたに現代中国語に翻訳し、現在の人々に難解な部分には注釈を加え、日本と台湾の風俗に関する古い写真を見つけ出して載せ、「訳者の言」として台湾の風俗に関する今昔の変化を簡潔に記し、『白話図説臺風雜記』として出版することにした。本書を口語訳することは日本人の優越感を発揚するためではなく、他山の石として自分の短所を改めるためである。昔、日本は我々に勝っていたが、現在はどうであろうか。当時の人々は優れていたが、では今日の我々はどうであろうか。比較が目的なのではなく、一種の観点を提示したいのである。そして本書を読んだ台湾の人々が常に注意をして、台湾の文化を向上させてほしいと考える。

筆者の最も主要な目的は、百年前の日本人の目を借りて、台湾の風俗やその変化を反省的に見つめることであった。佐倉孫三は植民地政権を体現する植民地官僚ではあったが、同時に良心的な知識人でもあった。彼が記した『臺風雑記』は台湾の風俗を記録した重要な文献であり、また日本の伝統文化への理解に関する興味を刺激するものであった。相手文化をこれからも絶えず参考にすることは、相互理解の第一歩であり、緊密な関係を持ち合えるか否かはその双方の努力にかかっている。

注

（1）書名、新聞紙名及び『臺風雑記』の文章の字体は常用漢字とせず、原典の表記にしたがった。
（2）「三十七年前の夢」（佐倉孫三　日本合同通信社編　『台湾大観』一五七頁、一九八五年。台北成文出版社復刻）という文章では台湾に三年いた後、対岸の福州で六年任職していたと自ら記しているが、『二本松市史』第九巻では八年と記されている。これらの資料は西村一之氏からご教示いただいた。
（3）『二本松市史』第九巻、六五頁。ただ、そこでは彼が台湾にいたことは全く触れられていない。
（4）佐倉孫三「三十七年前の夢」日本合同通信社編　『台湾大観』一五七頁、一九八五年。台北：成文出版社復刻。
（5）『臺灣新報』四一四号（明治三一年一月三〇日）を参照のこと。
（6）佐倉孫三「三十七年前の夢」日本合同通信社編　『台湾大観』一五九頁、一九八五年。台北：成文出版社復刻。
（7）教育学術オンライン二四六二号（二〇一一年一一月）http://www.shidaikyo.or.jp/newspaper/online/2462/5_2.html（二〇二〇年八月一六日閲覧）。なお、三大塾には二松学舎ではなく、攻玉社とする説もある。
（8）百吉は台湾人で本当の名前は不詳である。台湾銀行版の『臺風雑記』において、その簡単な紹介と過ちの指摘などを二頁の「弁言」として記している。
（9）本書は『日本風俗史講座』一九として一九二八年に出版されている。
（10）本書は原著『臺灣民族性百談』の中国語訳であり、一九八九年に出版されている。
（11）池田敏雄による文章については植野弘子教授にご提供いただいた。感謝申し上げる。

参考文献

〈和文・中文〉

池田敏雄
　一九八二「植民地下台湾の民俗雑誌」『台灣近現代史研究』四：一〇九―一五一。
片岡　巌
　一九九四（一九二一）『臺灣風俗誌』台北：南天書局（台北二刷版）。
佐倉孫三
　一九〇三『臺風雑記』国光社。
鈴木清一郎（著）馮作民訳
　一九八四（再版）『台灣舊慣習俗信仰』（一九八九年増訂版）、台北：衆文図書公司（原著　一九三四『台湾旧慣冠婚葬祭と年中行事』台北：台湾日日新報社）。
竹林貫一編
　一九二八『漢學者傳記集成』東京：関書院。
東方孝義
　一九四二『臺灣習俗』台北：同人研究会。
西岡英夫
　一九二八「臺灣の風俗」『日本風俗史講座』一九：一―六四、長坂金雄編、東京：雄山閣。
日本合同通信社編
　一九三二『台湾大観』（一九八五年復刻　中国方志叢書　台湾省　一六三号、台北：成文出版社）。
平島郡三郎
　一九九五『二本松寺院物語』東京：歴史図書社。
山根勇蔵
　一九八九『臺灣民俗風物雑記』台北：武陵出版社（原著　一九三〇『台湾民族性百談』台北：杉田書店）。

林美容（編訳）佐倉孫三原著
二〇〇七『白話図説臺風雑記』台北：台湾書房。

台湾における「日本文化論」に見られる対日観

黄 智 慧

はじめに

日本研究の領域において、大量に出版される「日本文化論」という書籍の存在は、無視できない社会現象である。「日本文化論」は内容によって「日本人論」或いは「日本論」とも称されている。[1] 日本における「日本文化論」関連出版物をカウントして見た場合、戦後より二〇世紀末までに、優に二〇〇〇種以上の出版物があるとの統計が出ている。[2] また出版の時期を考察してみると、「日本文化論」は戦後初めて出版されたというわけではなく、明治維新以来百年あまりの時間を経て蓄積されてきた領域である。このような膨大な出版数と歴史を持つ「日本文化論」は、もはや単純に過熱した出版界の現象ではなく、それを産出した地域が織りなした特殊な社会文化現象と見るべきであり、すでに社会科学の視点から優れた研究がなされてきた。[3]

これら大量の「日本文化論」に関連する著作物は、大きく分けて日本人によって書かれた物と、もう一方で外国人によって書かれた物と二種類に分けることができる。したがって、日本人によってのみ「日本文化論」が生み出されるというわけではなく、また、日本人読者のみが「日本文化論」を消費するという事でもない。更には、外国人が国外で記した「日本文化論」が、日本人作者が記した論述以上に、日本社会で多く引用され、重視されていることさえある。絶好の事例としては、米国の人類学者であるルース・ベネディクトの著作『菊と刀』は、戦後の「日本文化論」を語る上で、ある種のパラダイムとなり、この本が下地となり、多くの「文化論」に関する討論が行われた。今日までに同書は、日本国内にて既に一〇〇万冊以上も売り上げたと言われる。[4] これらの外国人によって記された「日本文化論」は、外国においてもベストセラーとしてランキング入りすることもあり、一九七五年に米国にて出版された『SHOGUN』(James Clavell) は、わずか五年の内に米国内で七〇〇万冊を売り上げた[5]という。また、韓国においても、日本に関する書籍が常に売り上げの上位に入っているが、それらは国民感情を煽る代表作とみなされることもある。[6] 社会科学者は、往々にしてこれら外国で生まれた「日本文化論」に関連する著作中から、その国における大衆の対日姿勢、ひいては「日本観」或いは「対日観」を読みとるのである。

いわば日本国内における「日本文化論」の生産と消費は、日本社会を観察するための最良の素材であるのみならず、国外においても生産され消費されているため、それが一種の国民感情を照らし出す鏡の役割を果たし、国民の対日観を映し出し、時にはその国と日本の間に大きな影響を及ぼすことさえある。

外国人によって描かれた「日本文化論」に対して、佐伯彰一はかつて一八五八年から一九八四年の間に日本で翻訳出版された四二冊の書籍を引用紹介している。その大部分が、欧米人作家の著作であり、中国語の書籍は、わずか三冊に過ぎない。その三冊とは、黄遵憲の『日本雑事詩』(一八七九)、戴季陶の『日本論』（一九二八）、周作人の『日本管窺』（一九三五―一九三七）と全て戦前の中国人による著作のみであった。このほか、村上勝敏がかつて収録した一九四五年より一九九六年における、日本で翻訳出版された六八冊の「日本文化論」に関連する出版物は、主に日本の経済発展と国際関係を主体とした書籍であった[7]。これらの外国人による著作は、米国人が圧倒的多数を占め、次に欧州人と続き、唯一アジア人の手によって記された書籍は、韓国の李御寧著『縮み志向の日本人』のみであった。しかしながら、中国語によって記された著作は、一冊も取り上げられることはなかった。これは、台湾出身の作家のみならず、中国や東南アジアに住む華僑による著作もしかりである。つまり、戦後の中国語著作物における「日本文化論」は、日本においてあまり研究の対象にされてこなかったのである。出版物が少なすぎたのか、或いは質の問題であったのか、それとも、他の要因があったのか、検討する余地があるだろうが、本論は台湾の「日本文化論」のみ注目していきたい。

ところで台湾にはどれほどの「日本文化論」に関する著作物があるのだろうか。台湾出身の人によって記された「日本文化論」はどのような解読が可能であろうか。これは台湾において日本研究に従事する全ての者が突き当たる問題でもある。しかしながら目下、この方面の議論はほぼ空白のままで今日に至っている[8]。日台間における過去一〇〇年以上にわたる密接な関係から鑑みると、台湾は戦後「日本文化論」を生み出す条件を満たしていないわけではない。一八九五年から一九四五年までの日本による植民統治期間、日本は台湾で日本語と日本文化の普及に全力を尽くした。終戦を迎える前、国民学校の就学率は、台湾の全人口の六割以上となっていた。言わば、戦後の台湾は膨大な日本語を理解する人口を有し、これを土台として「日本文化論」を展開し得る十分な条件があるはずであった。にもかかわらず、戦後台湾で生まれた「日本文化論」は、日本ではほとんど言及されていない現実がある。

本文の目的は、この空白となっている箇所を埋めることにある。方法としては、戦後台湾において出版された「日本文化論」に関連する書籍を全面的に調べ、作品内容と作者の発言ポジションを考察する以外に他の近道はない。そこから戦後の台湾における「日本文化論」の特色を探り、さらにポストコロニアル期における台湾特有の対日観に焦点を絞り検討したい。

一 「日本文化論」の選択基準と文献の種類

いわゆる「日本文化論」の定義は時代、学問分野及び検討の角度に照らし合わせたとき、若干の差異が生じる。社会心理学者である南博は、日本の国民性に関する論著を「日本人論」と称した。文化人類学者の青木保は、日本文化論を一種の特定な言説とし、これらの言説が社会に対し一定の影響力を持つと主張する。戦前の「日本文化論」の主体が美学、文学、哲学などの人文領域であったのに対し、戦後は大幅に方向転換し社会科学的探求が主流となる。(9) それは社会学や心理学、文化人類学のみにより生じたわけではなく、たとえば、杉本良夫らが「日本文化論」の作者の学問的背景を分析したところ、風土学、民俗学、農村社会学、市民社会論、近代化理論、経営学、未来学、産業者科学など様々であることが判明したという。(10) また村上勝敏の収録した外国人作者による「日本文化論」は、社会科学のほか、大部分は企業経営、経済学或いは、政治学者及びマスメディアの記者であるという。これら作者の専門領域より鑑みても、「日本文化論」は極めて広範囲な領域よりアプローチされており、角度を変えて見えれば、違った様相を呈することがあり得るのである。

本論文に収録した「日本文化論」は、基本的に日本の社会、人文或いは広義においての文化面を観察した出版物を対象とするが、特定の学問分野に限定されるわけではない。ベフ・ハルミは「文化論」について更に細かく十三の特徴を挙げている［ベフ　一九八七：三六―五三］。

①「文化論」は、ある文化を共有する集団が自己集団から他者を区別する手段である。
②自己の集団の持つ、文化的、社会的特徴を論じたもの。
③自己の集団を他の集団から区別するために、両者の差異を特に強調するためのもの。
④他集団と自己の集団とは何らかの利害関係を持つ。
⑤「文化論」でとり挙げられる、集団の特徴は単純化されることが多い。
⑥その特徴は統計的根拠を持つとは限らない。
⑦「日本文化論」でとり挙げられる要因は伝統的なものに見出されることが多い。
⑧「文化論」は特徴を誇張するきらいがある。
⑨一つの「文化論」の中ではしばしば相矛盾する現象を含むが、それを説明することができない。
⑩「文化論」はある特徴があたかもその文化の担い手全員に等しく当てはまるかの如く主張する。
⑪「文化論」には文化が均質的であるという前提が隠されている。
⑫「文化論」には価値観が伴う。
⑬「文化論」には自己民族中心主義の傾向がある。

上述した「文化論」に対する批判的理解の特徴は、全てが台湾において生まれる「日本文化論」の条件と一致するとは限らないが、本文で取り扱う「日本文化論」に関する文献収集と内容を論じる上で参考となり、また指標となることは間違いない。

以下、戦後の台湾における「日本文化論」に関する文献の選択基準を設定する。まず、第一の基準として、テーマと内容が上述の「文化論」の特徴に近い単行本を収集の対象とする。よって、定期刊行物及び単篇の論文はその収録範囲外とする。[11]

第二に、「文化論」というテーマのもとで、作者が台湾出身であることとする。つまり、

①中国語に翻訳され台湾にて出版されている外国人作家の著作は含まない。たとえば『菊と刀』は、台湾における「日本文化論」のベストセラーであるが、台湾からの観点を代表しているとは言えない。

②中国語による著作であり、かつ台湾にて出版されたものであっても、著者が台湾出身者でないもの、または執筆当時国籍が台湾でなく、かつ初版が台湾ではない著作は、収録しない。例えば、卓南生、周佳栄、王家驊、樊和平、石曉軍[12]の論著は台湾でも出版されているが、台湾での社会経験を背景にした「文化論」ではないので収録しない。

③作者は戦前の中国大陸出身者でも、戦後台湾に渡り、台湾社会で何らかの職を持ち生活の基盤を置き、台湾で著作を出版したものは収録する。

④著作は中国語でなくても、台湾出身者によって日本語で書かれたものは、自費出版を含めて他国にて出版されたものであっても、文献目録に収録する。ただし、文学を専門とする者の著作は除かれる。

例えば、鍾肇政、李喬、呉濁流、陳千武等があげられるが、ここでは収録しない。文学には別の分析方法が要されるからである。

第三の基準として、書籍の読者対象として一般大衆を設定してあるものを対象とする。学術的論証と知識の増大を目的とした専門書は、「日本研究」の優れた著作であるが、「文化論」とは多少差異があるため収録はしない。確かにこの両者はお互いに重なり合うことがある。周知のとおりベネディクト、中根千枝或いは土居健郎による「日本文化論」の規範とでも言うべき著作は、学術的論証に根ざすだけではなく、一般大衆にも広く受け入れられているが、台湾にはこの種の著述はあまり見当たらない。台湾には各学術の分野に根ざした「日本研究」はあるが、「日本文化論」との関係は別の課題であり、ここでは論じない。

上述した三つの選択基準にしたがい選別した結果、本文で取り扱う文献の種類は、以下の四種類にまとめることができる。

二　文献（1）——広汎なる「文化論」

以下、表1は第二次世界大戦終戦後、台湾において出版された日本の社会文化をテーマにした単行本を年代別に列挙する。この種の文献は、上述した「文化論」の特徴を帯び、自己の集団と他者日本を強く意識し、また内容が広範囲にわたっているため、広汎なる「文化論」と名づけることにする。

表1　文献（1）広汎なる「文化論」

年	著者	書名	版元
1947	朱雲影	日本改造論	台北：台湾書店
1951	王沿津	日本帰来	台北：経済時報
1954	陳天鷗	日本現勢	台北：中華文化出版事業委員会
1955	柳長勛	黎明日本	台北：中華文化出版事業委員会
1966	崔萬秋	東京見聞記	台北：皇冠出版社
1966	張深切	縦談日本	台北：泰山出版社
1970	司馬桑敦	従日本到台湾	台北：雲天出版社
1975	蘇振申	日本紀聞	台北：名山出版社
1980	張群	我与日本七十年	台北：財団法人中日関係研究会
1981	李嘉	扶桑旧事新語	台北：四季出版社
1981	李嘉	蓬莱談古説今	台北：四季出版社
1985	潘煥昆	日本与日本人	台北：中央日報
1987	日本文摘編	日本解剖	台北：故郷出版社
1987	陳鵬仁	紐約・東京・台北	台北：正中書局
1987	商哲明	台湾同胞与日本人	台北：星光出版社
1987	斉濤	今日東京	台北：国際文化出版社
1988	李永熾	従江戸到東京	台北：合志文化事業
1988	司馬嘯青	桜花・武士刀：日本政要与台湾五大家族	台北：自立晩報
1988	司馬桑敦	中日関係二十五年	台北：聯合報
1989	林景淵	武士道与中国文化	台北：錦冠出版社
1990	林景淵	武士道與日本伝統精神	台北：自立晩報
1991	王墨林	後昭和的日本像	台北県：稲禾出版社
1991	李永熾	日本式心靈：文化与社会散論	台北：三民書局
1992	呉密察	日本観察：一個台湾的視野	台北：玉山社
1993	廖慶洲	日本過台湾	台北県：上硯出版社
1993	章陸	日本這個国家	台北：三民書局
1993	陳再明	日本論:解析日本強盛繁栄的秘密	台北：遠流出版公司
1993	謝鵬雄	透視日本	台北：健行文化出版社
1994	斉濤	日本深層	台北：三民書局
1996	廖祥雄	日本人的這些地方很有趣	台北：稲田出版社
1997	徐宗懋	日本情結：蒋介石到李登輝	台北：天下文化出版社
1997	馬樹礼	使日十二年	台北：聯経出版社
1998	斉濤	日本原形	台北：三民書局
1998	呂理州	解剖日本軍国主義：神話、軍国、日本	台北：創意力文化事業
1999	章陸	日本的政治、金銭、文化	台北：正中書局
2001	司馬嘯青	台湾企業家的日本経験	台北：玉山社

著作数から見た場合、戦後半世紀以上にわたるこの種の文献は、量的にはあまり多くないと言えよう。特に、戒厳令が解除される一九八七年の前まで、日本文化に関わる著作物は、四〇年間でわずかな量であり、大部分の著作は、戒厳令解除後の十数年間に出版されたものであることがわかる。ここでまずは、出版事業と言論の自由が政府の検閲・統制を受けていた戒厳令下において、これらの書物がどのような「日本観」を持っていたのか検討していく必要がある。

新しい対日認識の始まりとして、終戦後台湾において日本に関して最も早く出版された本は一九四七年五月に、当時、政府経営の台湾書店より出版された朱雲影の著書『日本改造論』である。

執筆に至るまでの朱雲影の足跡をたどると、彼は一九〇四年に中国江西省に生まれ、独学で江西第一師範学院に入学したという。その後、短期間ではあるが国民革命軍に入隊し北伐に参加した経験を持ち、国費奨学金を得て日本へ留学。一九二九～一九三四年に東京高等師範学校にて勉強した後、一九三四～一九三七年には京都帝国大学にて、東洋史及びアジア史を専攻する。京大での課程を修了した後、蘆溝橋事変が勃発し、中国からの留学生を引き連れ抗議活動を行った為、日本政府より強制送還されることとなった。帰国後には、教職の傍ら日本評論社・中国文化服務社の編集主幹をつとめ、一九四一年『日本必敗論』（重慶・中国文化服務社出版）を出版し、日本軍国主義による侵略を叱責し、中国人の自尊心を大いに鼓舞した。一九四四～一九四六年には、国民政府軍事委員会において少将研究員となり、日本の情報を翻訳し蒋介石に報告する役を務めた。その後蒋介石の「対日招降書」・「抗戦勝利宣言」を日本語に翻訳し、日本また中国の被占領地区に対する空中投下にも関与した経験を持つ。その後、一九四六年の夏、台湾に渡り、八月から一九四七年五月まで台湾省行政長官公署の管轄下にある台湾省編訳館の編纂兼主任に就いた。『日本改造論』はその時期に書いたものである。
上述した書の中で、朱雲影は日本の帝国主義崩壊後に、日本の政治・経済・社会・教育など各領域の早急なる改革を提唱している。

平和的な手段を用い新しい日本を建設するということは、戦争という手段を用い日本を破壊することより遙かに困難であるかも知れない。……日本は世界平和を破壊し侵略戦争を行った元凶であり、決してある部門が暴走したのではなく、ファシズムという病毒に日本全体が冒され、日本全体の細胞と魂にまでその毒が及んでいるのである。よって、改造を施すに当たり、まず日本の政治・経済・社会・思想・文化各方面の病状を観察し、処方を下さねばなるまい。如何なる領域も見過ごしてはならず、如何なる病状も見過ごしてはならない。……明治時代における改造は、上から下に行われ、未だ真の意味での政治及び社会改革は行われてはいない、……今日改造すべきは、過去の作法を捨て、民衆の利益を第一に置いた、下から上への徹底的改造であり、平和な民主革命を発動すべきなのだ。……徹底的に日本を改造するには日本の古い指導者を排除し、彼らの欺瞞と妨害を防がなければならない。あの古い指導者——軍閥・財閥・政客・官僚は言うに及ばず、思想・文化・社会各方面の古い指導者もその内に含まれる〔朱　一九四七：一—五〕。

朱雲影の主張は日本社会全体を包括しており、政治の部門において、彼は改憲を行い、議会改革、天皇制廃止の必要性を考えている。経済においては、農業改革、独占資本主義の清算を訴え、そして社会においては、身分制度の廃止、婦人解放、家庭における男尊女卑や長男継承制度の改革を訴え、最後に教育文化関係において、天皇崇拝からの解放（教育勅語の廃止）、歴史教科書の改編並びに宗教の革新に関し、国家神道と仏教の分離を唱えるなど、実にさまざまな方面にわたった。

同書より読み取り得る文脈からもわかるように、戦勝国の立場に則した中華民国の観点を代表したものである。言うなれば、敗者の文化自体には、ある種の欠陥が必然的に存在するが故に、改造を加えねばならないというスタンスである。また、日本文化と中国文化の関係について朱はこう述べている。

一衣帯水の国である日本と中国の歴史的関係は約二〇〇〇年にわたる。中国がすでに燦爛たる文化の光を放っていた頃、日本ではまだ草木深き未開の時代であった。日本の文化的な制度はすべて中国を模倣したものである。中国は日本文化の母であり、日本は中国の乳を吸うことのみによって成長したと言えよう。このような鉄のような確固たる事実を何人も否定することはできない。……しかし真に不幸なことに、日本は明治維新後、少しばかりの西洋文明を吸収し、恩義を忘れ、中国を軽蔑し始めたのだ［朱　一九四七：八〇］。

そして、日本が中国を軽蔑し始めたため、中国侵略への道を歩んだのだと朱は結び付ける。そういった観点は、戦後になって生じたものではなく、彼が日中戦争の時期から持ち続けているものである。この書を執筆した一九四七年ごろ、日本においてはすでに改革が始まっていたのだが、古い指導者がなお改革を担う事に対し、朱雲影は極めて不満と焦りを感じ、書の末尾をこう結んでいる。

我ら中華民族は帝国主義の旧日本を不倶戴天の敵としてむろん恨みを持っているが、しかし、日本の人民が民主と平和で築く新日本を建設するならば、我らは惜しみなく友誼の手を差し伸べよう。我々はこの重大な歴史的な転換期に、日本人が優柔不断にして、自分の運命を反動分子に差し渡さないでほしい。今こそ立ち上がり民主と平和の理想に基づき、腐敗した日本を改造し新しい国家を築き上げ、中国がリーダーとして率いる東アジアの平和秩序のもとで、共に幸福な生活を営んでいければ、この大戦の犠牲は決して無意味ではないのだ［朱　一九四七：八五］。

そのなかで、「不倶戴天の敵」である日本という見方も、彼の大陸時期において日本により侵略された経験から生まれた観点であり、この用語は日中戦争の時期にすでに大陸でよく使われていた。当時台湾に渡ってきた中国の知識人も引き続き使っている。しかし、果たして、台湾で受け入れられたか否か別問題である。『日本改造論』は、出版元である台湾書店の「光復文庫」の第五集として出版された。同書が当時、どれだけの読者に読まれ、どれだけの影響力を持っていたのか今となっては知るよしもない。なぜなら、戦後間もない台湾において、慣れない中国語（北京語）による本省人の読解能力を考えると、書物自体を読み通せる本省人は決して多くはなかったと思われる。また、その頃はちょうど二・二八事件が発生した後の時期にあたり、社会的雰囲気は非常に厳しいものであった。但し、唯一市場で出版できる日本に関する書籍として、しかも、国府の文化政策を忠実に執行するための機関である台湾書店からの出版物として、政治的主張の代表性がかなりあるといえよう。こうした朱雲影の著作に代表されるような戦勝国の立場に立って日本を改造しようという自負心、そして、「不倶戴天の敵」に対する侵略された者としての「日本観」は、植民支配から解放されたばかりの台湾にとって、未曾有の観点となったであろう。

朱雲影はその後、一九四七年六月より学術界へ再度身を投じ、現在の台湾国立師範大学の前身である台湾省立師範学院史地学科の教授に就任している。一九六二年以後、朱は初代の歴史学科主任に就任した。当時の研究として代表的著書には『中国文化の日本・韓国・ベトナムに対する影響』というものがある。同書は上述した中国文化は日本文化の母であるという論点の延長であった[13]。

この本が出版された後、一九四九年まで一二〇万人に近い大陸からの軍人および軍属、難民が入ってきて、台湾社会の住民の構成を大きく変えた。そして、四九年戒厳令が敷かれ、五〇年代の白色テロといわれる思想統制の時代を経て、一九八七年戒厳令が解除されるまで、日本文化を広く論評し日本をテーマにした単行本は量的に極めて少なかった。

また、上述の文献目録からは、ある明確な傾向が見て取れる。この時期に単行本を出した執筆者の出身について言えば、皆一九四五年以降、大陸から移入してきた人々、いわゆる外省人ばかりである。そして、内容的にみれば、専門的に論を立てることはなく、ほとんどが見聞記およびエッセイ風のようなものであった。それは、書き手の職業とも関係しているが、それを整理してみると、以下のようである。

（1）外交官、軍人

・駐日外交官：崔萬秋、馬樹礼、張群。

・軍人：柳長勛。

（2）新聞記者

・経済時報社記者：王沿津。
・中央日報社記者：潘煥昆。
・中央通訊社記者：李嘉。
・聯合報駐日記者：司馬桑敦。

執筆者の職業は著述の内容を左右する。駐日外交官は往々にして回顧録やまわりの社会情勢を記し、一方、記者はふだん取材をして見聞したものの蓄積から一冊の本にまとめている。そのため、内容も様々で、概論や散論的なものが多い。これらの著作は長期に亘り、台湾の「日本文化論」のマーケットの中心を占めていたのである。

そして、すでに前述した被侵略者の角度から見た「日本観」は、現在においてもまだ引き続き存在する。代表例として、中央日報社（国民党の機関紙）の駐日記者潘煥昆が『日本与日本人』で心情を吐露した例がある。

一二八淞滬戦が発生した当時、私はちょうど広東省汕頭市で中学校に通っていた。私たちの学校は日本領事館のすぐそばにあり、その後ろ一キロにも満たない港には日本の駆逐艦が二隻停泊していた。白昼には水兵達が領事館の裏庭で取っ組み合いで訓練をしており、殺気に満ちていた。夜になると日本の軍艦から機関銃を掃射する響きが、夜中中鳴り響きっぱなしであった。あの日本人の醜い顔と気勢の激しい傲慢な態度は今なお私の脳裏に焼き付いている。その後八年間の抗戦期のあいだに、日本の戦闘機からの爆撃やこの目で見た同胞の悲惨な光景と苦しみは、言うにも及ばない。

今思い起こせば、仮に日本が我が国を侵略しなければ、我らの政府は統一と建国の大業を成し遂げ、共産主義は既に我が国から消滅していたはずだ。我らは何ゆえ大陸も敵に占領され、今ではこの台湾・澎湖島・金門・馬祖の小さな土地のみとなってしまったのだろう。大陸にいる七億の同胞の苦難と自由地区の我々の不幸な処遇は、すべて日本が作り出したものであり、日本人は直接手を加えていないなどと言ってその咎から逃れようとすることは許されない［潘　一九八五：六］。

この種の「被侵略者」の持つ恨みの意識は、もちろん人によって異なる。例えば当時GHQの中華民国駐日軍事代表団の代表で軍人出身の柳長勛は日本文化の素養が高く、戦争を見つめる目線は極めて冷静であった。また王沿津や崔萬秋の見聞記の主な内容は、日本社会の高度成長ぶりを注目していた。いずれも数少ない台湾の書籍市場で日本の状況を伝える書物であったが、なぜか書き手の記者や外交官はすべて外省人であった。

そのなかで、ただ唯一本省人（一九四五年以前より台湾に住んでいた人々）の執筆した日本社会文化の書籍がみられた。この暗黙のルールが破られたのは一九六六年、ようやく本省人出身の張深切による日本の社会文化の書『縦談日本』が出版された。
張深切は一九〇四年台湾の南投に生まれ、一九一七年に日本に赴き、小、中学の教育を受け、二〇歳のとき大学在学中、上海へ渡った。その後、大陸と台湾を往来し演劇や小説など文芸活動に従事する傍ら、日本の植民統治に反抗した台湾人の政治運動に関わり、二度入獄した。この本は作者自身の当時の書下ろしではなく、作者によれば、戦時下にあたる二十数年前に書いてあった原稿をもとに出版したものであるという。一九六五年一月張深切臨終の前、序言を書き終え、彼の死後遺稿の形で、友人の洪尊元の手によってその整理出版が行われた。なぜこの本を出版したのか、洪尊元はその理由を本の前書きでこう述べている。

日本に関心のある全ての読者にとって、『縦談日本』は必読の価値ある書である。この本は台湾籍の作者により執筆された本である。現在の国内のいわゆる「日本通」よりも優れた洞察力に富む書であるとは完全には保証できないまでも、この本は相当な「分量」をもち備えていることは間違えない。更に付け加えれば、本来「日本通」というものを台湾の同胞の中から探し出すというのは、ごく簡単なことであったはずである。しかし、いま空前の国難の時期を迎えているにもかかわらず、このことは世間の風当たりが強く当局より十分な注目を得られておらず、余計な一言かも知れぬが、遺憾でならない。……(中略)
「精神力」とはなんと神秘的な力だろう。張深切氏の遺著『縦談日本』の書に関して、もう一度作者の紹介をすると、彼は台湾籍の作家であり、そして現在台湾同胞の精神力は貧弱に陥っている。彼は数少ない日本文化を受け入れた者であると共に、祖国の文化を受け入れた人物でもある。旧世代は日本に私淑し、新世代は米国に私淑するという断層がある中で、正真正銘の中国文化は、台湾同胞の間には未だ根付いていない。よって、目下必要なのは、深く中国文化を理解する台湾籍作家であり、台湾における精神的内面に少しでも貢献しうる力なのである［張一九六六：一、三］。

前文のなかで台湾籍という表現をとっている本省人の作品は、精神力が貧弱に陥っている状況にあったという。このことは極めて意味深長なものが含まれていると言えるだろう。そして、この本全体を通じて、張深切の立場は一貫して自己を「中国人」の立場に置いている。張自身の書いた序言で、まずその立場を表明している。

日本が今アジアの全ての場所に置いて非常に重要な地位を得ている。我々は日本の実情を認識してこそ、彼らと親善を結ぶことができるのである。また日本自身も過去の観念を変え、中国の国体を認識する必要がある。つまりは、如何に変わっていこうとも、中国民族は依然として全世界で最も優秀な大民族である。一旦復興に目覚めたならば、中国のみがこの世界の平和を維持し、人類を大同の道へ導いていけるということを悟るのである。……。本編は筆者の二十数年前の古い原稿である。一部の内容が現在の実情に合わないほかは、さほど変化はみられない。本来、このような腐りきった原稿をゴミ箱に捨てようと思ったのだが、目下の時局によって救い上げられた。少し修正を加え、世に出した［張　一九六六：序言］。

一九六五年の時局とはどういうものであったか、書のなかには敢えて説明されていないものの、同書は日本の精神文明、風俗人情について浅く広く紹介しているなか、一箇所だけ、張深切の本省人に対する同情と弁解を記した言葉を見つけることができた。

この道徳的に退廃する世相の中で、日本人には今もなお師を愛おしむ美徳が残っているということを実感する。近年聞いたところによると、かつて台湾で教師をしていた日本人が台湾観光に来た際、当時の生徒たちによる熱烈な歓迎をうけた。しかしそのことが、某方面の反感を抱かせ、ある者はそれらの歓迎した者たちを奴隷根性が抜けていない、賊を父と尊ぶのかと非難し、某機関は公然と憤慨し、彼らの観光まで拒否する、という恥をさらした。昔の生徒たちが仮に勝利者に対し肩をすくめて追従笑いし、こびへつらうのであれば、それは正に恥であるが、しかし彼らは敗戦国から来た師に対し、彼ら個人が受けた恩恵に対し感謝の意を表したのである。この人情味にあふれる行いに対し、称賛すべきであるのにどうして悪罵を浴びせることができようか？

［張　一九六六：三三五］

こうして、上述の文章から張深切が「勝利者」と「敗戦者」に対し明確な区別を持ってはいるが、むかしの植民者である教師と植民される者、すなわち生徒との関係については、決して戦勝や敗戦への意識から影響を受けるべきではないと考えている。このような考えは文中に出てくる「某方面」の人には理解できないものであると暗示している。しかし張深切がはっきり言い出せなかった「某方面」は一体何を指し、誰のことであったのか。ここに張深切が当時言い表せなかった困難があったことが伝わってくる。

『縱談日本』は主に日本の社会文化を紹介しており、文学や戯曲、宗教、民俗などを奥深く且つ平易な文章で読者に紹介していることから、著者が如何に高度に日本を理解しているかが見て取れる。彼の死後この書は出版されたわけだが、興味深いことに、書の付録に彼が亡くなった後、多くの外省系文化界の人々の追悼文が記されている。そうした追悼文の中で、彼の反日経験が強調されており、ある聯合報記者の目から見た張深切は人々を感心させるほど「日本をとことんまで恨んでいた」という。このことは、張深切が本省人作家でありながらも、特殊な位置にあり、彼の友人は外省人の作家が多く、彼らから深い信頼を得ていたことを示している。

戒厳令が解除された後、同書は新たに復刻版として出版されたのだが、これに対し、台湾歴史研究者張炎憲は解説している。

張深切はこの本を執筆する時、時には自己を中国人と認め、中国人的口調で日本を描くが、両国比較となると、知らず知らずのうちに台湾人の観点から書いてしまう。それはまさしく、日本にも属せず、また、中国にも属しない、第三者的立場である。自己のアイデンティティーに悩むのは、台湾人としての悲哀であり、張深切もまた、その宿命からは逃れられなかった［陳ほか編一九九八：二三二］。

張炎憲は、このように彼を解読するが、筆者はそうは思えない。むしろ、張深切は、自己のアイデンティティーへのジレンマに陥っていたのではなく、表現上のジレンマに陥っていたと考えるのである。表現上のジレンマとは、戦後の台湾本省人における共通の現象である。すなわち、張深切は戦後初期に台湾籍の人々が「奴隷根性の抜けない」との批判を受けていたことを、重く心の中で捉えていたのではないかということである。これらの罵倒に対して、張深切は、恩師を歓迎することも「人情味あふれる行い」だと同情を示したが、反論することはできなかったのだろう。

一方で、いわゆる本省人作家の「日本文化論」作品が再び登場するのは、張深切の著作出版から二十年も経た戒厳令解除後の一九八七年となるが、その中でも、特に商哲明はかつての被植民者がポストコロニアル期に生きる文化人ではなく、一般大衆の観点を提供してくれる。商哲明は、一九二九年生まれで、中学時代まで日本教育を受けてきた。戦後も二一年間教員として、教壇に立った。教師時代には特別な反日感情は抱かず、逆に崇拝する傾向さえあった。その後、転職し、日本人向けのツアーガイドとなる。彼は、ガイド業を通し、新たに日本人と接触していく過程において、日本人に対しネガティブな印象を覚えていく。そのネガティブな印象の累積が、彼のナショナリズムを駆り立て、「懺悔」と題して複雑に変わり行く自己の複雑な心情を『台湾同胞与日本人』という書物の中に記している。

私は以前盲目的に日本人を崇拝し、良く日本語を話し、日本の歌を聴き、日本の歌謡曲を歌った。なんと恥知らずなのだろう。私の歌った日本の歌、日本の流行歌、日本の軍歌、今思い起こすと、赤面の思いである。……教師として教壇に立った二一年、始めの十年は、日本の模範教師の如く、厳しく生徒を叱り、生徒を殴った。なんと酷いことをしたのだろう〔商　一九八七：二二〕。

ある日、彼の友人は彼になぜ日本を尊敬しなくなったのか？　と問うた。すると、彼は「民族としての誇りに目覚めたのだ」と答え、被植民時期の屈辱を引き合いに出す。

日本人は台湾人を、罵るときにチャンコロと言う。殴るときもチャンコロと口走る。たったこれだけを取ってみても、昔日本人は、台湾人を虐めに虐めた。これは、もう個人的な問題ではないんだよ〔商　一九八七：一六九〕。

もともと彼の脳の奥底に眠っていた記憶が、戦後の不愉快な日本人との接触経験から呼び起こされたが、しかし最終的には彼は日本人を全面的に否定しているわけでもない。バランスの取れた結論で結んでいる。

私は日本語ガイドとして台湾で日本人と接触する。日本でも日本人と出会う。彼らからは、学ぶべきところもあるし、また、見習うに値しないところもある。

日本人は公徳心を持ち、法を順守し、規律を守り、相手を気遣い、相手の立場になって考える。そして、勤勉で責任感があり、親切で礼儀正しい。――学ぶべき所だ。

日本人は横暴で、意気地なし、性格は悪く、表情は能面のよう、気分屋で、曖昧、裏と表がある。虚偽で、頭は固い……。――見習うべきではない［商 一九八七：一八九］。

同書の出版時期はちょうど戒厳令が解かれた年にあたる。戒厳令自体が日本に関する書籍を禁止するわけではないが、しかし思想の検閲体制がなお敷かれており、文献リストを見てみると、やはり戒厳令が解かれたのち明らかに出版の量が増加している。また内容的にもバラエティに富んだ日本論が生まれはじめたといえる。しかし、商哲明のような自己の経験に照らし合わせた日本観の著作は、上掲の文献リストのなかでも、わずかである。改めてこの時期における作者の職業を整理してみると、以下のように、やはり、外省人出身の新聞記者の書いたものが多くみられた。

・中央日報駐日特派員：齊濤。
・中華日報総編輯、駐日特派員：章陸。
・中国時報記者：徐宗懋。
・経済日報社：司馬嘯青。

そのなかで、司馬嘯青のみ本省人であり、また海外駐在の経験をもたないが、彼の関心は日台の経済界の交流の話であった。齊濤と章陸の著書は戒厳令期の見聞記よりも日本文化に対する理解度は高いものであったが、侵略や戦争責任の報道になると目が厳しい。そして、張深切の指し示す、戦勝者が台湾人に対して非難する「奴隷根性の抜けない」との指摘は、戒厳令解除後なおも再生産される。外省人の若い世代も、先代を踏襲し、外省人が抱く「被侵略者の日本観」から、日本社会、そして台湾社会、即ち被植民地者への批判を綴り続けている。こうした傾向をもつ代表的な著作として徐宗懋の『日本情結（コンプレックス）』を見てみよう。

彼らは必ずしも自己を日本人と見なしているわけではない。日本の差別政策は終始彼らと日本人との間に一本の線を引いてきた。しかし、彼らは間違いなく日本文化の世界へ深く嵌り込み、またそれを生いたちにおける大切な思い出だとしている。そのため、彼らが祖国の懐に戻って、挫折すると再び日本人の懐へ戻ってしまい、挫折感が深ければ深いほど、懐で強く抱きしめられる。しかも彼らが日本の植民地支配を文化的・政治的アイデンティティーにまで高め、そうして自己を被植民者の虚栄と劣等感に陥いらせることになる。よって彼らの本質は必然的に軟弱なのだ〔徐　一九九七：二七四〕。

本書での徐宗懋の批判の矛先は当時の総統李登輝に向けられる。徐は言うなれば台湾社会の「被植民者」に対する批判として、戦後初期によく使われていた「奴隷根性」を「虚栄心と劣等感」という言葉に置き換えた。また、彼らが軟弱であることを指摘するのは、戦後初期に「被植民者」を軽蔑していたのと同様に高みから見下すまなざしで見ているからである。

そのような外省人第二世代は、戒厳令が解除されたあと、日本に三年間留学した経験までもっていても、「侵略される者」としての日本観から抜け出ることはできない。例えば、王墨林もその一例である。

私はこの島に生まれた「外省人」の第二世代だ。台南にある日本家屋で生まれ、また嘉義のもう一軒の日本家屋で育った。私にとって故郷即ち父祖の地とは象徴的な空間に過ぎず、日本式家屋の空間が私の身体記憶の原点なのである。……（中略）

今となりやっとわかったことだが、両親がわたしたち子供に生まれ故郷の話を決して語らなかったのは、白色テロの中、外省人にとってタブーであったからだが、それでも両親はたまに「日本鬼子」の話をし始めると、ものすごい剣幕で不平を吐露した。高校時代、学校で「中国の怒り」という抗日戦争のドキュメントフィルムを見たとき、日本兵が中国の人民を虐殺する画面を見てしばらくは驚きと怖さが収まらなかった。私がかつて感動していた美しさと私の憎む暴力が、実は同じもののなかに共存していたのだ！［王　一九九一：二八三―二八四］

彼が外省人でありながら日本家屋に住んでいたというのは、終戦後、日本人が全員引き上げたのち、残った宿舎や民家が接収され、ちょうどその後、大量に流れ込んだ外省人軍属や難民の住居に充当されたからである。このような空間感覚は外省人第二世代が共通する経験であって、よく文学作品にでてくる。また彼は、『後昭和的日本像』の書のなかで映画評論を通して日本の軍国主義の復活や日本の経済的侵略に強い警戒感をもっていた。

上述したように、戒厳令解除後も日本論の著者には外省人が多かったものの、それでもそれ以前と比べると本省人作家が多く出て来るようになった。しかし、彼らは、植民地支配を経験した世代ではなく、いわば植民された者の第二世代である。第二世代の本省人の扱うテーマは、たとえば、企業や経済界の話を専門的に扱う司馬嘯青（本名廖慶洲としても本を出版している）、陳再明、また武士道を扱う林景淵、呂理州などがみられる。そして歴史学者が一般読者のために執筆した「日本文化論」に関する著作も出てきた。例えば、李永熾の江戸文学に関する見解であったり、呉密察が日本に滞在した数年間に得た専門知識をもとに、日本社会の「保守化」についての問題を取り扱ったり、戦後日本の平和運動や市民運動に対する考察など、これらの書籍は、台湾社会が日本に対する知識と現状への理解を促進するために執筆されたものである。また、呉密察は著書の中で、本人は本省人の第二世代であることを強調することはないが、前述の「被侵略者としての日本観」に対する批判を行っている。

被害者意識から出発する「抗戦期の心理状態」や心理的な分析を経ない民族的感情は、現代国際社会においては言うに及ばず、日本に対しても正確な理解を得られない。我々は期待していた、理性的な分析を行うはずの、いわゆる「日本専門家」が、いまなおまるで抗戦用宣伝文かの如く「作文」している。それを見て、悲壮かつ哀れにさえ思うのである。私たちは、国際社会（もちろん日本を含む）に対し、被害者意識を全面に押し出し高台から相手を見下ろした様な態度ではなく、正々堂々と毅然とした態度で相手と向かい合う尊厳と自信が必要なのである［呉　一九九二：一九〇］。

「日本軍国主義」が復活するか否かというテーマの下、呂理州、呉密察のような本省人第二世代は、戦後の日本社会についての研究の結果出した答えとして、軍国主義へ後戻りはあり得ないと結論づけるが、外省人の第二世代である王墨林、徐宗懋は、日本軍国主義はいつか必ず蘇ると断定する。両者間には著しい観点の違いがみられる。

三　文献（2）——自伝／伝記／詩集から見る「文化論」

上述した戦後の中国語による出版物である文献（1）の目録の中には、かつて実際に日本時代に植民統治を経験し、深く日本を理解した「被植民者」の作者の存在は、殆ど皆無と言ってよいだろう。時代の風潮と、政府が反日政策を前面に押し出す中、商哲明のような反植民を題材とした作品がわずか一冊出版されただけであった。しかし中国語の枠を飛び越えれば、大量の日本語によって記された作品が、戒厳令が解除されたのち、自費出版或いは台湾で出版されるだけではなく、日本においても出版され始めた。これらの作品は、理論的論述ではなく、主に生活史（ライフ・ヒストリー）の視点に立ち、日本と自己との関係を振り返る形式を取っている。また、注目に値すべきは、これらの執筆者は、自らが日本語で執筆を行ったことである。以下、目録を掲載する。

上述の作品は大まかに分けて三種類に分類することができる。

表２　文献（２）自伝／伝記／詩集から見る「文化論」

年	著者	書名	版元
1981	磯村生得	われに帰る祖国なく：或る台湾人軍属の記録	東京：時事通信社
1989	張有忠	私の愛する台湾と中国と日本	東京：勁草書房
1992	柯旗化	台湾監獄島	東京：イースト・プレス
1993	楊威理	ある台湾知識人の悲劇	東京：岩波書店
1993	楊千鶴	人生のプリズム	東京：日本そうぶん社
1994	林歳德	私の抗日天命	東京：社會評論出版
1994	孤蓬萬里	「台湾万葉集」物語	東京：岩波書店
1994	孤蓬萬里編著	台湾万葉集	東京：集英社
1994	陳逸松	陳逸松回憶録	東京：新台湾文庫
1994	蔡德本	台湾のいもっ子	東京：集英社
1995	孤蓬萬里編著	台湾万葉集（続編）	東京：集英社
1996	頼天河	台北川柳会	自費出版
1997	林景明	日本統治下台湾の「皇民化」教育	東京：高文研
1997	孤蓬萬里編著	孤蓬萬里半世紀	東京：集英社
1998	鄭春河	台湾人元志願兵と大東亜戦争	東京：展転社
1999	呉月娥	ある台湾人女性の自分史	東京：芙蓉書房
1999	楊海瑞	双葉	自費出版
1999	楊国光	ある台湾人の軌跡	東京：露滿堂
2000	陳淑媛	「憶」さるすべりによせて	自費出版
2000	蔡焜燦	台湾人と日本精神	東京：日本教文社
2001	洪坤山	闘病の日々	台北：南天書局
2001	黄霊芝	黄霊芝作品集（一九）	自費出版
2002	許昭榮	知られざる戦後：元日本軍・元国府軍台湾老兵の血涙物語	自費出版
2002	林彦卿	非情山地	自費出版
2002	張嘉英	愛の細道：我が九十年史	自費出版
2003	許国雄	台湾と日本がアジアを救う	東京：明成社
2003	彭炳燿	造飛機の日子：台湾少年工回顧録	新竹：新竹市政府
2003	黄霊芝	台湾俳句歳時記	東京：言叢社
2003	楊素秋	日本人はとても素敵だった	東京：桜の花出版

①自伝：林歳徳、陳逸松、蔡徳本、林景明、鄭春河、呉月娥、蔡焜燦、洪坤山、林彦卿、張嘉英、許国雄、彭炳燿、磯村生得、楊千鶴、楊素秋。
②伝記：楊威理、楊国光。
③詩集：孤蓬萬里、頼天河、黄霊芝、楊海瑞、陳淑媛。

執筆者は、全員が職業作家ではないが、全ての者が、台湾の日本植民統治の経験者であり、年齢もほぼ近く、一九二〇年から一九三〇年に生まれ、人生の黄金期である青春時代に終戦を迎え、また戦後国民党政府の統治を受けた経験を持つ者である。これらの出版物を発行した当時には、既に七〇歳以上と高齢を迎えていた。

彼らの人生経験は、ある者は怒涛のごとく、ある者は平淡と様々であるが、しかし彼らは恰も何かの力に押されたかのように、自ら筆を取らなければならなかった。そういった文献はほとんど自己の人生における日本経験、すなわち植民統治期の台湾で生じた経験を綴っている。彼らはプロの文学作家ではなく、自伝や伝記という手法を用いて、「植民する者と植民される者」の関係、或いは「植民される者」がポストコロニアル期から見た日本を作品を通じて伝えようとする、いわゆる「植民される側の日本観」を表現している。

これらの作品に見られる日本観は、内容も相当に複雑、かつ多層的である。要約して述べれば、日本統治というプリズムにおいて、最も嫌悪する見解に立つ林歳徳から、日本統治を完全に肯定する立場を取る鄭春河まで多種多様である。彼らの記した書物は、自らの人生経験を元に執筆されているが、その中でも、後者が大多数を占め、それは、全員が戦後の国民党統治を経て、比較した後このような結論に達している。

これらの比較や反省を綴るのにあたり、様々な心理的紆余曲折を文学者でもない者が文字として表現するのは、生易しい作業ではなかったであろう。更には、外部的要素として、戒厳令という状況下に白色テロに脅えながらの生活であったことを考えれば、執筆への決心は極めて重大な出来事であった。自伝という伝達方式のほか、彼らはもう一つの伝達方法を持っていた。日本の詩歌である。彼らは日本語の詩歌を用いて、心情の変遷を語っている。かつて筆者は、文章比較を行い、いわゆる「日本語人」という語の意義をさぐったことがある。ここでは、幾人かの被植民者から見た日本観を吟味してみたい。

兵の日は反日なれど短歌を詠む今は親日の我の不思議さ（黄得龍）

天皇を神と思ひし彼の日びを空虚なりしと我は思わず（鄭埌耀）

御名御璽に鼻をすすりし日を追へば日本人たりしわが少年期（傅彩澄）

ニッポンという愛憎に揺れるクニ（李琢玉、主題：「揺れる」）

恩讐は御破算にして故侶日本（李琢玉、主題：「恩」）

日の丸の酸っぱさを知る植民地[14]（李琢玉、主題：「日の丸」）

上述の詩を表す表現は、反日と親日の複合的感情とでもいうべきか、愛と憎しみ、恩と怨みが混ざり合い共存しているものである。例えば、日の丸の酸っぱさとは国旗の日の丸と日の丸弁当の梅干にかけている。このような詩は日本文化に精通したものでなければ理解し得ない感覚を日本語で表現している。彼らの取り巻かれた現状は、彼らの生活史という記憶が言語という壁に隔絶され、台湾では未だに重視されず、そして理解されておらず、今後さらに研究が要請されるだろう。

四　文献（３）――日台関係を主軸とした「文化論」

本節では、前節で述べた日本語で執筆された自伝風の文献と似た部分もあるが、内容が過去のライフ・ヒストリーではなく、現在と未来の日台関係を扱うことを重点とした文献を列挙する。これらの文献中の作者の四人は、出版時期が文献（２）と同様に、九〇年代に集中している。その内容、また著作数は驚くべきほどであるが、これは著作が日本社会における日本人読者に受け入れられた証拠といえるだろう。では、なぜ旧植民地出身者が語る日本の姿が、日本人読者に受け入れられたかという点について、以下のような論述がある。

もう一つは、「冷静な親日家」とでも言うべきの種類の人たちだ。この人たちは、日本に対し全く幻想をもっていない。戦後、日本から、何度も何度も裏切られ、失望も味わっている。しかし、日本の悪い面も知り尽くしていたとしても、台湾が生き残るためには日本しかいないという醒めた考えの人たちである。当然こういう考え方だから、ちょっとやそっとのことでは日本に対する考えはブレない。

表３　文献（３）日台関係を主軸とした「文化論」

◆李登輝の著作		
1996	これからのアジア	東京：光文社
1999	台湾の主張	東京：ＰＨＰ
2000	アジアの知略	東京：光文社
2001	李登輝学校の教え（小林よしのりと共著）	東京：小学館
2003	「武士道」解題	東京：小学館
◆金美齢の著作		
1996	鍵は「台湾」にあり！：「日・台」新関係がアジアを変える	東京：文芸春秋
1997	大中華主義はアジアを幸福にしない	東京：草思社
2000	敵は中国なり：日本は台湾と同盟を結べ	東京：光文社
2001	入国拒否：台湾論はなぜ焼かれたか	東京：幻冬舎
2001	日本よ台湾よ：国を愛し人を愛すること（周英明と共著）	東京：扶桑社
◆黄文雄の著作		
1992	それでも日本だけが繁栄する	東京：光文社
1993	日本の繁栄はもう止まらない	東京：光文社
1995	大東亜共栄圏の精神	東京：光文社
1996	中国人の偽善：台湾人の怨念	東京：光文社
1996	脅かす中国騙される日本	東京：光文社
1997	豬狗牛：中国沙猪・日本狗・台湾牛	台北：前衛出版社
1997	捏造された日本史	東京：光文社
1998	日本がつくったアジアの歴史：七つの視点（池田憲彦と共著）	東京：総合法令出版
1999	韓国人の「反日」台湾人の「親日」：朝鮮総督府と台湾総督府	東京：光文社
1999	罠に嵌った日本史	東京：日本文芸社
2000	「NO」と言える台湾：孤児国家・台湾経済はなぜ強いのか？	東京：日本文芸社
2000	主張する台湾　迷走する日本	東京：光文社
2000	つけあがるな中国人　うろたえるな日本人	東京：徳間書店
2001	台湾は日本人がつくった	東京：徳間書店
2001	満州国の遺産	東京：光文社
2001	台日中的二一世紀	台北：一橋出版社
2002	近代中国は日本がつくった	東京：光文社
2002	日中戦争知られざる真実	東京：光文社
2002	中華思想の罠に嵌った日本	東京：日本文芸社

2003	中国が葬った歴史の新・真実	東京：青春出版社
2003	日本の植民地の真実	東京：扶桑社
2003	日本人が台湾に遺した武士道精神	東京：徳間書店
2003	世界を急襲する中国発 SARS の恐怖	東京：光文社
2003	中国「反日」の狂奔	東京：光文社
2003	中国人の卑劣日本人の拙劣	東京：徳間書店
2003	日本の植民地の真実	東京：扶桑社
2004	中国こそ逆に日本に謝罪すべき九つの理由	東京：青春出版社
2004	中国の日本潰しが始まった	東京：光文社
◆謝雅梅の著作		
1999	台湾人と日本人：日本人に知ってほしいこと	東京：総合法令出版
2000	日本に恋した台湾人	東京：総合法令出版
2001	新視点「台湾人と日本人」	東京：小学館
2002	台湾論と日本論	東京：総合法令出版
2002	いま日本人に伝えたい台湾と中国のこと	東京：総合法令出版
2003	台湾は今日も日本晴れ！	東京：総合法令出版

この分類法からすると、李登輝氏は「冷静な親日家」に入るであろう。当然、李氏ばかりではない。実際に日台関係のため腐心している台湾人のほとんどは、この部類に入るのだと思う。

そして彼らは、決して「戦略的親日家」などではなく、あくまでも「冷静な親日家」なのである。

戦後、裏切り続けられた日本への親愛を心の奥に押さえ込みつつ、それでも日本に期待して励ましてくれる「冷静な親日家」の台湾人たちが確実にいる。

彼らの思いになかなか答えられぬ戦後日本人の一人として、わしは忸怩たる思いに駆られざるを得ない。

李登輝氏は我々日本人に対して言葉を尽くして語りかける。我々に日本文化が有する深度と包容力を確信させ、尚且つ現在の日本にすら、その持てるものに対し賛辞を送ることをやめようとしない。

その言葉は近代化に疲れた我々日本人を鼓舞する。

［李・小林　二〇〇一：一九九―二〇〇］

この様に日本の読者より「忸怩たる思い」や「その言葉は近代化に疲れた我々日本人を鼓舞する」との言を引き出すほど、読者を魅了させるのは、日本の社会や文化を高度に理解できているものでなければ、難しいだろう。

この四者とも、日本においても極めて知名度の高い作者であるが、彼らの著作は、日本で発刊された後、また台湾へ紹介され翻訳された。彼らの共通点として、植民地経験の視点より出発し、台湾、中国、日本という三つの文化集団の違い、特に日本社会の一般大衆に対して中国人と台湾人の区別を強調する。

その中でも、謝雅梅はその他の三人とは異なり、日本の植民統治を直接経験したことはなく、第二世代の立場から過去を振り返り、両親の世代の言から、日本への感情、体験談を汲み取り、彼女にとって大好きな日本という視点を軸として執筆を行っている。更には、彼女自身が日本社会において得た経験論の展開は、文献（1）のような日本文化概論よりも深く日本文化を論じるという勢いさえある。

そして、驚異的な著作数で有名な黄文雄は、アジア各国の近代史にも精通しており、読者にとって分かりやすい切り口で現代史を論評している。日本人という国籍的身分に束縛されない同氏は、往々にして日本人学者が見解を表明しづらい日韓、日中関係史のテーマを、臆することなく発表している。

五　文献（4）――流行文化論

最後に、九〇年代の後半以後に勃興し始めた新しい種類の「日本文化論」のアプローチ作品がある。これらの作品は台湾における日本がもたらしたテレビドラマ、アイドル、ポップス音楽、ファッショ

表4　文献（4）流行文化論

年	著者	書名
1997	黒鳥麗子	黒鳥麗子白皮書
1998	小葉日本台	日劇完全享楽手冊
1998	哈日杏子	我得了哈日症
1999		哈日事件記録簿
1999		遊学日本最好玩
1999	阿潼	東京鮮旅奇縁：偶像日劇場景新鮮紀實
1999	許乃勝	哈日族的天堂
2000	劉黎児	東京・風情・男女
2000		東京的情色手冊
2000		愛してる
2001		黎児流：書写東京
2002		好色時代：黎児的欲望東京
2002		東京・迷絲・迷思：黎児的日本情思
2002		純愛大吟醸
2002		新美女主義
2003		新種男人
2003		黎児純愛倶楽部

ンなどの「流行文化」へ焦点を当てた作品である。表4に文献リストを列挙する。

上記書物のテーマを分類すると、大きく二種類に分けることができる。まず第一に台湾の若年層における日本の流行文化大好きという「哈日（ハーリー）現象」、二つ目に日本の中高年層に焦点を置いたエロスに関するテーマである。

台湾の若年層における哈日現象とは、哈日杏子の著作の中に出てくる「哈日」という彼女が創り出した新しいボキャブラリーである。この言葉が台湾の若者の日本に対する好意的な感情を表し、今日では、日本、台湾の読者のほか、東南アジアの国々へも広く伝播している。そういった「哈日」現象とはいったい何なのか。彼女は日本で翻訳出版された著作中に、自嘲気味に哈日を一種の病気とし、その症状を以下のように述べている。

わたしはただ……、
日本に行きたい！
日本に住みたい！
日本人になりたい！
日本語をしゃべりたい！
日本料理が食べたい！
日本のテレビが見たい！
日本の音楽が聞きたい！
日本のアイドルに会いたい！
それだけなの……。
わたしはただ、
前世は日本人だった気がするだけ。
わたしはただ、
哈日症にかかっただけ。
そう！わたしはこの病気を「哈日症」――ニッポン中毒と名づけた。

［哈日、小島訳　二〇〇一：一〇―一一］

哈日杏子は一九九二年に日本への旅行と遊学を開始し、その後、台湾へ日本の社会や文化を紹介するべく自ら筆を執ったという。だが、彼女が日本を好きになった原因は、決して家族や歴史に関係があるのではなく、ましてや故意にそのフリをしているのではない。その理由は、哈日傾向にある若者が、台湾におけるエスニシティや出身に関係無く、日本の流行文化自身に共通の共感を得たからである。

もう一つのテーマは、主に劉黎児の描く日本の中高年層におけるエロスに関してである。彼女が焦点にする「日本文化論」は、日本文化と台湾文化間において全く異なる領域にターゲットを定め、台湾の読者へ覗き趣味的な好奇心を与える。またそれと同時に、これらのタイプの著作は、「敵国日本」あるいは「植民宗主国日本」といった重苦しく厳粛である因襲の桎梏から抜け出し、台湾人がかつてより知ることのできなかったプライベートな領域であるエロスを描いたことによって、台湾で多くの読者層を獲得した。しかしながら、哈日杏子の著作は、日本においても翻訳出版され、多くの反響と支持を得ているのと対照的に、劉黎児のエロスに関する書籍は、目下台湾のみの出版となり、日本社会では、未だ共感を得ていないようである

むすびに——台湾におけるポストコロニアル期の対日観

以上、日本植民地支配を受けた後、台湾という地域において、また台湾出身者によって書かれた「日本文化論」の四つの文献ジャンルを扱ってきた。紙幅のため、第2から第4までの文献を詳しく分析することができなかったが、本稿ではとりあえず取り上げることにした。取り上げること自体、台湾におけるたいへん複雑な構造をもつ「日本文化論」の全貌が見えてくるので、討議のバランスを取ることが

できたと思われる。後の三種の文献の詳しい分析をまた次の機会に譲りたいと考えているが、まずは、以下のような結論を導くことができる。

（1）上記文献（1）に見られる台湾の「日本文化論」作品から、相容れない二つの日本観が浮かび上がってくる。すなわち「侵略される側の日本観」と「植民される側の日本観」の共存である。前者のスタンスは、①侵略戦争への仇恨、そして②日本文明を論じる際、必ず中国文明の偉大さに帰結するという二点の結論に集約される。戦争への恨みは直ちに日本の軍国主義復活に警告を発する。その一方で、誇りある中国文明の伝播を受けた日本文化に対し、同文同種という親近感も強調され、二つの見方にアンビヴァレンスも見て取れる。しかし、彼らが背負ってきた戦争という共通した体験は、戦後の台湾において、挑戦されることなく教育文化界を牛耳り、単純なステレオタイプ的日本観を次世代へ複製し、戒厳令解除前の四〇年間という長期に亘り出版及び書籍の大多数を占め、かつての被植民者を「奴隷根性」「軟弱」などと批判し、その批判を戒厳令解除後に至ってもなお続けている。

一方、植民される側としての日本観は、極めて多元的であり、植民されてきた恨みの一端から、完全に日本文化へ溶け込んだ者としての一端まで、様々である。というのも人口的な多さ（植民される側がマジョリティー）、時間的な長さ（半世紀以上）、地域的広がり（台湾全土）などの要素によって複雑さが増すからである。しかも彼らは、その後もう一つの植民主義（国民党）に遭遇し、日本植民主義に対して、自主的に反芻《はんすう》することが許されず、非常に曖昧な表現となって表れる。その結果、台湾の日本からの脱植民地化では、出版された本の数からもわかるよう、多くは「侵略される側」（外省人）が「植民される側」（本省人）を代弁し、また一方的に代行しているものといえる。真の「植民される側」からの脱植民地化は、大変屈折した形として現れる。

（2）台湾における植民される側の「日本文化論」は、長年に渡り中国語書籍マーケットにおいて日の光を浴びること事がなかった。一九九〇年代以後、長い沈黙を破り、自費出版として日本語により執筆された出版物が多数出てきた。これは、世界史的に見てもその他の被植民地でもあまり例のない出来事である。すなわち、遠い昔の旧植民主の日本語をふたたび用い、対話する相手は存在しないけれども、ただひたすら自分史を語る。平均年齢は八〇歳を超す古老達ではあるが、その視点は高く、成熟度を見せており、今後とも更なる学術的眼差しが要請されるだろう。

（3）植民地主義が終焉してすでに半世紀を経た台湾は、如何に日本と再び付き合っていくべきか。これは日台関係の発展における重要な課題であろう。台湾内部でも意見の相違が見られ合意に至らない課題でもあるが、その中で文献（3）の種類は新たな視野とアプローチを提供してくれる。過去にはあり得なかったこの種の文献タイプは、植民される側ならではの利点を生かし、植民主の脆さを指摘する一方、また、植民主の発展のあり方に深く寄与する。世界その他の地域におけるポストコロニアル批判に見られる、例えば、ファノン、サイード、スピヴァック、ババのような英語世界のポストコロニアル批判の巨匠は、皆旧植民地出身の者であることが共通している。

（4）同様に一九九〇年代以後、台湾にて生まれた日本流行文化論は、日本文化への親近度の高さを示している。九〇年代以降の日本流行文化論は、過去の土壌とは違うところからうまれた。そして、今後、日本の大衆文化が台湾で受け入れられていくためには、台湾社会に深く根を下ろしていく必要があるのか。しかし、極力過去と訣別する姿勢も台湾の脱植民地化のプロセスに必要であるかもしれない。

補記：拙文は二〇〇三年末に執筆したものであり、『アジア・アフリカ言語文化研究』第七一号（二〇〇六）に掲載された。そのため、取り扱っている台湾の「日本文化論」書物は、二〇〇三年までに出版されたものとしている。なお、本研究は二〇〇〇年度の公益財団法人住友財団の「アジア諸国における日本関連研究助成」を受けたものであり、改めて謝意を表する。

注

（1）大まかに言うと、社会文化に比重をおく論述は「日本文化論」と称され、民族・社会心理・生物学に比重をおいた論述については、「日本人論」が用いられることが多い。また、政治外交及び経済貿易に関する論述に際しては、「日本論」として論じられる場合が多い。三者を広義の解釈より鑑みた場合、各自が他の二者を包含することもあり得る。
（2）出版数のカウントについて、［青木　一九九〇：二四］を参照。なお、戦前の出版数統計については、明確な数字は出ていない。
（3）［ベフ　一九八七］、［青木　一九九〇］、［南　一九九四］、［吉野　一九九七］を参照。
（4）一九四八年に日本にて翻訳された後、一九八八年まで八〇回の再版を重ね、売り上げは一〇〇万冊を超えた［青木　一九九〇：三二］。
（5）［ジョンソン　一九八六：一六二］を参照。
（6）［崔　二〇〇二：四六］を参照。

（7）戦後日本において翻訳された外国人の記した日本論著作は合計六八冊［村上　一九九七：一九―二二］。
（8）大陸の中国人の日本論について述べたのは［黄　一九八〇］、［林　一九八〇］がある。
（9）［大久保　二〇〇三：二〇七］、［南　一九九四］、［青木　一九九〇］。
（10）［杉本・マオア　一九八二：一一八―一一九］を参照。
（11）単篇論文目録については、［川島　二〇〇四］がある。
（12）卓南生（シンガポール人）＝一九八八『日本的政治鬥爭』故鄉出版公司、周佳栄（香港人）＝一九九四『近代日本文化与思想』台湾商務印書館、王家驊（中国人）＝一九九〇『儒家思想与日本文化』淑馨出版社、樊和平（中国人）＝一九九五『儒学与日本模式』五南図書、石暁軍（中国人）＝一九九二『中日両国相互認識的変遷』台湾商務印書館。
（13）朱雲影は一九七八年退職後渡米し、一九九五年に死去。台北師範大学歴史学系・歴史研究所一九九六『朱雲影教授逝世週年紀念』を参照。
（14）［黄　二〇〇三］を参照。

参考文献

青木　保
　一九九〇『「日本文化論」の変容』東京：中央公論社。
大久保喬樹
　二〇〇三『日本文化の系譜』東京：中公新書。
川島　真
　二〇〇四『台湾における日本研究』東京：財団法人交流協会。
黄智慧
　二〇〇三「ポストコロニアル都市の悲情――台北の日本語文芸活動について」橋爪紳也編『アジア都市文化学の可能性』一一五―一四六、大阪：清文堂。

黄福慶
一九八〇 「論中国人的日本観」『中央研究院近代史研究所集刊』九、六一―七八、台北：中央研究院近代史研究所。
崔吉城
二〇〇二 『「親日」と「反日」の文化人類学』東京：明石書店。
酒井 亨
二〇〇四 『哈日族』東京：光文社。
杉本良夫／ロス・マオア
一九八二 『日本人は「日本的」か』東京：東洋経済新報社。
ジョンソン、シーラ／鈴木健次訳
一九八六 『アメリカ人の日本観』東京：サイマル出版会。
陳芳明ほか編
一九九八 『張深切全集』六、一二八―一三二、台北：文経社。
哈日杏子、小島早依訳
二〇〇一 『哈日杏子のニッポン中毒』東京：小学館。
べフ・ハルミ
一九八七 『イデオロギーとしての日本文化』東京：思想の科学社。
南 博
一九九四 『日本人論――明治から今日まで』東京：岩波書店。
村上勝敏
一九九七 『外国人による戦後日本論』東京：東洋経済新報社。
吉野耕作
一九九七 『文化ナショナリズムの社会学』名古屋：名古屋大学出版会。
林明徳
一九八〇 「中国人的日本観」『大学雑誌』一三一、三〇―三七、台北：大学雑誌社。

あとがき

本書は、もともと二〇〇六年に筆者の前職場であった東京外国語大学アジア・アフリカ言語文化研究所で発行している雑誌に特集として掲載されたことは既に新序においても述べたとおりである。今日では、各大学で機関リポジトリを持つことが当たり前になっているが、当時はまだそのような制度は一般化されておらず、せっかく掲載された論文が広く社会に読まれることはあまり期待できなかった。

そんな中、植野弘子先生（当時東洋大学教授）を代表とした科学研究費補助金による共同研究が採択され、その成果を『台湾における〈植民地〉経験——日本認識の生成・変容・断絶』として出版することになった。この際に編集、印刷、出版をお引き受けいただいた風響社の石井雅社長から、この特集もあわせて出版してはどうかというありがたいお話をいただいた。

すぐに、研究所のほうには転載の許可をいただき、執筆者には、加筆修正が必要なところを確認していただき、修正稿を集めることとなったが、植野教授の科研の成果論文の執筆と、本特集の論文の修正と全体のとりまとめを同時並行で進めることは筆者の能力を超えるものであった。そのあと、筆者は、変化の目まぐるしい国立大学改革の波に飲み込まれて対応する仕事に追われるようになり、また、二〇一五年には現在の職場へ異動するなど、落ち着かないあわただしい日々を過ごし、長い間特集の単行本化に手を付けられなくなった。その後、一時校正作業も再開したものの、また様々な原因でとん挫することになった。

出版計画を時間通りに進められなかった責任は編者にある。石井社長にはご厚意で出版を申し出てくださったにもかかわらず、かえってお荷物をしょい込ませてしまったことになり、大変に申し訳ないことになった。また、執筆者の方々も、おそらく「あの本の話はどうなったのだろう?」との疑問を抱えながら、辛抱強くお待ちいただいたのだと思う。この場を借りて、深くお詫びする次第である。

特集を雑誌に発表してからこのかた、台湾の国内政治も、また日本、台湾の関係も、東アジアや世界の情勢も大きく変わってしまった。また、筆者が台湾に通うようになってからもすでに三〇年を超えた。二〇一六年、二〇二〇年の総統選挙で力を発揮した台湾社会の新しい若い力は、私の初体験時の台湾を知らない世代になってしまった。彼らは、日本時代を経験した老世代と接触することも少なくなり、戒厳令を知らず、物心ついた時から二大政党を中心とした民主的な選挙が当たり前の世代である。中国の世界の中でのプレゼンスや香港社会の置かれた位置などが、現在の台湾には大きな影響を与えている。その意味で本書で論じられた台湾の人々の日本認識は、すでに歴史化されてしまっているかもしれない。しかし、私たち世代の研究者が民主化以降のある時期の台湾の人々の思いをどう見、感じてきたのかを、単行本の形で世に残すことは、やはり意義のあることだと考えている。

更に、本書の多くの執筆者が専門とする人類学の世界も変わってきている。中でも、戦前戦後に「科学的な研究」のために収集された人骨を当事者の子孫に返還すべきか否か、といったことが大きな問題になっている。筆者が本書で取り上げた金関丈夫氏は、正にそのような人骨収集による学問的活動に関わってきた。そのことを踏まえたうえで『民俗台湾』をどう評価すべきなのかは、再度検討すべき課題なのかもしれない。しかし、すでに述べたように、本書は、これらの論文が書かれた当時の人々の歴史認識を考察したものであることから、その後に新たに生じた事象を加味した分析は別の機会に譲ることにしたい。

最後に、繰り返しになるが、筆者の怠慢を辛抱強くお待ちくださり、そして柔らかく鼓舞しながら、本書を世に送り出してくださった風響社の石井社長に心から感謝申し上げたい。

二〇二〇年夏

三尾裕子

写真・図表一覧

ワ

マ

ヤ

ラ

ナ

ハ

タ

サ

索引

著『台湾における <植民地 >経験──日本認識の生成・変容・断絶』185-214頁、風響社、2011年）など。

松金公正（まつかね　きみまさ）

2001年、筑波大学大学院博士課程歴史・人類学研究科単位取得退学。

専攻は史学、東洋史、中国・台湾宗教社会史。現在、宇都宮大学国際学部教授。

主編著書として、『現代アジア事典』（文眞堂　2009年、共編著）など、論文として「『廟』の中に『寺』を、『寺』の中に『廟』を ──『古義真言宗台湾開教計画案』の背景にあるもの」『アジア遊学』（222号、2018年）、「台湾における日本仏教の社会事業 ──1895～1937」三尾裕子・遠藤央・植野弘子編『帝国日本の記憶 ── 台湾・旧南洋群島における外来政権の重層化と脱植民地化』（慶應義塾大学出版会、2016年）など。

林 美 容（りん　びよう）

1983年、カリフォルニア大学アーバイン校社会科学博士。

専攻は文化人類学、台灣民間信仰、民間佛教、台灣民俗。

現在、台灣中央研究院民族學研究所兼任教授。主著書として、『漢語親屬稱謂的結構分析』（稻鄉出版社、1990年）、『媽祖信仰與台灣社會』（博揚文化出版社、2006年）、『白話圖說臺風雜記──台日風俗一百年』（台灣書房出版社、2007年）、『祭祀圈與地方社會』（博揚文化出版社、2008年）、『台灣的齋堂與巖仔──民間佛教的視野』（台灣書房出版社、2008年）、『魔神仔的人類學想像』（五南出版社、2014年）など。

黄 智 慧（こう　ちえ）

1990年、大阪大学人間科学研究科博士課程修了。専攻は文化人類学・民族学。日本研究、沖縄研究、台湾原住民研究、文化遺産研究。

現在、中央研究院民族学研究所助研究員。主な論文として「ポストコロニアル都市の悲情──台北の日本語文藝活動について」『アジア都市文化学の可能性』（清文堂、2003年）、「『戦後』台湾における慰霊と追悼の課題──日本との関連について」『現代宗教2006特集慰霊と追悼』（東京堂出版、2006年）、「台湾における日本観の交錯──族群と歴史の複雑性の視角から」『日本民俗學』259（2009年）、「ポストコロニアル台湾における重層構造──日本と中華」『東アジア新時代の日本と台湾』（明石書店、2010年）など。

〈編者・執筆者紹介〉（執筆順）

三尾裕子（みお　ゆうこ）

1986年、東京大学大学院社会学研究科博士課程中退。博士(学術)。

専攻は文化人類学、東アジア地域研究。

現在、慶應義塾大学文学部教授。

主著書として、『王爺信仰的歴史民族誌：台湾漢人的民間信仰動態』（中央研究院民族学研究所、2018年）、『帝国日本の記憶　台湾・旧南洋群島における外来政権の重層化と脱植民地化』（慶應義塾大学出版会　2016年、共編著）、『グローバリゼーションズ――人類学・歴史学・地域研究の現場から』（弘文堂　2012年、共編著）など、論文として、「従地方性的廟宇到全台性的廟宇：馬鳴山鎮安宮的発展及其祭祀圏」（謝国興編『台湾史論叢　民間信仰篇』175-248頁、2019年、台大出版中心）、「植民地経験、戦争経験を「飼いならす」――日本人を神に祀る信仰を事例に」『日本台湾学会報』（19号、2016年）、「《特集》外来権力の重層化と歴史認識――台湾と旧南洋群島の人類学的比較 序」『文化人類学』（81巻2号、2016年）など。

上水流久彦（かみづる　ひさひこ）

2001年、広島大学大学院社会科学研究科修了。博士（学術）。

専攻は社会人類学、東アジア文化論、地域文化論。

現在、県立広島大学地域基盤研究機構教授。

主著書として、『帝国日本における越境・断絶・残像』（風響社　2020年、共編著）、『境域の人類学――八重山・対馬にみる「越境」』（風響社　2017年、共編著）、『東アジアで学ぶ文化人類学』（昭和堂　2017年、共編著）、『交渉する東アジア』（風響社　2010年、共編著）、『台湾漢民族のネットワーク構築の原理――台湾の都市人類学的研究』（渓水社　2005年）など、論文として「近代建築物にみる沖縄の近代化認識に関する一試論――琉球・沖縄史の副読本にみる歴史認識を踏まえて」『白山人類学』（21号、2018年）、「中華民国の台湾化にみる金門の位置づけに関する一考察」『アジア社会文化研究』（18号、2017年）「観光化にみる地域ブランド確立の手法――瀬戸内海のとびしま 5島の観光立島を事例に」『世新日本語文研究』（8号、2016年）など。

西村一之（にしむら　かずゆき）

2000年、筑波大学大学院博士課程歴史・人類学研究科単位取得退学。博士(文学)。

専攻は文化人類学、東アジア地域研究。

現在、日本女子大学人間社会学部准教授。

主著書として、『境域の人類学　――八重山・対馬にみる「越境」』（風響社、2017年、共編著）、論文として「台湾先住民アミの出稼ぎと日本語　――遠洋漁業を例として」（五十嵐真子・三尾裕子編『戦後台湾における〈日本〉：植民地経験の連続・変貌・利用』155-186頁、2006年、風響社）、「植民地期台湾における日本人漁民の移動と技術　――「移民村」のカジキ突棒漁を例として」（植野弘子・三尾裕子編『台湾における〈植民地〉経験：日本認識の生成・変容・断絶』99-140頁、2011年、風響社）、「閩南系漢民族の漁民社会における「鬼」に関する予備的考察――「好兄弟」になる動物」『日本女子大学紀要　人間社会学部』28号、2018年）など。

五十嵐真子（いがらし　まさこ）

1994年、南山大学大学院文学研究科文化人類学専攻博士後期課程単位取得満期退学。博士(人間文化学)。

専攻は文化人類学。台湾研究。

神戸学院大学元教授。

主著書として、『現代台湾宗教の諸相　――台湾漢族に関する文化人類学的研究』（人文書院、2006年）など、論文として「戦後台湾の社会参加仏教――佛光山を事例に」（櫻井義秀他編著『アジアの社会参加仏教――政教関係の視座から』161-180頁、北海道大学出版会、2015年）、「日本語世代の語りの中の「日本」」（植野弘子・三尾裕子編

台湾における〈日本〉認識　宗主国位相の発現・転回・再検証

2020年10月20日　印刷
2020年10月30日　発行

編　者　三尾裕子

発行者　石井　雅
発行所　株式会社　風響社

東京都北区田端 4-14-9（〒114-0014）
TEL 03（3828）9249　振替 00110-0-553554
印刷　モリモト印刷

ISBN978-4-89489-176-0　C3039